Rolf König / Caren Sureth

Besteuerung und Rechtsformwahl

Rolf König / Caren Sureth

Besteuerung und Rechtsformwahl

verlag
moderne industrie

Die Deutsche Bibliothek-CIP-Einheitsaufnahme

König, Rolf:
Besteuerung und Rechtsformwahl / Rolf König ; Caren Sureth. -
Landsberg/Lech : mi, Verl. Moderne Industrie, 1998
   ISBN 3-478-39970-X

© 1998 verlag moderne industrie AG, 86895 Landsberg/Lech
   http://www.mi-verlag.de
Umschlag: Gruber & König, Augsburg
Druck: Druckerei Himmer, Augsburg,
Bindearbeiten: Thomas, Augsburg
Printed in Germany 390970/03981405
ISBN 3-478-39970-X

Inhaltsübersicht

Abbildungsverzeichnis... 12
Tabellenverzeichnis 13

Vorwort... 15

1 Einleitung 17

2 Die Bedeutung der Rechtsform aus einzel- und gesamtwirtschaftlicher Sicht.... 19

3 Die steuerliche Belastung von Personen- und Kapitalgesellschaften im Vergleich.. 47

4 Die steuerliche Belastung der Kombinationen von Personen- und Kapital-gesellschaft.. 57

5 Steuerbelastungsrechnungen 85

6 Die steuerliche Belastung von Unternehmungsgründungen 135

7 Die steuerliche Belastung von Umwandlungen 143

Abkürzungsverzeichnis.. 205
Literaturverzeichnis 209
Rechtsquellenverzeichnis... 217
Stichwortverzeichnis... 221

Inhaltsverzeichnis

Abbildungsverzeichnis.. 12
Tabellenverzeichnis 13

Vorwort... 15

1 Einleitung 17

2 Die Bedeutung der Rechtsform aus einzel- und gesamtwirtschaftlicher Sicht.... 19
  2.1 Die Rechtsform als Teil der Unternehmensverfassung................................ 19
  2.2 Das Entscheidungsproblem "Wahl der Rechtsform" 20
  2.3 Die Entscheidungskriterien... 22
    2.3.1 Die Haftung 23
    2.3.2 Die Vertretungsbefugnis.. 23
    2.3.3 Die Geschäftsführungsbefugnis... 23
    2.3.4 Die Gewinn- und Verlustbeteiligung... 24
    2.3.5 Die Publizitätspflicht 24
    2.3.6 Art und Umfang der Mitbestimmung 24
    2.3.7 Die Aufwendungen der Rechtsform 25
    2.3.8 Die Finanzierungsmöglichkeiten 25
    2.3.9 Die Steuerbelastung 25
  2.4 Die Rechtsformalternativen 26
  2.5 Rechtsformen und Entscheidungskriterien 27
    2.5.1 Die Einzelunternehmung 27
    2.5.2 Personengesellschaften 29
      2.5.2.1 Die Gesellschaft des bürgerlichen Rechts (GbR) 29
      2.5.2.2 Die offene Handelsgesellschaft (OHG)... 30
      2.5.2.3 Die Kommanditgesellschaft (KG)... 31
      2.5.2.4 Die stille Gesellschaft (stG).. 32
    2.5.3 Kapitalgesellschaften 33
      2.5.3.1 Die Gesellschaft mit beschränkter Haftung (GmbH) 33
      2.5.3.2 Die Aktiengesellschaft (AG) 35
      2.5.3.3 Die Kommanditgesellschaft auf Aktien (KGaA) 37
    2.5.4 Die eingetragene Genossenschaft (eGen) 37
    2.5.5 Mischformen 38
      2.5.5.1 Die GmbH & Co. KG.. 38
      2.5.5.2 Die Betriebsaufspaltung 39
  2.6 Kritische Würdigung 39
  2.7 Die Bedeutung der Rechtsformneutralität der Besteuerung............................ 40
Literaturhinweise 45

3 Die steuerliche Belastung von Personen- und Kapitalgesellschaften im Vergleich **47**
   3.1 Die Ertragsbesteuerung 48
      3.1.1 Die Erfolgs- und Einkunftsermittlung 48
      3.1.2 Die Besteuerung thesaurierter und ausgeschütteter Gewinne 50
      3.1.3 Der Gewerbeertrag 52
      3.1.4 Die Berücksichtigung von Verlusten 53
   3.2 Die Substanzbesteuerung 54
   3.3 Die Beurteilung der steuerlichen Vorteilhaftigkeit 55
Literaturhinweise 56

4 Die steuerliche Belastung der Kombinationen von Personen- und Kapital-gesellschaft **57**
   4.1 Die GmbH & Co. KG 58
      4.1.1 Die Besteuerung der GmbH & Co. KG 59
         4.1.1.1 Ertragsteuerliche Besonderheiten der GmbH & Co. KG 60
         4.1.1.2 Substanzsteuerliche Besonderheiten der GmbH & Co. KG 66
      4.1.2 Die Beurteilung der steuerlichen Vorteilhaftigkeit der GmbH & Co. KG .. 66
   4.2 Die Betriebsaufspaltung 68
      4.2.1 Die laufende Besteuerung der Betriebsaufspaltung 71
      4.2.2 Die Beurteilung der steuerlichen Vorteilhaftigkeit der Betriebs-aufspaltung 76
   4.3 Die GmbH & Still 77
      4.3.1 Die Besteuerung der GmbH & Still 78
         4.3.1.1 Die atypische GmbH & Still 79
         4.3.1.2 Die typische GmbH & Still 79
      4.3.2 Die Beurteilung der steuerlichen Vorteilhaftigkeit der GmbH & Still 80
Literaturhinweise 82

5 Steuerbelastungsrechnungen **85**
   5.1 Die steuerliche Belastung der Alternative OHG 87
      5.1.1 Die Besteuerung auf der Ebene der Gesellschaft 87
         5.1.1.1 Die Gewerbesteuer 87
         5.1.1.2 Die Gesamtbelastung auf der Ebene der OHG 88
      5.1.2 Die Besteuerung auf der Ebene der OHG-Gesellschafter 88
         5.1.2.1 Die Einkommensteuer 88
         5.1.2.2 Der Solidaritätszuschlag 90
         5.1.2.3 Das Kindergeld 91
         5.1.2.4 Die Gesamtbelastung auf der Ebene der OHG-Gesellschafter 91
      5.1.3 Die steuerliche Gesamtbelastung der OHG 91
   5.2 Die steuerliche Belastung der Alternative GmbH 92
      5.2.1 Die Besteuerung auf der Ebene der Gesellschaft 92
         5.2.1.1 Die Gewerbesteuer 92
         5.2.1.2 Die Körperschaftsteuer bei Vollausschüttung 93
         5.2.1.3 Die Kapitalertragsteuer 94

5.2.1.4 Der Solidaritätszuschlag.. 94
5.2.1.5 Die Gesamtbelastung auf der Ebene der GmbH......................... 94
5.2.2 Die Besteuerung auf der Ebene der Gesellschafter........................ 95
5.2.2.1 Die Einkommensteuer.. 95
5.2.2.2 Der Solidaritätszuschlag... 96
5.2.2.3 Das Kindergeld... 96
5.2.2.4 Die Gesamtbelastung auf der Ebene der Gesellschafter der
         GmbH.. 96
5.2.3 Die steuerliche Gesamtbelastung der GmbH.............................. 97
5.3 Die steuerliche Belastung der Alternative GmbH & Co. KG............... 98
5.3.1 Die Besteuerung auf der Ebene der Gesellschaften...................... 98
5.3.1.1 Die Gewerbesteuer der KG.. 98
5.3.1.2 Die Gewerbesteuer der GmbH.. 99
5.3.1.3 Die Körperschaftsteuer bei Vollausschüttung......................... 100
5.3.1.4 Die Kapitalertragsteuer.. 101
5.3.1.5 Der Solidaritätszuschlag... 101
5.3.1.6 Die Gesamtbelastung auf der Ebene der Gesellschaften.............. 101
5.3.2 Die Besteuerung auf der Ebene der Gesellschafter...................... 101
5.3.2.1 Die Einkommensteuer.. 101
5.3.2.2 Der Solidaritätszuschlag... 104
5.3.2.3 Das Kindergeld... 104
5.3.2.4 Die Gesamtbelastung auf der Ebene der Gesellschafter der
         GmbH & Co. KG... 104
5.3.3 Die steuerliche Gesamtbelastung der GmbH & Co. KG.................. 104
5.4 Die steuerliche Belastung der Alternative Betriebsaufspaltung........... 105
5.4.1 Die Besteuerung auf der Ebene der Gesellschaften..................... 106
5.4.1.1 Die Gewerbesteuer der Betriebs-GmbH............................... 106
5.4.1.2 Die Körperschaftsteuer bei Vollausschüttung........................ 107
5.4.1.3 Die Kapitalertragsteuer.. 108
5.4.1.4 Der Solidaritätszuschlag... 108
5.4.1.5 Die Gewerbesteuer der Besitz-OHG................................... 108
5.4.1.6 Die Gesamtbelastung auf der Ebene der Gesellschaften.............. 110
5.4.2 Die Besteuerung auf der Ebene der Gesellschafter...................... 110
5.4.2.1 Die Einkommensteuer.. 110
5.4.2.2 Der Solidaritätszuschlag... 113
5.4.2.3 Das Kindergeld... 113
5.4.2.4 Die Gesamtbelastung auf der Ebene der Gesellschafter der
         Betriebsaufspaltung.. 113
5.4.3 Die steuerliche Gesamtbelastung der Betriebsaufspaltung.............. 114
5.5 Die steuerliche Belastung der Alternative GmbH & Still................. 115
5.6 Interpretation der Belastungsrechnungen................................. 116
5.6.1 Tabellarischer Überblick... 116
5.6.2 Vergleich der Belastung mit Gewerbesteuer............................. 116
5.6.3 Vergleich der Belastung mit Körperschaftsteuer........................ 117
5.6.4 Vergleich der Belastung mit Kapitalertragsteuer........................ 118

5.6.5 Vergleich der Belastung mit Solidaritätszuschlag auf der Ebene der Gesellschaft 118
5.6.6 Vergleich der Belastung mit Einkommensteuer 118
5.6.7 Vergleich der Belastung mit Solidaritätszuschlag auf der Ebene der Gesellschafter 119
5.6.8 Gesamtvergleich 119
5.7 Variation der Ausgangsdaten 119
5.7.1 Vorgehensweise 119
5.7.2 Variation der Größe "Gewinn" 120
5.7.2.1 Erhöhung des Gewinns 120
5.7.2.2 Minderung des Gewinns 121
5.7.3 Variation der Größe "Geschäftsführergehälter" 122
5.7.3.1 Höhere Geschäftsführergehälter 122
5.7.3.2 Niedrigere Geschäftsführergehälter 123
5.7.4 Variation der Größe "langfristige Verbindlichkeiten" 124
5.7.5 Variation der Größe "Anteil Gesellschafterdarlehen" 125
5.7.6 Variation der Größe "Einheitswert der Betriebsgrundstücke" 127
5.7.7 Variation der Ausschüttungspolitik 128
5.7.8 Variation der Größe "Andere Einkünfte" 130
5.7.9 Variation der Größe "Anteilsverhältnisse" 132
5.8 Gesamtbeurteilung 133
5.8.1 Tabellarischer Überblick 133
5.8.2 Beurteilung 134

6 Die steuerliche Belastung von Unternehmungsgründungen 135
6.1 Die Ertragsbesteuerung 136
6.1.1 Die Sacheinlage in eine Einzelunternehmung oder eine Personengesellschaft 137
6.1.2 Die Sacheinlage in eine Kapitalgesellschaft 138
6.2 Die Verkehrsbesteuerung 139
Literaturhinweise 142

7 Die steuerliche Belastung von Umwandlungen 143
7.1 Überblick über die Umwandlungsmöglichkeiten nach dem Umwandlungsgesetz 144
7.2 Die Verschmelzung 148
7.2.1 Die Verschmelzung einer Kapitalgesellschaft auf eine Personengesellschaft 149
7.2.1.1 Ertragsteuerliche Auswirkungen auf der Ebene der übertragenden Kapitalgesellschaft 150
7.2.1.2 Ertragsteuerliche Auswirkungen auf der Ebene der übernehmenden Personengesellschaft bzw. der Gesellschafter 151
7.2.1.3 Ertragsteuerliche Vorteilhaftigkeits- und Gestaltungsüberlegungen bei der Verschmelzung einer Kapitalgesellschaft auf eine Personengesellschaft 157

7.2.2 Die Verschmelzung zweier oder mehrerer Kapitalgesellschaften 163

    7.2.2.1 Ertragsteuerliche Auswirkungen auf der Ebene der über-
tragenden Kapitalgesellschaft.. 164

    7.2.2.2 Ertragsteuerliche Auswirkungen auf der Ebene der über-
nehmenden Kapitalgesellschaft.. 168

    7.2.2.3 Ertragsteuerliche Auswirkungen bei den Anteilseignern der
übertragenden Kapitalgesellschaft.. 171

    7.2.2.4 Ertragsteuerliche Vorteilhaftigkeits- und Gestaltungsüber-
legungen beim Vermögensübergang von einer Kapital-
gesellschaft auf eine andere Kapitalgesellschaft 173

7.3 Die Einbringung eines Betriebs, Teilbetriebs oder eines Mitunternehmer-
anteils in eine Kapitalgesellschaft... 175

    7.3.1 Ertragsteuerliche Auswirkungen der Einbringung bei der über-
nehmenden Kapitalgesellschaft 177

    7.3.2 Ertragsteuerliche Auswirkungen beim Einbringenden 182

    7.3.3 Ertragsteuerliche Vorteilhaftigkeits- und Gestaltungsüberlegungen bei
der Einbringung eines Betriebs in eine Kapitalgesellschaft...................... 186

7.4 Die Einbringung eines Betriebs, Teilbetriebs, Mitunternehmeranteils oder
einer 100%igen Beteiligung an einer Kapitalgesellschaft in eine Personen-
gesellschaft 188

    7.4.1 Ertragsteuerliche Auswirkungen bei der übernehmenden Personen-
gesellschaft 189

    7.4.2 Ertragsteuerliche Vorteilhaftigkeits- und Gestaltungsüberlegungen bei
der Einbringung in eine Personengesellschaft 191

7.5 Die Spaltung 192

    7.5.1 Die Spaltung einer Kapitalgesellschaft.. 194

    7.5.1.1 Ertragsteuerliche Auswirkungen der Auf- und Abspaltung auf
eine andere Kapitalgesellschaft.. 194

    7.5.1.2 Ertragsteuerliche Auswirkungen der Auf- und Abspaltung auf
eine Personengesellschaft... 197

    7.5.1.3 Ertragsteuerliche Auswirkungen der Ausgliederung.................... 198

    7.5.2 Die Spaltung einer Personengesellschaft 198

7.6 Der Formwechsel.. 200

    7.6.1 Ertragsteuerliche Auswirkungen des Formwechsels einer Kapital-
gesellschaft in eine Personengesellschaft 201

    7.6.2 Ertragsteuerliche Auswirkungen des Formwechsels einer Personen-
gesellschaft in eine Kapitalgesellschaft 201

Literaturhinweise 202

Abkürzungsverzeichnis.. 205

Literaturverzeichnis 209

Rechtsquellenverzeichnis... 217

Stichwortverzeichnis.. 221

Abbildungsverzeichnis

Abbildung 1: Der Geschäftsführer der GmbH ist nicht Kommanditist, die KG zahlt der GmbH das Entgelt für die Geschäftsführung......................... 62

Abbildung 2: Der Geschäftsführer der GmbH ist nicht Kommanditist, die KG zahlt das Entgelt für die Geschäftsführung dem Geschäftsführer der GmbH... 64

Abbildung 3: Der Geschäftsführer der GmbH ist zugleich Kommanditist, die KG zahlt das Entgelt für die Geschäftsführung dem Geschäftsführer der GmbH... 65

Abbildung 4: Das Umwandlungsrecht.. 144

Abbildung 5: Umwandlungen nach dem Umwandlungsgesetz................. 145

Abbildung 6: Arten der Verschmelzung... 145

Abbildung 7: Formen der Spaltung 146

Abbildung 8: Umwandlungen nach dem Umwandlungssteuergesetz 148

Abbildung 9: Der Mischfall bei der Verschmelzung zweier Kapitalgesellschaften . 167

Abbildung 10: Möglichkeiten der Ausübung des Wahlrechts in Abhängigkeit von der Art der Gegenleistung 168

Tabellenverzeichnis

Tabelle 1:   Vergleich der Steuerbelastungen im Grundfall 116

Tabelle 2:   Vergleich der Steuerbelastungen bei höherem Gewinn 120

Tabelle 3:   Vergleich der Steuerbelastungen bei niedrigerem Gewinn 121

Tabelle 4:   Vergleich der Steuerbelastungen bei höheren Gehältern 123

Tabelle 5:   Vergleich der Steuerbelastungen bei niedrigeren Gehältern 124

Tabelle 6:   Vergleich der Steuerbelastungen bei höheren langfristigen
               Verbindlichkeiten 125

Tabelle 7:   Vergleich der Steuerbelastungen bei Gesellschafterdarlehen 126

Tabelle 8:   Vergleich der Steuerbelastungen bei höherem Einheitswert der
               Betriebsgrundstücke 127

Tabelle 9:   Vergleich der Steuerbelastungen bei Teilthesaurierung
               (Thesaurierung = 0,5 × maximale Thesaurierung) 128

Tabelle 10:   Vergleich der Steuerbelastungen bei Vollthesaurierung 129

Tabelle 11:   Vergleich der Steuerbelastungen bei (niedrigen) anderen
               Einkünften (andere Einkünfte = DM 100.000) 130

Tabelle 12:   Vergleich der Steuerbelastungen bei (hohen) anderen
               Einkünften (andere Einkünfte = DM 1.000.000) 131

Tabelle 13:   Vergleich der Steuerbelastungen bei Variation der Anteils-
               verhältnisse 132

Tabelle 14:   Gegenüberstellung der Gesamtsteuerbelastungen 133

Vorwort

Dieses Buch gibt einen Überblick über die steuerlichen Konsequenzen, die aus der Wahl einer bestimmten Rechtsform, sei es bei der Gründung eines Unternehmens, im laufenden Geschäftsbetrieb oder im Zusammenhang mit einem Rechtsformwechsel, resultieren. Die steuerlichen Konsequenzen können damit wiederum die Entscheidungsfindung beeinflussen.

Der Ausarbeitung liegen Vorlesungen zugrunde, die von dem akademischen Lehrer des erstgenannten Autors, Herrn Prof. Dr. Lutz Haegert, an der Universität Augsburg und der Humboldt-Universität zu Berlin, sowie von den beiden Autoren an der Universität Bielefeld gehalten wurden. Insbesondere für den Teil über die Umwandlung verdanken wir der schriftlichen Ausarbeitung von Herrn Dipl. Oec. Ralf Maiterth wertvolle Anregungen. Den wissenschaftlichen Mitarbeitern in Bielefeld, Herrn Dipl.-Kfm. Frank Laß, Herrn Dipl.-Kfm. Hans-Christian Nehl und Frau Dipl.-Ök. Elke Ohrem, danken wir für ihren kritischen Rat. Frau Susanne Westerholz gebührt Dank für ihre tatkräftige Unterstützung bei der Erstellung des Buches.

Das Buch richtet sich an alle diejenigen, die sich mit dem Problemkomplex "Steuern und Rechtsformen" auf theoretischer oder praktischer Ebene auseinandersetzen und ihren Wissensstand in diesem Bereich erweitern und auffrischen wollen. Zum Verständnis sind Kenntnisse über die verschiedenen Steuerarten notwendig.

Den Ausführungen liegt der Rechtsstand zugrunde, wie er sich zu Beginn des Jahres 1998 darstellt. Wie lange und in welchem Maße dieser Bestand haben wird, ist derzeit nicht abzusehen, da das, was der politische Sektor (Regierung und Opposition) seit Jahren als "Steuerpolitik" bezeichnet und betreibt, diesen Namen nicht im geringsten verdient.

Bielefeld, im Frühjahr 1998

Rolf König
Caren Sureth

1 Einleitung

Die Wahl der Rechtsform ist eine langfristige, jedoch nicht irreversible Entscheidung. Bei der Gründung eines Unternehmens und immer dann, wenn sich wesentliche Daten innerhalb oder außerhalb des Unternehmens ändern, ist es sinnvoll, über die optimale Rechtsform nachzudenken. Interne Änderungen liegen beispielsweise vor, wenn sich die Zusammensetzung der Gesellschafter ändert, externe, wenn sich die Steuergesetze ändern. Eine nachträgliche Änderung der Rechtsform (Umwandlung) ist jederzeit möglich, sie ist aber mit Aufwendungen und unter Umständen auch mit Steuerzahlungen verbunden. Grundsätzlich bleibt den Eigentümern eines Unternehmens freigestellt, in welcher Rechtsform sie sich am Wirtschaftsleben beteiligen wollen.

Für privatwirtschaftliche Unternehmen, auf die sich die nachfolgenden Ausführungen beschränken, kommen als Rechtsformen das Einzelunternehmen, die Personengesellschaft, die Kapitalgesellschaft und Mischformen zwischen Personen- und Kapitalgesellschaft, dabei insbesondere die GmbH & Co. KG sowie die Betriebsaufspaltung, in Betracht.

Die wichtigsten Entscheidungskriterien bei der Rechtsformwahl sind Haftungsverhältnisse, Leitungsbefugnis, Beteiligung an Gewinn, Verlust und Vermögen, Finanzierungsmöglichkeiten, Steuerbelastungen, Mitwirkungsbefugnisse der Arbeitnehmer und persönliche Aspekte, wie beispielsweise die der Erbfolge. Daneben sind auch Publizitätspflichten und rechtsformspezifische Aufwendungen, z.B. Aufwand für Rechnungslegung, Pflichtprüfung und Veröffentlichung des Jahresabschlusses, zu berücksichtigen.

Geht man davon aus, daß die betroffenen Individuen ihren Nutzen aus der Beteiligung an einer Unternehmung maximieren wollen, so müssen die relevanten Entscheidungskriterien unter Berücksichtigung der individuellen Präferenzen entsprechend gewichtet in deren Kalkül eingehen. Eine von vorneherein, das heißt, für alle denkbaren Konstellationen, optimale Rechtsform gibt es nicht.

Vor allem bei mittelständischen Unternehmen ist es möglich, die Rechtsform so zu wählen und zu gestalten, daß möglichst viele heterogene Vorstellungen berücksichtigt werden, ohne grundsätzlich Abstand von der Rechtsform der Personengesellschaft oder der Kapitalgesellschaft nehmen zu müssen. Da die Steuerbelastung der Rechtsformen sehr unterschiedlich ausfallen kann, erfordert die Entscheidung über eine Rechtsform eine genaue Analyse der steuerlichen Konsequenzen.

Dabei darf nicht vernachlässigt werden, daß die steuerrechtlichen Regelungen, die bei einer derartigen ökonomischen Untersuchung zu berücksichtigen sind, keineswegs sichere Daten für den gesamten Planungshorizont darstellen. Eine Interpretation der Ergebnisse von Steuerbelastungsrechnungen ist in der Regel nur unter dem Vorbehalt der Unsicherheit möglich. Die Unsicherheit über die zukünftigen steuerlichen aber auch nichtsteuerlichen Rahmenbedingungen läßt es selbst bei individuellen einzelbetriebswirtschaftlichen Entscheidungssituationen nicht zu, eine eindeutige Anwort auf die Frage nach der optimalen Rechtsform zu geben.

Die Steuerbelastungen im Zusammenhang mit der Rechtsformwahl können in periodisch wiederkehrende Steuern, wie z.B. Einkommen-, Körperschaft- und Gewerbesteuer, sowie Einmalsteuern, die bei der Unternehmungsgründung oder beim Rechtsformwechsel anfallen, unterteilt werden. Die Ermittlung der geeignetsten Rechtsform in Bezug auf periodische Steuerbelastungen erfolgt durch Steuerbelastungsvergleiche zwischen den unterschiedlichen Rechtsformen. Bei der Gründung oder der Umwandlung einer Unternehmung werden sowohl einmalige Steuerbelastungen untersucht, die in Form von Einkommen-, Körperschaft- und Gewerbesteuer auftreten können, als auch Verkehrsteuern, wie Umsatz- und Grunderwerbsteuer.

Es ist an dieser Stelle darauf hinzuweisen, daß grenzüberschreitende Vorgänge im folgenden außer Acht bleiben. Die Berücksichtigung von solchen und den daraus resultierenden steuerlichen Konsequenzen würde den für dieses Buch abgesteckten Rahmen sprengen.

2 Die Bedeutung der Rechtsform aus einzel- und gesamt-
wirtschaftlicher Sicht

2.1 Die Rechtsform als Teil der Unternehmensverfassung

Marktwirtschaftlich orientierte Wirtschaftssysteme zeichnen sich dadurch aus, daß in ihnen die Wirtschaftssubjekte ihre Entscheidungen über Markthandlungen weitgehend autonom, das heißt, ohne staatliche Vorgaben, treffen. Dies gilt auch und in besonderem Maße für unternehmerische Entscheidungen, wobei im Schrifttum durchaus unterschiedliche Vorstellungen über den Ausdruck "unternehmerisch" anzutreffen sind, weil sich dahinter wiederum divergierende Ansichten über den Begriff "Unternehmen" verbergen. Wir folgen hier der Vorstellung Dieter Schneiders und sprechen im folgenden nicht mehr von Unternehmen, sondern von Unternehmungen als Handlungssystemen, kurz: Unternehmungen. Eine solche Unternehmung zeichnet sich durch folgende Eigenschaften aus:[1]

a) Sie führt als Anbieter in Absatzmärkten und als Nachfrager in Beschaffungsmärkten Marktprozesse durch.
b) Sie übt Marktzufuhrhandlungen aus.
c) Sie berechnet den erzielten Gewinn und verteilt diesen als Einkommen auf die in der Unternehmung gegen Gewinnbeteiligung mitwirkenden Personen und anspruchsberechtigen Institutionen.

Hieraus wird eines unmittelbar deutlich: Von unternehmerischen Entscheidungen, also von Entscheidungen in Unternehmungen, sind in der Regel mehrere Menschen betroffen, und zwar auch solche, die diese Entscheidungen nicht treffen. Da davon auszugehen ist, daß sich die Interessen der Betroffenen nicht oder zumindest nicht vollständig decken, entstehen Ordnungsprobleme, die durch bestimmte Regeln gelöst werden sollen. Zu diesen Regeln, Schneider spricht hier von Unternehmensregeln[2], gehört die Unternehmensverfassung. Es ist das Ziel der Unternehmensverfassung, institutionelle Rahmenbedingungen zu schaffen, die zum einen den Entscheidungsprozeß selbst regeln (wer darf was in welchem Maße) und zum anderen die Konsequenzen dieser Entscheidungen für die davon Betroffenen wenigstens zum Teil festlegen.

Die Unternehmensverfassung ordnet also die rechtlichen Beziehungen zwischen Unternehmung und Umwelt sowie innerhalb der Unternehmung. Der abzudeckende Regelungsbedarf wird wesentlich durch das Verständnis der Institution Unternehmung determiniert. Das Schrifttum nennt drei Grundmodelle der Unternehmensverfassung:[3]

---

[1]   Siehe Schneider (1993), S. 92.
[2]   Siehe Schneider (1997), S. 59.
[3]   Vgl. etwa Kistner/Steven (1996), S. 286 ff.

a) das Modell der Eigentümer - Unternehmung,
b) das Modell der management-geleiteten Unternehmung und
c) das Koalitionsmodell der Unternehmung.

Gerade in dem jetzt ablaufenden Jahrhundert erfolgte bei der Festlegung des Regelungsbedarfs eine zunehmende Orientierung am Koalitionsmodell der Unternehmung,[4] womit weitgehend die Interessen aller von unternehmerischen Entscheidungen betroffenen Menschen Berücksichtigung finden sollen, also nicht nur die der Eigentümer bzw. Anteilseigner und angestellten Manager, sondern auch die der Arbeitnehmer, Gläubiger, Kunden und Lieferanten und des Staates.

Die Unternehmensverfassung schränkt die Autonomie ein, unter der unternehmerische Entscheidungen getroffen werden können. Durch das Institut Rechtsform ermöglicht es die Unternehmensverfassung den hinter der Unternehmung stehenden Personen aber, den Umfang dieser Beschränkungen mit zu gestalten. Anders ausgedrückt: Mit der Wahl einer bestimmten Rechtsform erfolgt die Rechtsgestaltung des Innen- und des Außenverhältnisses gemäß den individuellen Wünschen der Entscheidungsträger in einem abgegrenzten Rahmen.

2.2 Das Entscheidungsproblem "Wahl der Rechtsform"

Im Schrifttum wird die Entscheidung darüber, in welcher Rechtsform eine Unternehmung betrieben werden soll, als konstitutive Entscheidung aufgefaßt, da sie nicht unmittelbar den Leistungsprozeß betrifft, bzgl. dessen optimaler Gestaltung laufend Entscheidung zu treffen sind.[5] Vielmehr werden hier die Rahmenbedingungen abgesteckt, unter denen eine Unternehmung tätig ist, wobei aus diesen sowohl rechtliche als auch wirtschaftliche Konsequenzen folgen.

Die Entscheidung für eine bestimmte Rechtsform ist einmal im Gründungsstadium erforderlich. Sie ist aber nicht irreversibel, das heißt, die Rechtsform kann im Lauf der Existenz eines Unternehmens gewechselt werden. Die Notwendigkeit für den Wechsel der Rechtsform kann sich bei Änderung der persönlichen, wirtschaftlichen oder rechtlichen Verhältnisse ergeben. Der Vorgang des Rechtsformwechsels wird als Umwandlung bezeichnet. Die Umwandlung ist jedoch sowohl mit formalen als auch materiellen Aufwendungen verbunden. Die Entscheidung für eine Rechtsform hat deshalb grundsätzlich langfristige Wirkung.

Bei der Wahl einer Rechtsform aus einer Menge von zur Verfügung stehenden Alternativen sind alle Aspekte zu berücksichtigen, bzgl. derer sich rechtsformspezifisch unterschiedliche Konsequenzen ergeben. Es gilt somit nicht ein Kriterium, anhand dessen die Entscheidung für eine bestimmte Rechtsform getroffen werden kann, vielmehr

---

[4] Vgl. hierzu auch die Ausführungen von Kübler (1994), § 2 III, hier insbes. S.21 ff.
[5] Vgl. hierzu auch Bea/Dichtl/Schweitzer (1990), S. 329

werden mehrere Kriterien zu berücksichtigen sein, die sich aus den rechtsformspezifischen Ausprägungen verschiedener Merkmale, wie z.B. dem Haftungsumfang, ergeben.

Man kann den ablaufenden Entscheidungsprozeß wie folgt formal skizzieren: Nehmen wir an, daß n verschiedene Rechtsformen $R_1,...,R_n$ zur Auswahl stehen. Diese Rechtsformen können sich bezüglich der m Merkmale $K_1,...,K_m$ unterscheiden. Mit $K_i (R_j)$ sei die Ausprägung des Merkmals K_i bezeichnet, wenn die Rechtsform R_j gewählt wird. Der Entscheidungsträger bewertet die Rechtsform R_j anhand der Ausprägungen der verschiedenen Merkmale:

$$F_j = F [K_1(R_j),..., K_m (R_j)],$$

wobei F die Bewertung der Rechtsform R_j als Funktion der Ausprägungen der Merkmale $K_1,...,K_m$ darstellt. Es wäre jedoch falsch, sich hierunter eine funktionale Beziehung im streng mathematischen Sinne vorzustellen. Der Entscheidungsträger wählt die Rechtsform, für die er die höchste Bewertung erhält, das heißt, er löst das "Optimierungsproblem"

$$\max_j F_j.$$

Dabei ist zu beachten, daß die individuelle Bewertung auch durch den Zweck der unternehmerischen Tätigkeit geprägt sein kann. Ist z.B. die Tätigkeit und damit der aus ihr resultierende Erfolg mit wenig Unsicherheit behaftet, so wird die Haftung bei der Bewertung von eher untergeordneter Bedeutung sein.

Daß diese formale Darstellung letztlich hinter den Ansprüchen zurückbleibt, die man gewöhnlich an ein mathematisches Modell stellt, hat mehrere Gründe. So lassen sich die Ausprägungen einiger Merkmale nicht quantitativ messen. Betrachtet man etwa das Merkmal "Haftungsumfang", so könnte man dessen Ausprägungen mit "unbeschränkt" und "beschränkt" bezeichnen. Diese Ausprägungen unterliegen per se keiner Ordnung im Sinne von besser oder schlechter. Betrachten wir ein weiteres Merkmal "Fremdfinanzierungsmöglichkeiten". Hier ergibt sich zusätzlich zur fehlenden Quantifizierbarkeit das Problem, daß die Ausprägungen des Merkmals in einer bestimmten Art und Weise von den Ausprägungen des Merkmals "Haftungsumfang" abhängen, wobei sich diese Abhängigkeitsbeziehung selbst wiederum einer quantitativen Abbildung weitgehend entzieht. Sind mehrere Personen an der Entscheidungsfindung beteiligt, wird die Situation ungleich komplexer. Hier kann nicht einfach eine wie auch immer gewichtete Summe der Einzelbewertungen zur Entscheidung herangezogen werden. Vielmehr müssen die Ausprägungen der einzelnen Merkmale gemeinsam bewertet werden, weil unter Umständen eine Rechtsform bei einem bestimmten Merkmal für verschiedene Personen, die an der Unternehmung beteiligt sind, unterschiedliche Ausprägungen zuläßt. Wenn etwa zwei Personen eine Unternehmung betreiben wollen, so ist eine Rechtsform, die bezüglich eines Merkmals "Geschäftsführungsbefugnis" bestimmte Personen von derselben ausschließt, in Hinblick auf dieses Merkmal grundsätzlich dann positiv zu bewerten, wenn die davon betroffene Person sowieso keine intensivere Mitarbeit in der Unternehmung anstrebt. Hat man Einigkeit über die Bewertung der Ausprägungen der einzelnen Merkmale erzielt, so können sich natürlich noch unterschiedliche Vorstellungen über die Gewichtung der einzelnen Merkmale gegenüberstehen.

Die Wahl der Rechtsform stellt sich somit als vielschichtiges Entscheidungsproblem dar. Nur wenn alle Entscheidungsträger eine stark ausgeprägte Präferenz für ein und dasselbe Merkmal haben, zum Beispiel für das Merkmal "Höhe der Steuerbelastung", dürfte sich die Entscheidungsfindung als relativ unproblematisch erweisen.

2.3 Die Entscheidungskriterien

Wie oben schon gesagt, müssen bei der Wahl der Rechtsform alle Merkmale berücksichtigt werden, bzgl. derer rechtsformspezifisch unterschiedliche Ausprägungen auftreten können. Im folgenden werden die zu berücksichtigenden Merkmale aufgelistet, wobei sie nach ihrem Wesen klassifiziert werden sollen. Unter rechtsgestaltenden Kriterien verstehen wir hier solche, die die Regelungen bzgl. der direkten Rechtsbeziehungen im Außen- oder im Innenverhältnis betreffen, das heißt, unmittelbar betroffen sind hier auch stets die Kapitalgeber. Unternehmungsspezifische Kriterien sind dagegen solche, die für die Unternehmung als solche bestimmte rechtsformabhängige Verpflichtungen im Außen- oder Innenverhältnis beinhalten, ohne daß die Kapitalgeber unmittelbar betroffen sind. Als wirtschaftliche Kriterien sollen solche aufgefaßt werden, die direkt die Zahlungsströme der Unternehmung betreffen. Und schließlich sollen noch steuerliche Kriterien einbezogen werden. Demgemäß betrachten wir:

- rechtsgestaltende Kriterien
  - im Außenverhältnis:
    - die Haftung der Kapitalgeber gegenüber den Gläubigern
    - die Befugnis der Vertretung der Unternehmung gegenüber Dritten
  - im Innenverhältnis:
    - die Befugnis zur Führung der Geschäfte
    - die Verteilung des Gewinns und des Verlusts
- unternehmensspezifische Kriterien
  - die Publizitätspflicht
  - Art und Umfang der Mitbestimmung
- wirtschaftliche Kriterien
  - die Aufwendungen der Rechtsform
  - die Finanzierungsmöglichkeiten
- steuerliche Kriterien
  - die Steuerbelastung

Im folgenden soll der Inhalt der einzelnen Kriterien näher erläutert werden. Nicht einbezogen werden dagegen Planungen zur Unternehmernachfolge, die aber in Einzelfällen eine wichtige Rolle spielen können.

2.3.1 Die Haftung

Zwischen einer Unternehmung und außenstehenden Dritten können schuldrechtliche Beziehungen bestehen. Ebenso sind solche Beziehungen auch zwischen einer Unternehmung und den hinter ihr stehenden Kapitalgebern möglich. Damit stellt sich die Frage, in welchem Umfang die Kapitalgeber für die Verbindlichkeiten der Unternehmung einstehen müssen. Dabei ist zunächst zu klären, in welchem Maße die Haftung von der Höhe des gegebenen Eigenkapitals abhängt. Haftet der Kapitalgeber mit seinem gesamten Vermögen, also nicht nur in Höhe seiner Kapitaleinlage, so spricht man von unbeschränkter Haftung. Ist dagegen die Haftung auf die Kapitaleinlage begrenzt, so spricht man von beschränkter Haftung. Bei mehreren Kapitalgebern ist zu fragen, ob die Haftung für einige Kapitalgeber vertraglich eingeschränkt oder hierarchisch ausgestaltet werden kann.

2.3.2 Die Vertretungsbefugnis

Hier ist zu regeln, wer die Unternehmung nach außen gegenüber Dritten vertritt, wer also z.B. Verträge mit Kunden, Lieferanten oder Fremdkapitalgebern abschließen darf. Hierfür kommen in Frage die Kapitalgeber oder in Einschränkung einige davon oder von den Kapitalgebern beauftragte Personen. Die Vertretungsbefugnis kann grundsätzlich in Zusammenhang mit dem Ausmaß der Haftung angesehen werden. Auch hier ist aber zu fragen, inwieweit allgemeine gesetzliche Regelungen durch vertragliche Vereinbarungen modifiziert werden können. Dies kann insbesondere die Frage nach Einzel- oder Gesamtvertretungsmacht oder den möglichen Ausschluß einzelner Kapitalgeber von der Vertretung betreffen.

2.3.3 Die Geschäftsführungsbefugnis

Die Geschäftsführungsbefugnis betrifft das Innenverhältnis. Sie umfaßt grundsätzlich die Entscheidungsgewalt über alle Maßnahmen in der Unternehmung, wie zum Beispiel Produktion, Absatz-, Finanzierungs- und Personalentscheidungen, sofern es sich nicht um sogenannte Grundlagengeschäfte handelt, die eine Änderung der gesellschaftsvertraglichen Verhältnisse zur Folge hätten. Zum Teil sind derartige Entscheidungen mit Folgehandlungen verbunden, die das Außenverhältnis betreffen.

Auch hier kann, in Abhängigkeit vom Ausmaß der Haftung, die Geschäftsführung bei allen oder bei einigen Kapitalgebern oder bei von diesen beauftragten Personen liegen. Hinsichtlich möglicher vertraglicher Modifikationen allgemeiner Regelungen gilt das gleiche wie bei der Vertretungsbefugnis.

2.3.4 Die Gewinn- und Verlustbeteiligung

Hier ist zu regeln, wie die an der Unternehmung beteiligten Kapitalgeber am Gewinn partizipieren bzw. wie ein Verlust auf sie zu verteilen ist. In diesem Zusammenhang ist auch zu klären, ob und in welchem Maße die Kapitalgeber berechtigt sind, schon vor Ablauf eines Geschäftsjahres und damit vor Feststellung, ob überhaupt ein verteilungsfähiger Gewinn erwirtschaftet wurde, Entnahmen aus dem Gesellschaftsvermögen vorzunehmen. Ebenso ist zu fragen, inwieweit die allgemeinen gesetzlichen Regelungen verbindlich sind oder vertraglich nach den Präferenzen der Kapitalgeber festgelegt werden können.

2.3.5 Die Publizitätspflicht

Wir hatten schon zu Beginn dieses Kapitels bemerkt, daß die unterschiedlichsten Personenkreise und Institutionen von unternehmerischen Entscheidungen betroffen sein können, so z.B. Gläubiger, Eigenkapitalgeber, Arbeitnehmer oder der Staat. Diese werden deshalb ein Interesse daran haben, Informationen über die wirtschaftliche Lage und alle für diese relevanten Tatbestände zu erlangen. Es sind daher Regelungen zu treffen, ob, in welchem Ausmaß und in welcher Form eine Unternehmung Informationen an Interessierte weiterzugeben hat. Wir werden sehen, daß der Gesetzgeber den Umfang der Publizitätspflicht nicht nur von der Rechtsform, sondern auch noch von einem weiteren Charakteristikum, der Unternehmensgröße, abhängig macht.

2.3.6 Art und Umfang der Mitbestimmung

Es sind Regelungen darüber zu treffen, ob und in welchem Maße die in der Unternehmung tätigen Mitarbeiter auf die unternehmerischen Entscheidungsprozesse Einfluß nehmen können. Dies kann auf direktem Wege dadurch geschehen, daß die Arbeitnehmer in einigen der Organe, die diese Entscheidungsprozesse tragen, vertreten sind (eigentliche Mitbestimmung). Indirekt kann die Möglichkeit zur Einflußnahme vorliegen, wenn sich die Mitbestimmungsrechte der Arbeitnehmer auf der betrieblichen Ebene auf unternehmerische Entscheidungen auswirken (Betriebsverfassung). Auch bezüglich der Mitbestimmung kommt der Unternehmensgröße eine wesentliche Bedeutung zu.

2.3.7 Die Aufwendungen der Rechtsform

Aufgrund der unterschiedlichen Vorschriften für die verschiedenen Rechtsformen bezüglich der einzelnen Merkmale, aber auch wegen der grundsätzlichen strukturellen Unterschiede der Rechtsformen, verursacht die Wahl einer bestimmten Form Aufwendungen in unterschiedlicher Höhe. Hierbei ist zwischen einmaligen und laufenden Aufwendungen zu unterscheiden, wobei den laufenden insofern eine größere Bedeutung zukommt, als diese als Kostenfaktor in den Folgejahren stets die Höhe des erwirtschafteten Gewinns beeinflussen.

2.3.8 Die Finanzierungsmöglichkeiten

Bei der Wahl der Rechtsform ist zu berücksichtigen, ob und in welchem Maße die Beschaffung von Kapital in seinen verschieden Arten (Eigenkapital, Fremdkapital) durch die Entscheidung für eine bestimmte Rechtsform beeinflußt wird. Dabei kann bei einzelnen Rechtsformen eine Mindestausstattung mit Eigenkapital vorgeschrieben werden. Diese Mindestausstattung und die Eigenkapitalbeschaffungsmöglichkeiten sowie der Umfang der Haftung beeinflussen möglicherweise die Möglichkeiten der Beschaffung von Fremdkapital.

2.3.9 Die Steuerbelastung

Der Zusammenhang zwischen Rechtsform und Steuerbelastung ist komplexer Natur. Zum einen schreiben die Steuergesetze in Abhängigkeit von der Rechtsform eine unterschiedliche Ermittlung der steuerlichen Bemessungsgrundlagen vor. Zum anderen wird auf den so ermittelten steuerlichen Erfolg einer Unternehmung ein rechtsformabhängiger Tarif angewendet. Darüber hinaus ist zu beachten, daß der wirtschaftliche Erfolg in seiner Höhe möglicherweise von der Rechtsform abhängt und somit ein weiterer Einfluß auf die Steuerbelastung entstehen kann. Formal bedeutet dies, daß sich die Steuerbelastung S als eine rechtsformabhängige Tarifbelastung T ergibt, wobei diese auf eine rechtsformabhängige Bemessungsgrundlage B anzuwenden ist, die zum wirtschaftlichen Erfolg E der Unternehmung in Zusammenhang steht, wobei dieser wiederum möglicherweise von der Rechtsform beeinflußt wird, das heißt, es ist

$$S(R) = T\big[R, B(R, E(R))\big],$$

wobei R die zugrundeliegende Rechtsform angibt. Ist der wirtschaftliche Erfolg E von R unabhängig, so vereinfacht sich dieser Ausdruck zu

$$S(R) = T\big[R, B(R, E)\big].$$

Nur in diesem Fall ist es zulässig, die Steuerbelastung unterschiedlicher Rechtsformen ausschließlich auf der Basis der relevanten steuerrechtlichen Vorschriften miteinander zu vergleichen.

Auch hier muß gesagt werden, daß diese Art der Darstellung kein Versuch sein soll, die Ermittlung der Steuerbelastung in streng mathematischen Sinne zu formalisieren, sondern vielmehr als Unterstützung dienen soll, den komplexen Zusammenhang zwischen Rechtsform und Steuerbelastung transparent zu machen. So ist insbesondere zu beachten, daß bei verschiedenen Rechtsformen die Steuerbelastung zusätzlich von der Gewinnverwendung abhängt, was in der obigen formalen Darstellung nur unvollständig zum Ausdruck kommt.

2.4 Die Rechtsformalternativen

Für privatwirtschaftliche Unternehmungen stehen grundsätzlich die folgenden Rechtsformen zur Wahl:
a) Einzelunternehmungen
b) Personengesellschaften
   – Gesellschaft des bürgerlichen Rechts (GbR)
   – Offene Handelsgesellschaft (OHG)
   – Kommanditgesellschaft (KG)
   – Stille Gesellschaft (StG)
c) Kapitalgesellschaften
   – Gesellschaft mit beschränkter Haftung (GmbH)
   – Aktiengesellschaft (AG)
   – Kommanditgesellschaft auf Aktien (KGaA)
d) Genossenschaften
e) Versicherungsvereine auf Gegenseitigkeit (VVaG)

Auf Sonderformen (Reederei, Stiftungen etc.) soll im folgenden nicht eingegangen werden. Neben den oben aufgezählten reinen Rechtsformen haben sich in der Praxis sogenannte Mischformen herausgebildet, die insbesondere aus steuerlicher Sicht interessant sein können. Die wesentlichen Mischformen sind:

f) Mischformen
   – GmbH & Co. KG
   – GmbH & Still
   – Doppelgesellschaft (Betriebsaufspaltung)

Andere mögliche Mischformen (z.B. AG & Co. KG) spielen dagegen keine bedeutende Rolle.

Die Wahlfreiheit zwischen den einzelnen Rechtsformen ist in einigen Fällen eingeschränkt. Bei Hypothekenbanken, Kapitalanlagegesellschaften, Schiffspfandbriefbanken, bestimmten Versicherungen und Wohnungsunternehmen hat die Rechtsformwahl in den durch spezielle Gesetze geregelten Grenzen zu erfolgen. So dürfen etwa Kapitalanlagegesellschaften nur in der Form der GmbH oder der AG geführt werden. Auf der anderen Seite stehen bestimmte Rechtsformen nicht allen Unternehmungen zur Wahl. So kann die Form der VVaG nur von Versicherungsgesellschaften gewählt werden, die Genossenschaft kommt als Rechtsform nur für solche Unternehmungen in Betracht, die die Voraussetzungen des § 1 GenG erfüllen. Daneben knüpft das Recht an einzelne Rechtsformen Mindestanforderungen, etwa an die Mindesthöhe des Eigenkapitals (GmbH: DM 50.000, AG: DM 100.000) oder an die Mindestzahl der Gründer (Genossenschaften: 7).

2.5 Rechtsformen und Entscheidungskriterien

Im folgenden sollen die Unterschiede in den Merkmalsausprägungen bzgl. der oben angeführten Entscheidungskriterien für die einzelnen Rechtsformen aufgezeigt werden, wobei eine Beschränkung auf die wesentlichen Aspekte erfolgt. Bzgl. einer detaillierteren Darstellung der gesellschaftsrechtlichen Grundlagen sei auf die am Ende dieses Kapitels aufgeführte Literatur, insbesondere auf Kübler (1994), verwiesen. Auf eine Kurzdarstellung der steuerrechtlichen Konsequenzen wird hier selbstverständlich verzichtet, da diese ausführlich in den folgenden Kapiteln aufgezeigt werden.

2.5.1 Die Einzelunternehmung

Bei der Einzelunternehmung liegen Entscheidungskompetenz und Verantwortung allein in der Hand des Inhabers. Die Rechtsgrundlagen bilden die allgemeinen Bestimmungen des HGB (§§ 1-104) sowie einzelne Bestimmungen des BGB. Die Gründung erfolgt formlos, die Firma der Unternehmung muß den Familiennamen des Eigentümers und mindestens einen ausgeschriebenen Vornamen enthalten (§ 18 Abs. 1 HGB). Gilt der Unternehmer als Mußkaufmann im Sinne von § 1 Abs. 1 HGB oder als Sollkaufmann im Sinne von § 2 Abs. 1 HGB, so hat eine Eintragung der Firma in das Handelsregister zu erfolgen (§§ 29 bzw. 2 HGB). Der Unternehmer haftet für die Schulden der Unternehmung allein und uneingeschränkt, das heißt mit dem gesamten Geschäfts- und Privatvermögen. Er kann unter seiner Firma klagen und verklagt werden.

Dem Einzelunternehmer allein obliegt die Vertretungs- und Geschäftsführungsbefugnis, er kann diese jedoch teilweise delegieren. Eine solche Delegierung kann in unterschiedlich starker Ausprägung erfolgen. Wird Prokura erteilt, so sind die damit verbundenen Vollmachten sehr weitgehend, sie beziehen sich auch auf Geschäfts- und Rechtshandlungen, die über den üblichen Rahmen des Handelsgewerbes hinausgehen. Für die Veräußerung und Belastung von Grundstücken muß die Befugnis besonders erteilt werden. Ausgeschlossen sind die Anmeldung von Handelsregistereintragungen, die Zeichnung von Bilanzen und Steuererklärungen, die Erteilung von Prokura und die Anmeldung des Konkurses. Die Prokura kann als Einzel- oder Gesamtprokura erteilt werden, sie ist in jedem Fall vom Inhaber des Handelsgeschäfts in das Handelsregister einzutragen. Die Erteilung einer Handlungsvollmacht beschränkt sich dagegen in der Regel auf solche Rechtsgeschäfte, die das betriebene Handelsgewerbe gewöhnlich mit sich bringt. Die Vollmacht kann weiter auf eine bestimmte Art von Rechtsgeschäften oder auf bestimmte Einzelgeschäfte eingeschränkt werden. Eine Eintragung der Handlungsvollmacht ins Handelsregister erfolgt nicht.

Der Gewinn einer Einzelunternehmung steht dem Unternehmer allein zu. Verluste hat er allein zu tragen. Eine Publizitätspflicht besteht nicht.

Die Mitbestimmung ist ausgeschlossen, es finden lediglich die Vorschriften des Betriebsverfassungsgesetzes 1972 (BetrVG 1972) und des Gesetzes über Sprecherausschüsse der leitenden Angestellten von 1988 (SprAuG) Anwendung, sofern die notwendigen Kriterien erfüllt sind (mindestens 5 ständig beschäftigte Arbeitnehmer bzw. mindestens 10 leitende Angestellte).

Bei der Einzelunternehmung fallen im allgemeinen nur einmalige Aufwendungen an, etwa dann, wenn eine Eintragung ins Handelsregister notwendig ist oder wenn notarielle Beglaubigungen und Beurkundungen vorzunehmen sind (z.B. bei Gesellschaftsverträgen oder Grundstückskäufen).

Der Einzelunternehmer kann seiner Unternehmung jederzeit Eigenkapital in beliebiger Höhe zuführen. Es besteht keine Pflicht zu einer Mindestausstattung. Nach oben ist die Eigenkapitalzufuhr wirtschaftlich durch das Privatvermögen des Unternehmers begrenzt. Sind diese Möglichkeiten ausgeschöpft, kann die Eigenkapitalbasis durch Aufnahme eines stillen Gesellschafters erweitert werden (vgl. Abschnitt 2.5.2.4). Im Wege der Selbstfinanzierung ist eine Erweiterung durch die Nichtentnahme von in der Unternehmung erzielten Gewinnen möglich. Das vorhandene Eigenkapital kann jederzeit durch den Unternehmer entnommen werden. Durch die unbeschränkte Haftung besteht für die Gläubiger der Unternehmung faktisch kein Unterschied zwischen dem Eigenkapital dieser Unternehmung und dem Privatvermögen des Unternehmers. Insofern sind auch die Möglichkeiten zur Aufnahme von Fremdkapital durch die Höhe des Privatvermögens begrenzt, da dieses zur Absicherung der Kredite herangezogen wird.

2.5.2 Personengesellschaften

2.5.2.1 Die Gesellschaft des bürgerlichen Rechts (GbR)

Die Gesellschaft des bürgerlichen Rechts, auch als BGB-Gesellschaft bezeichnet, ist eine Personenvereinigung, deren Gesellschafter sich gegenseitig verpflichten, die Erreichung eines gemeinsamen Zweckes zu fördern (§ 705 BGB). Die Rechtsgrundlagen finden sich in den Bestimmungen des BGB (§§ 705-740). Die Gründung erfolgt formlos. Im Gesellschaftsvertrag muß der gemeinsame Zweck festgelegt und die Pflicht zur gemeinsamen Förderung begründet werden. Der Gesellschaftsvertrag kann dabei formfrei abgeschlossen werden. Der gemeinsame Zweck darf dabei aber nicht auf den Betrieb eines Handelsgewerbes unter gemeinschaftlicher Firma ausgerichtet sein, da ein solcher als Personenvereinigung nur in Form einer OHG oder KG möglich ist. Die GbR ist zur Führung einer im Handelsregister eingetragenen Firma nicht berechtigt, sie kann aber eine sogenannte Geschäftsbezeichnung führen, die den Gegenstand der Gesellschaft wiedergibt.

Die Haftung für die Verbindlichkeiten der GbR ist im BGB nicht erschöpfend geregelt. Im allgemeinen wird eine unbeschränkte gesamtschuldnerische Haftung der Gesellschafter angenommen. Durch geeignete Einschränkungen der Vertretungsmacht der handelnden Gesellschafter kann die Haftung auf das Gesellschaftsvermögen beschränkt werden. Voraussetzung hierfür sind entsprechende Erklärungen gegenüber den Vertragspartnern.

Grundsätzlich steht die Führung der Geschäfte der GbR den Gesellschaftern gemeinschaftlich zu, das heißt, daß für jedes Geschäft die Zustimmung aller Gesellschafter erforderlich ist. Per Gesellschaftsvertrag kann die Geschäftsführung einem Gesellschafter oder mehreren Gesellschaftern übertragen werden. Auch kann im Vertrag vereinbart werden, daß Entscheidungen durch die geschäftsführenden Gesellschafter mit Mehrheit der Stimmen getroffen werden können. Da die GbR selbst nicht rechtsfähig ist, muß sie sich eines Vertreters bedienen. Soweit ein Gesellschafter nach dem Gesellschaftsvertrag zur Geschäftsführung befugt ist, hat er im Zweifel auch die Berechtigung, die Gesellschaft im Rechtsverkehr zu vertreten. Die Vertretungsbefugnis kann durch Erteilung von Vollmachten auch auf andere Personen übertragen werden.

Grundsätzlich werden Gewinn und Verlust nach Köpfen auf die Gesellschafter verteilt. Durch gesellschaftsvertragliche Vereinbarungen sind Abweichungen hiervon möglich. Die Gesellschafter können daher die Verteilung des Gewinns und Verlusts erst nach der Auflösung der Gesellschaft verlangen. Hat die Gesellschaft jedoch längere Zeit Bestand, so erfolgt die Gewinnverteilung im Zweifel am Ende jedes Gesellschaftsjahres.

Für die GbR besteht keine Verpflichtung zur Publizität. Es fallen keine rechtsformbezogenen Aufwendungen an. Die Finanzierung der GbR erfolgt vornehmlich durch die Einlagen der Gesellschafter und durch die in der Gesellschaft erzielten Gewinne.

2.5.2.2 Die offene Handelsgesellschaft (OHG)

Die offene Handelsgesellschaft ist eine Gesellschaft, deren Zweck auf den Betrieb eines Handelsgewerbes unter gemeinschaftlicher Firma gerichtet ist. Die Rechtsgrundlagen finden sich in den §§ 105-160 HGB, die durch die allgemeinen Vorschriften der §§ 705-740 BGB ergänzt werden. Zur Gründung einer OHG bedarf es mindestens zwei Gründern, die Gesellschafterstellung ist an die Person des Gesellschafters gebunden und kann nicht übertragen werden. Die Gründung erfolgt formfrei, es muß aber ein Gesellschaftsvertrag abgeschlossen werden, der die Rechtsverhältnisse der Gesellschafter untereinander regelt. Es muß eine Eintragung ins Handelsregister erfolgen. Die Firma hat die Familiennamen aller oder mehrerer Gesellschafter, mindestens aber den Familiennamen eines Gesellschafters mit einem Zusatz, der das Gesellschaftsverhältnis andeutet, zu enthalten.

Per definitionem ist bei keinem der Gesellschafter die Haftung gegenüber den Gesellschaftsgläubigern beschränkt. Die Haftung der Gesellschafter ist also unbeschränkt, solidarisch, unmittelbar und unbeschränkbar. Dies ist aber nicht Folge aus dem Gesellschaftsverhältnis, sondern wegen § 105 Abs. 1 HGB Voraussetzung hierfür. Bei Ausscheiden eines Gesellschafters besteht die Haftung für diesen noch fünf Jahre für die Verbindlichkeiten, die zum Zeitpunkt des Ausscheidens bestehen. Ein neu eintretender Gesellschafter haftet auch für die vor seinem Eintritt begründeten Verbindlichkeiten.

Grundsätzlich besitzen alle Gesellschafter der OHG die Einzelvertretungsbefugnis. Im Gesellschaftsvertrag kann eine Gesamtvertretungsbefugnis aller oder mehrerer Gesellschafter bestimmt werden, eine solche ist ins Handelsregister einzutragen. Einzelne Gesellschafter können von der Vertretung ausgeschlossen werden, auch dies muß ins Handelsregister eingetragen werden.

Grundsätzlich sind alle Gesellschafter zur Geschäftsführung berechtigt und verpflichtet, dabei besteht Einzelgeschäftsführungsbefugnis. Im Gesellschaftsvertrag kann die Geschäftsführung einem oder mehreren Gesellschaftern übertragen werden, die übrigen Gesellschafter sind dann von der Geschäftsführung ausgeschlossen, sie besitzen aber bestimmte Kontrollrechte. Der Umfang der Geschäftsführungsbefugnis erstreckt sich auf die gewöhnlichen Geschäfte, für darüber hinausgehende Handlungen ist ein Beschluß aller Gesellschafter erforderlich. Sowohl Vertretungs- als auch Geschäftsführungsbefugnis können durch Vollmacht auf andere übertragen werden.

Bezüglich der Gewinn- und Verlustbeteiligung sieht die gesetzliche Regelung zunächst eine 4%-ige Verzinsung des Kapitalanteils vor. Der verbleibende Gewinn ist, ebenso wie ein auftretender Verlust, nach Köpfen zu verteilen. Jeder Gesellschafter ist berechtigt, im Laufe eines Geschäftsjahres bis zu 4% seines für das letzte Geschäftsjahr festgestellten Kapitalanteils zu entnehmen. Diese Regelungen sind dispositiver Natur, sie können durch den Gesellschaftsvertrag modifiziert werden.

Für die OHG besteht keine Pflicht zur Publizität, es sei denn, es handelt sich um ein Großunternehmen nach dem Publizitätsgesetz. Ein solches liegt vor, wenn zwei der drei folgenden Kriterien erfüllt sind:

- Bilanzsumme > DM 125 Mio.,
- Jahresumsatz > DM 250 Mio.,
- durchschnittliche Arbeitnehmerzahl > 5000.

Für die Mitbestimmung in der OHG gilt das gleiche wie für die Einzelunternehmung. Ebenso verhält es sich mit den rechtsformspezifischen Aufwendungen.

Die Beschaffung von Eigenkapital von außen erfolgt im wesentlichen durch die Erhöhung der Kapitaleinlagen der Gesellschafter. Daneben kann die Eigenkapitalbasis durch die Aufnahme eines stillen Gesellschafters erweitert werden. Grundsätzlich besteht auch die Möglichkeit zur Aufnahme neuer Gesellschafter, wegen der engen Verbundenheit der Gesellschafter untereinander kommt dem jedoch nur untergeordnete Bedeutung zu. Zusätzlich steht den Gesellschaftern die Möglichkeit zur Verfügung, die Eigenkapitalbasis im Rahmen der Innenfinanzierung durch die Nichtentnahme der in der Unternehmung erwirtschafteten Gewinne zu stärken. Die Grenzen der Fremdkapitalbeschaffung sind durch die Höhe des gesamten, als Haftungsmasse dienenden Vermögens der Gesellschafter abgesteckt.

Für Freiberufler kommt in der Regel die OHG nicht in Betracht, weil kein Handelsgewerbe vorhanden ist. Mit der Einführung des Partnerschaftsgesellschaftsgesetzes (PartGG) wird diesem Personenkreis die Möglichkeit gegeben, die gemeinschaftliche Berufsausübung in der Rechtsform der Partnerschaftsgesellschaft vorzunehmen. Sie ist eine Personengesellschaft, die enge Bezüge zur OHG aufweist.[6]

2.5.2.3 Die Kommanditgesellschaft (KG)

Ebenso wie die OHG ist die Kommanditgesellschaft eine Gesellschaft, deren Zweck auf den Betrieb eines Handelsgewerbes unter gemeinschaftlicher Firma gerichtet ist. Rechtsgrundlagen sind die §§ 161-177 HGB sowie die §§ 105-160 HGB und §§ 705-740 BGB. Es gibt zwei Arten von Gesellschaftern, die Komplementäre und die Kommanditisten, von jeder Art muß mindestens ein Gesellschafter vorhanden sein. Wegen der engen Wesensverwandtheit mit der OHG finden die entsprechenden Vorschriften für die OHG auch für die KG weitgehend Anwendung. Die Firma enthält die Familiennamen aller oder mehrerer Komplementäre, mindestens aber den Familiennamen eines Komplementärs mit einem Zusatz, der das Gesellschaftsverhältnis andeutet.

Der wesentliche Unterschied zur OHG liegt im Umfang der Haftung begründet. Per definitionem (§ 161 HGB) muß bei einem Teil der Gesellschafter die Haftung gegenüber den Gläubigern der Unternehmung auf den Betrag einer bestimmten Vermögenseinlage beschränkt sein (Kommanditisten), während bei dem anderen Teil die Haftung unbeschränkt ist (Komplementäre). Die Haftung der Komplementäre entspricht somit der der Gesellschafter einer OHG, während das Vermögen des Kommanditisten, soweit es über seine Einlage hinausgeht, nicht als Haftungsmasse zur Verfügung steht, sofern

---

[6] Näheres findet sich bei Seibert (1995).

er die Einlage in voller Höhe geleistet hat. Die Kommanditisten sind von der Vertretung und der Gesellschaftsführung ausgeschlossen, sie können aber zu Prokuristen oder Handlungsbevollmächtigten bestellt werden. Die Kommanditisten können der Geschäftsführung der Komplementäre nicht widersprechen, soweit es sich um den gewöhnlichen Betrieb des Handelsgewerbes handelt. Bei ungewöhnlichen Geschäften besitzen die Kommanditisten ein Widerspruchsrecht.

Bezüglich der Gewinn- und Verlustbeteiligung sieht die gesetzliche Regelung zunächst eine 4%-ige Verzinsung der Kapitalanteile vor. Ein darüber hinausgehender Gewinn ist, ebenso wie ein eventuell anfallender Verlust, "angemessen" zu verteilen. Hiermit soll dem unterschiedlichen Haftungsumfang Rechnung getragen werden. Die Kommanditisten besitzen kein Entnahmerecht. Eine Modifizierung dieser gesetzlichen Regelungen durch Gesellschaftsvertrag ist möglich und aufgrund der unpräzisen Formulierung einer "angemessenen" Verteilung auch ratsam.

Wie die OHG besteht auch für die KG keine Pflicht zur Publizität, sofern es sich nicht um ein Großunternehmen im Sinne der PublG handelt. Die Kommanditisten können eine Abschrift des Jahresabschlusses verlangen und Einsicht in die Geschäftsbücher nehmen. Hinsichtlich des Umfangs der Mitbestimmung gilt das gleiche wie bei der Einzelunternehmung. Entsprechendes ist zu den rechtsformspezifischen Aufwendungen zu sagen.

Neben der Erhöhung von Einlagen und der Einbehaltung von erzielten Gewinnen besitzt die KG die Möglichkeit, Eigenkapital über die Aufnahme neuer Kommanditisten zu beschaffen, weil deren Haftung auf die Einlage beschränkt ist und ihre Bindung zu der Unternehmung wegen der fehlenden Leitungsbefugnis in der Regel schwächer ist als die der Komplementäre. Das Potential zur Beschaffung von Fremdkapital ist bestimmt durch die Höhe des Vermögens, das als Haftungsmasse dienen kann.

2.5.2.4 Die stille Gesellschaft (stG)

Eine stille Gesellschaft entsteht, wenn sich der stille Gesellschafter an dem Handelsgewerbe, das ein anderer betreibt, mit einer Vermögenseinlage beteiligt, wobei die Einlage so zu leisten ist, daß sie in das Vermögen des Inhabers des Handelsgeschäfts übergeht. Das Gesetz grenzt den Kreis derjenigen, die als stille Gesellschafter auftreten können, nicht ein. Stiller Gesellschafter kann also eine natürliche oder juristische Person, eine OHG, KG oder GbR, aber auch ein Verein oder eine Erbengemeinschaft sein. Demgegenüber muß der tätige Gesellschafter Inhaber eines Handelsgeschäfts, also Kaufmann sein, es reicht aber die Eigenschaft eines Minderkaufmanns. Somit kann der tätige Gesellschafter der stG eine natürliche oder juristische Person, eine OHG oder KG, aber auch eine GbR (aber nicht jede GbR) sein. Die Rechtsgrundlagen für die stG finden sich in den §§ 230-237 HGB.

Die stG ist eine reine Innengesellschaft. Ihre Gründung erfolgt formfrei durch mindestens zwei Gründer, errichtet wird sie durch Vertrag. Die stG besteht ausschließlich aus schuldrechtlichen Beziehungen zwischen den Beteiligten. Da die Gesellschaft nicht nach außen wirkt, kann sie keine gemeinschaftliche Firma besitzen.

Wegen des reinen Innenverhältnisses ergeben Fragen nach der Haftung oder der Vertretung einer stG keinen Sinn. Für die Schulden des Handelsgewerbes haftet allein der Inhaber. Zur Haftungsmasse gehört damit auch die Einlage des stillen Gesellschafters. Soweit diese noch nicht voll geleistet worden ist, können die Gläubiger des Handelsgewerbes die Forderung gegenüber dem Stillen geltend machen. Die Geschäftsführung der stG obliegt allein dem tätigen Gesellschafter, eine Mitwirkung des stillen Gesellschafters ist typischerweise nicht vorgesehen. Grundsätzlich ist der Stille am Gewinn und Verlust der Unternehmung "angemessen" zu beteiligen. Im allgemeinen regelt die Höhe der Beteiligung der Gesellschaftsvertrag. Eine Verlustbeteiligung kann, im Gegensatz zu einer Gewinnbeteiligung, ausgeschlossen werden. Der stille Gesellschafter hat kein Recht auf Entnahme.

Vorschriften zur Publizität oder zur Mitbestimmung kommen bei der stG nicht zur Anwendung.

Rechtsformspezifische Aufwendungen sind bei der stG nur im Zusammenhang mit einer eventuellen Beglaubigung des Gesellschaftsvertrags denkbar.

Die stille Gesellschaft besitzt kein eigenes Vermögen, insofern brauchen die Finanzierungsmöglichkeiten einer stG nicht diskutiert zu werden.

2.5.3 Kapitalgesellschaften

2.5.3.1 Die Gesellschaft mit beschränkter Haftung (GmbH)

Gesellschaften mit beschränkter Haftung können von einer oder mehreren Personen zu jedem gesetzlich zulässigen Zweck errichtet werden. Unabhängig von dem verfolgten Zweck gilt sie stets als Handelsgesellschaft im Sinne des HGB. Rechtsgrundlage für die GmbH ist das GmbH-Gesetz.

Die GmbH ist eine juristische Person, die ins Handelsregister eingetragen werden muß. Das Stammkapital muß mindestens DM 50.000 betragen. Es ist durch Stammeinlagen zu erbringen, wobei eine Stammeinlage mindestens DM 500 betragen muß. Die Anteile an einer GmbH sind nicht teilbar und werden nicht an der Börse gehandelt, sie können nur durch in notarieller Form abgeschlossene Verträge übertragen werden. Die Firma der GmbH kann Sachfirma oder Personenfirma oder eine Mischung aus beiden sein. In jedem Fall ist ein Zusatz erforderlich, der das Gesellschaftsverhältnis anzeigt, mindestens "mit beschränkter Haftung".

Für die Gründung der GmbH ist der Abschluß eines Gesellschaftsvertrages zwingend erforderlich, dieser ist notariell zu beurkunden. § 3 GmbHG schreibt für den Gesellschaftsvertrag einen bestimmten Mindestinhalt vor, darüber hinaus kann dieser weitgehend dispositiv gestaltet werden. Änderungen des Gesellschaftsvertrags sind nur mit Dreiviertelmehrheit und notarieller Beurkundung möglich.

Für die Verbindlichkeiten der Gesellschaft haftet gegenüber den Gläubigern ausschließlich das Gesellschaftsvermögen, für die Gesellschafter ist die Haftung und damit das Kapitalverlustrisiko grundsätzlich auf die von ihnen geleistete Einlage beschränkt. Im Gesellschaftsvertrag kann jedoch eine Nachschußpflicht vorgesehen sein. Ist diese nicht von vornherein vorgesehen, so kann sie nachträglich durch Satzungsänderung nur mit der Zustimmung aller Gesellschafter eingeführt werden.

Die Gesellschaftsversammlung setzt einen oder mehrere Geschäftsführer ein, denen sowohl die Vertretung als auch die Geschäftsführung obliegt. Dabei ist die Bestellung der Geschäftsführer jederzeit widerruflich. Als Geschäftsführer können Gesellschafter oder fremde Dritte bestellt werden. In der Regel besteht Gesamtvertretung und -geschäftsführung. Die Vertretungsmacht ist unbeschränkbar, während die Geschäftsführer hinsichtlich der Geschäftsführung weisungsgebunden sind. Die Vertretungsmacht eines Geschäftsführers ist begrenzt, wenn er selbst Gesellschafter der GmbH ist und als solcher mit der Gesellschaft Rechtsgeschäfte eingeht (Verbot des Selbstkontrahierens). Die Geschäftsführer unterliegen dem Wettbewerbsverbot. Der Gewinn und Verlust einer GmbH wird grundsätzlich nach den Geschäftsanteilen verteilt. Durch den Gesellschaftsvertrag kann diese gesetzliche Regelung modifiziert werden. Das gleiche gilt für die Verteilung des Vermögens der Gesellschaft im Liquidationsfall.

Die GmbH ist zur Publizierung ihres Jahresabschlusses, bestehend aus Bilanz, Gewinn- und Verlustrechnung, Anhang und Lagebericht, verpflichtet, das heißt, dieser ist zumindest beim Handelsregister des Sitzes der Gesellschaft einzureichen. Für eine GmbH kommen die Vorschriften des Publizitätsgesetzes zur Anwendung, sofern die dort angegebenen Größenkriterien erfüllt sind.

Der Umfang der Mitbestimmung in einer GmbH hängt von der Anzahl der Beschäftigten und dem Wirtschaftszweig, in dem das Unternehmen tätig ist, ab. Gehört die GmbH zur Montanindustrie und beschäftigt sie in der Regel mehr als 1000 Arbeitnehmer, so finden die Vorschriften des Montan-Mitbestimmungsgesetzes Anwendung. Beschäftigt eine GmbH in der Regel mehr als 2000 Arbeitnehmer und fällt sie nicht unter das Montan-MitbestimmungsG, so gelten die Vorschriften des Mitbestimmungsgesetzes (MitbestG). Die Bestimmungen des Betriebsverfassungsgesetzes 1952, soweit sie nicht aufgehoben wurden, betreffen GmbH's mit mehr als 500 Arbeitnehmern. Jede andere GmbH ist von der Mitbestimmung ausgeschlossen, hier sind lediglich die Vorschriften des BetrVG und des SprAuG zu beachten, sofern die Anwendungsvoraussetzungen erfüllt sind.

Neben einmaligen Aufwendungen (z.B. für die Eintragung ins Handelsregister oder für die Beglaubigung oder Beurkundung von Gesellschaftsverträgen) fallen bei der GmbH auch laufende Aufwendungen an. So etwa für Pflichtprüfungen, wenn es sich um eine mittelgroße oder große GmbH im Sinne des § 267 HGB handelt. Ferner ist die Veröffentlichung des Jahresabschlusses sowie die Durchführung der Gesellschafterversammlungen und der Aufsichtsratssitzungen (sofern ein solcher existiert) mit Aufwendungen verbunden.

Eine Beschaffung von Eigenkapital von außen erfolgt bei der GmbH durch eine effektive Erhöhung des Stammkapitals. Dabei werden durch alte oder neue Gesellschafter zusätzliche Einlagen eingebracht. Den alten Gesellschaftern ist bei einer solchen Erhöhung des Stammkapitals ein Bezugsrecht einzuräumen, das nur in Einzelfällen ausgeschlossen werden kann. Im Rahmen der Innenfinanzierung kann die Eigenkapitalbasis der GmbH durch die Einbehaltung von Gewinnen erhöht werden. Die Gesellschafter beschließen nach Feststellung des Jahresabschlusses über die Verwendung des festgestellten Gewinns.

Das Vermögen der GmbH stellt die Haftungsmasse für die Fremdkapitalbeschaffung dar. Es wäre jedoch falsch, der GmbH aufgrund der auf das Gesellschaftsvermögen beschränkten Haftung generell eine geringere Kreditwürdigkeit zuzusprechen, da die Darlehensvergabe, insbesondere bei kleinen und mittleren GmbH, häufig von der Besicherung durch das Privatvermögen der Gesellschafter abhängig gemacht wird.

2.5.3.2 Die Aktiengesellschaft (AG)

Die Aktiengesellschaft ist laut gesetzlicher Definition eine Gesellschaft mit eigener Rechtspersönlichkeit, deren Grundkapital in Aktien zerlegt ist. Sie gilt stets als Handelsgesellschaft im Sinne des HGB. Rechtsgrundlage ist das Aktiengesetz (AktG).

Wie die GmbH ist die AG eine juristische Person, die ins Handelsregister eingetragen werden muß. Das Grundkapital muß mindestens DM 100.000 betragen. Der Mindestnennbetrag einer Aktie beträgt DM 5. In der Regel wird die Aktie als reines Inhaberpapier ausgegeben, sie kann aber auch enger an die Person des Aktionärs gebunden werden (Namensaktien). Darüber hinaus können Aktien ausgegeben werden, die mit bestimmten Vorrechten und Einschränkungen ausgestattet sind (z.B. stimmrechtslose Vorzugsaktien).

Die Firma der AG ist in der Regel dem Gegenstand des Unternehmens zu entnehmen. Sie ist also grundsätzlich Sachfirma, es ist aber Personenfirma möglich. In jedem Fall muß sie den Zusatz "Aktiengesellschaft" enthalten.

Bei der Gründung einer AG muß eine Satzung durch notarielle Beurkundung festgestellt werden, diese muß mindestens die in § 23 Abs. 3 u. 4 AktG aufgezählten Angaben enthalten. Darüber hinaus sind bei der Beurkundung selbst die in § 23 Abs. 2 AktG aufgelisteten Daten festzustellen. Für die Verbindlichkeiten der AG haftet das Gesellschaftsvermögen, die Gesellschafter haften der Gesellschaft gegenüber nur mit ihrer Einlage. Im Gegensatz zur GmbH kann für die Gesellschafter der AG (den Aktionären) auch keine Nachschußpflicht vorgesehen werden. Die AG wird nach außen durch den Vorstand vertreten, der gleichzeitig die Geschäfte führt. Der Vorstand kann aus einer oder mehreren Personen bestehen. Im letzteren Falle besteht Gesamtgeschäftsführungs- und Gesamtvertretungsbefugnis, sofern die Satzung nichts Abweichendes bestimmt. Der Vorstand wird vom Aufsichtsrat bestellt (für maximal fünf Jahre) und abberufen. Der Aufsichtsrat vertritt die AG gegenüber dem Vorstand, er prüft den Jahresabschluß und den Gewinnverwendungsbeschluß und stellt den Jahresabschluß fest. Die Vertreter der Aktionäre im Aufsichtsrat werden von der Hauptversammlung gewählt (für maximal vier Jahre) und abberufen. Darüber hinaus faßt die Hauptversammlung Beschlüsse über Satzungsänderungen, Kapitalerhöhungen und -herabsetzungen, Gewinnverwendung sowie über Fusionen und die Auflösung der Gesellschaft.

Von dem festgestellten Jahresüberschuß sind zunächst 5% in die gesetzliche Rücklage einzustellen, bis diese 10% des Grundkapitals erreicht. Von dem verbleibenden Gewinn können Vorstand und Aufsichtsrat bis zur Hälfte in die anderen Gewinnrücklagen einstellen, sofern Vorstand und Aufsichtsrat den Jahresabschluß feststellen. Über die Verwendung des Restgewinns entscheidet die Hauptversammlung auf Vorschlag des Vorstandes. In der Satzung können diese Regelungen in einem bestimmten Maße modifiziert werden. Ist der auszuschüttende Betrag festgelegt, so erfolgt die Verteilung in der Regel im Verhältnis der Aktiennennbeträge. Auch hierzu kann die Satzung abweichende Bestimmungen enthalten.

Die Aktiengesellschaft unterliegt einer weitgehenden Publizitätspflicht. Sie hat wie die GmbH den Jahresabschluß beim Handelsregister des Sitzes der Gesellschaft einzureichen. Darüber hinaus hat sie in dem Falle, daß die Aktien zum Handel an einer inländischen Börse zugelassen sind, nach dem Wertpapierhandelsgesetz (WpHG) jedwede Tatsache aus ihrem Tätigkeitsbereich zu veröffentlichen, die geeignet ist, dem Börsenpreis der Aktien erheblich zu beeinflussen.

Der Umfang der Mitbestimmung in der AG entspricht weitgehend dem in der GmbH. Sofern eine AG dem MitbestG bzw. dem Montan-MitbestimmungsG unterliegt, muß als Vertreter der Arbeitnehmer ein Arbeitsdirektor als gleichberechtigtes Mitglied des Vorstands bestellt werden. Sofern es sich bei der Gesellschaft nicht um eine Familiengesellschaft mit weniger als 500 Arbeitnehmer handelt, ist ein Drittel des Aufsichtsrats mit Arbeitnehmervertretern zu besetzen. Bei Aktiengesellschaften mit mehr als 2000 Arbeitnehmern erhöht sich dieser Anteil auf die Hälfte.

An zusätzlichen einmaligen Aufwendungen fallen bei der AG die Kosten für den Druck und die Ausgabe der Aktien, die Gründungsprüfung sowie für die Erstellung eines Prospekts an. Laufende Aufwendungen entstehen durch die Pflichtprüfung, die Veröffentlichung des Jahresabschlusses und die Aufsichtsratssitzungen und Hauptversammlungen.

Die Zuführung von Eigenkapital von außen erfolgt bei der AG in der Regel durch eine effektive Kapitalerhöhung. Diese kann in Form der ordentlichen Kapitalerhöhung, der bedingten Kapitalerhöhung oder des genehmigten Kapitals erfolgen. Wir konzentrieren uns hier auf die wichtigste Form, die ordentliche Kapitalerhöhung. Dabei werden neue Aktien gegen Einlagen ausgegeben. Die Ausgabe der neuen Aktien kann zum Nennwert oder zu einem Betrag über dem Nennwert (Überpari-Emission) erfolgen. Bei der Überpari-Emission wird der über dem Nennwert liegende Betrag als Agio oder Aufgeld bezeichnet. Der Teil des Ausgabebetrages, der dem Nennwert entspricht, erhöht entsprechend das Grundkapital der AG. Das Aufgeld muß in die Kapitalrücklage eingestellt werden, die Verwendungsmöglichkeiten für die in die Kapitalrücklage eingestellten Beträge sind gesetzlich eingeschränkt. Grundsätzlich ist bei der Emission neuer Aktien den Altaktionären ein Bezugsrecht einzuräumen, das nur in bestimmten Einzelfällen ausgeschlossen werden kann. Im Rahmen der Selbstfinanzierung kann das Eigenkapital durch die Einbehaltung von Gewinnen erhöht werden, diese thesaurierten

Gewinne sind in die anderen Gewinnrücklagen einzustellen. Kapital- und/oder Gewinnrücklagen können im Zuge der nominellen Kapitalerhöhung in Grundkapital umgewandelt werden. Insbesondere die größeren börsennotierten Aktiengesellschaften haben im Vergleich zu anderen Unternehmen insofern weitergehende Fremdfinanzierungsmöglichkeiten, als ihnen spezielle Instrumente der langfristigen Fremdfinanzierung, z.B. Obligationen, Gewinnschuldverschreibungen, und Wandelschuldverschreibungen, offenstehen.

2.5.3.3 Die Kommanditgesellschaft auf Aktien (KGaA)

Die KGaA ist eine Gesellschaft, bei der mindestens ein Gesellschafter unbeschränkt haftet und die übrigen Gesellschafter an dem in Aktien zerlegten Grundkapital beteiligt sind. Rechtsgrundlage sind die §§ 278-290 AktG und §§ 161-177 HGB.

Für die KGaA gelten weitgehend die Vorschriften des Ersten Buchs des AktG für die Aktiengesellschaften. Folgende Besonderheiten sind zu beachten:

Die Firma der KGaA muß den Zusatz "Kommanditgesellschaft auf Aktien" enthalten. Zur Gründung bedarf es mindestens fünf Gründer. Die Komplementäre haften unbeschränkt, die Kommanditaktionäre nur mit ihrer Einlage. Die Vertretung und Geschäftsführung obliegt allein den Komplementären als sogenannter geborener Vorstand, ein zusätzlicher Vorstand wird nicht bestellt. Der auf die Kommanditaktionäre entfallende Gewinn wird auf diese im Verhältnis der Aktiennennbeträge verteilt. Der Aufsichtsrat wird von der Hauptversammlung bestellt, er überwacht die Komplementäre.

2.5.4 Die eingetragene Genossenschaft (eGen)

Die eingetragene Genossenschaft, auch Erwerbs- oder Wirtschaftsgenossenschaft, ist eine Gesellschaft von nicht geschlossener Mitgliederzahl, deren Zweck es ist, den Erwerb oder die Wirtschaft ihrer Mitglieder mittels gemeinschaftlichen Geschäftsbetriebes zu fördern. Rechtsgrundlage ist das Genossenschaftsgesetz (GenG).

Die eGen ist eine juristische Person. Die Zahl der Genossen muß mindestens 7 betragen, das Statut der Genossenschaft bedarf der schriftlichen Form. Die Firma der eGen ist zwingend Sachfirma, die vom Gegenstand des Unternehmens entlehnt sein muß; sie darf keine Personennamen und muß den Zusatz "eingetragene Genossenschaft" enthalten. Eine Person tritt der Genossenschaft durch Erwerb eines Geschäftsanteils bei und tritt durch Aufkündigung aus. Es können jederzeit weitere Geschäftsanteile erworben werden. Jeder Genosse hat eine Stimme, unabhängig von der Höhe der Beteiligung.

Für die Verbindlichkeiten der eGen haftet den Gläubigern gegenüber nur das Vermögen der Genossenschaft. Im Statut kann eine Pflicht vereinbart werden, Nachschüsse zur Konkursmasse zu leisten.

Die Vertretung und die Geschäftsführung erfolgt durch den Vorstand, der aus mindestens zwei Personen bestehen muß und vom Aufsichtsrat berufen wird. Der Aufsichtsrat (mindestens drei Mitglieder) wird von der Generalversammlung bestellt.

Der von der Generalversammlung festgestellte Gewinn wird an die Gesellschafter gemäß ihrem Geschäftsguthaben aufgeteilt. Ist der Geschäftsanteil noch nicht voll eingezahlt, erfolgt eine Zuschreibung des anteiligen Gewinns. Das Statut kann eine Gewinnverteilung ausschließen, der Gewinn wird dann den Rücklagen zugeschrieben.

Die Genossenschaft ist in das Genossenschaftsregister bei dem Amtsgericht einzutragen, in dessen Bezirk die Genossenschaft ihren Sitz hat. Das eingetragene Statut ist von diesem Gericht im Auszug zu veröffentlichen. Der Vorstand hat am Ende des Geschäftsjahres dem Aufsichtsrat und der Generalversammlung den Jahresabschluß vorzulegen. Weitere Vorschriften zur Publizität bestehen nicht.

Für die eGen'en sind die Vorschriften des MitbestG anzuwenden, wenn im Regelfall mehr als 2000 Arbeitnehmer beschäftigt werden. Für eGen'en mit mehr als 500 Arbeitnehmern gelten die nicht aufgehobenen Bestimmungen des BetrVG 1952. Für die übrigen eGen'en ist die Mitbestimmung ausgeschlossen, für sie gelten nur die Vorschriften des BetrVG und des SprAuG.

Zu den einmaligen Aufwendungen kommen bei den eGen'en laufende Aufwendungen für die Pflichtprüfungen und die Generalversammlungen hinzu.

Die Eigenkapitalbeschaffung von außen, erfolgt bei den eGen'en durch die Aufnahme neuer Genossen oder den Erwerb zusätzlicher Geschäftsanteile durch die bestehenden Genossen. Im letzteren Falle ist jedoch zu beachten, daß die Genossen dadurch nicht ihren Einfluß ausweiten können. Im Rahmen der Selbstfinanzierung kann der Gewinn ganz oder teilweise einbehalten werden. Für die Fremdfinanzierung dient das Vermögen der Genossenschaft als Haftungsmasse.

2.5.5 Mischformen

In der betrieblichen Praxis haben sich Mischformen zwischen den Rechtsformen herausgebildet, die in dieser Form vom Gesetzgeber ursprünglich nicht vorgesehen waren; insbesondere sind dies Mischformen zwischen Personen- und Kapitalgesellschaft. Im folgenden sollen die Besonderheiten der beiden wichtigsten Mischformen dargestellt werden: der GmbH & Co. KG und der Betriebsaufspaltung.

2.5.5.1 Die GmbH & Co. KG

Die GmbH & Co. KG ist eine Personengesellschaft. Ihr unbeschränkt haftender Komplementär ist eine GmbH. Typischerweise sind die Kommanditisten der KG gleichzeitig die Gesellschafter der GmbH, man spricht dann von einer GmbH & Co. KG in echter oder typischer Form. Insgesamt bleibt damit im Ergebnis die Haftung der Gesellschafter auf die Kapitaleinlage, aufgesplittet in Kommandit- und GmbH-Einlage, beschränkt, das heißt, bei keinem Gesellschafter steht den Gläubigern das Privatvermögen als Haftungsmasse zur Verfügung.

Die Vertretung und die Geschäftsführung liegen bei der Komplementär-GmbH, wobei beides durch deren Geschäftsführer ausgeübt wird.

Bezüglich der anderen Kriterien besteht weitgehend Analogie zur KG.

2.5.5.2 Die Betriebsaufspaltung

Bei der Betriebsaufspaltung, die auch als Doppelgesellschaft bezeichnet wird, erfolgt der Betrieb einer wirtschaftlich einheitlichen Unternehmung durch zwei rechtlich selbständige Gesellschaften, wobei typischerweise eine Personengesellschaft und eine Kapitalgesellschaft auftreten. In der Regel ist dabei davon auszugehen, daß die Gesellschafter beider Gesellschaften identisch sind. Die wesentlichen Formen sind die Aufspaltung in

– Besitzpersonengesellschaft und Betriebskapitalgesellschaft,
– Produktionspersonengesellschaft und Vertriebskapitalgesellschaft.

Wir wollen im folgenden nur die erste Form behandeln. Die Besitzpersonengesellschaft hält die Anlagegüter in ihrem Vermögen und verpachtet diese an die Betriebskapitalgesellschaft, wo sie als Produktionsfaktoren eingesetzt werden. Die Betriebsgesellschaft trägt somit den wesentlichen Teil des Geschäftsrisikos, während das Anlagevermögen der Haftungsmasse weitgehend entzogen ist.

Werden die betrieblichen Funktionen aus einer schon bestehenden Personengesellschaft ausgelagert und auf eine neu gegründete Kapitalgesellschaft übertragen, so spricht man von einer echten Betriebsaufspaltung. Erfolgt die Trennung dagegen schon bei der Gründung, liegt eine unechte Betriebsaufspaltung vor.

2.6 Kritische Würdigung

Bei genauerem Hinsehen erweisen sich die Unterschiede in den Ausprägungen der einzelnen Merkmale zwischen den verschiedenen Rechtsformen als weniger gravierend, als es auf den ersten Blick scheinen mag.

Bezüglich der Haftung scheint für die Rechtsformen, bei denen diese ganz oder zum Teil beschränkt ist, ein Vorteil zu bestehen. Es darf jedoch nicht übersehen werden, daß die Haftungsbeschränkung von potentiellen Gläubigern häufig durch die Forderung nach Sicherheitsleistung aus dem Privatvermögen der Gesellschafter umgangen wird. Hinsichtlich der Vertretung und Geschäftsführung sind die gesetzlichen Regelungen weitgehend dispositiver Natur, wodurch individuelle Gestaltungsmöglichkeiten unabhängig von der Rechtsform möglich sind. Gleiches gilt für die Gewinn- und Verlustverteilung.

Die Publizitätspflicht ist bei den Kapitalgesellschaften restriktiver geregelt als bei den Personengesellschaften. Ähnliches läßt sich über den Umfang der Mitbestimmung sagen. In beiden Fällen kann den Personengesellschaften ein Vorteil zugesprochen werden. Das gleiche gilt für die rechtsformspezifischen Aufwendungen. Den Rechtsformen mit eingeschränktem Haftungsumfang werden in der Regel bessere Möglichkeiten zur Beschaffung von Eigenkapital unterstellt, weil es diesen hierdurch leichter fällt, neue Gesellschafter zu gewinnen. Die Neigung eines potentiellen Kapitalgebers, ein Beteiligungsverhältnis zu einer Gesellschaft aufzunehmen, dürfte unseres Erachtens jedoch eher vom Ausmaß der Bindung zwischen Gesellschafter und Gesellschaft, insbesondere von den Möglichkeiten und Konsequenzen der Auflösung des Gesellschafterverhältnisses, geprägt sein. Die Möglichkeiten der Fremdfinanzierung dürften aufgrund der Tatsache, daß die Gläubiger in der Regel Sicherheitsleistungen verlangen, wesentlich durch die Unternehmensgröße determiniert werden.

2.7 Die Bedeutung der Rechtsformneutralität der Besteuerung

Bisher wurde die rechtsformabhängige Steuerbelastung der Unternehmungen als Kriterium zur Entscheidungsfindung nicht betrachtet. In Abhängigkeit von der Rechtsform kommen zum Teil sehr unterschiedliche steuerliche Vorschriften zur Anwendung. Bevor jedoch auf die Details näher eingegangen werden soll, ist an dieser Stelle zunächst zu klären, was sich hinter der im Schrifttum häufig formulierten Forderung nach einer rechtsformneutralen Besteuerung verbirgt. Zur Unterstützung greifen wir hierzu auf die formale Darstellung der Abschnitte 2.2 und 2.3.9 zurück. Wir wollen zunächst Rechtsformneutralität als eine Form von Entscheidungsneutralität definieren.

Von den m Merkmalen $K_1,...K_{m-1}, K_m$ bezeichne gerade das m-te Merkmal, also K_m, die Steuerbelastung. In einem ersten Versuch formulieren wir Rechtsformneutralität wie folgt:

Variante 1:
Die Besteuerung ist rechtsformneutral, wenn die Rangfolge der Rechtsformalternativen, bestimmt durch die Bewertungen F_j, ohne Berücksichtigung von Steuern die gleiche ist wie mit Berücksichtigung von Steuern.

Diese Formulierung ergibt nur Sinn, wenn die Bewertung der einzelnen Rechtsformen nur aufgrund der Kriterien $K_1,...,K_{m-1}$ erfolgt. Ohne die Berücksichtigung von Steuern gilt somit für die Bewertung F_j der Rechtsform R_j:

$$F_j = F [K_1 (R_j),...,K_{m-1} (R_j)],$$

wobei $K_i (R_j)$ wieder die Ausprägung des i-ten Merkmals ist, wenn die Rechtsform R_j gewählt wird.

Werden die Steuern mit berücksichtigt, so ergibt sich die entsprechende Bewertung F_j^s mit

$$F_j^s = F\left[K_1^s(R_j), \ldots, K_{m-1}^s(R_j)\right],$$

wobei $K_i^s(R_j)$ jetzt die Ausprägung des i-ten Merkmals ist, wenn die Rechtsform R_j gewählt wird und Steuern mit berücksichtigt werden.

Die Rechtsformneutralität wäre dann formal wie folgt zu definieren:

Gilt $F_j > F_k$, so folgt $F_j^s > F_k^s$.

Gilt $F_j = F_k$, so folgt $F_j^s = F_k^s$.

Dabei ist zu beachten, daß diese Beziehungen für alle Rechtsformen R_j, R_k mit $j,k \in \{1,..,n\}$ und alle Präferenzfunktionen F erfüllt sein müssen. Es darf nicht übersehen werden, daß für zwei verschiedene Entscheidungsträger die Präferenzfunktionen in der Regel differieren werden.

Damit kommt in diesem Zusammenhang der Frage eine zentrale Bedeutung zu, ob die Besteuerung einen Einfluß auf die Ausprägungen der einzelnen Merkmale hat oder nicht. Liegt ein solcher Einfluß nicht vor, so ist dies hinreichend für die Rechtsformneutralität der Besteuerung im obigen Sinne. Umgekehrt ist ein solcher Einfluß notwendig, um für ein Steuersystem die Eigenschaft der Rechtsformneutralität im obigen Sinne in Frage stellen zu können.

Ein möglicher Einfluß der Besteuerung auf die Merkmalsausprägungen sollte nicht vorschnell verneint werden. Wenn beispielsweise die Besteuerung eine bestimmte Finanzierungsart bei einer Rechtsform begünstigt, bei der anderen aber nicht, so würden die rechtsformspezifischen Finanzierungsmöglichkeiten durch die Besteuerung beeinflußt. Unterstellt man aber für einen Moment, daß solche Einflüsse auf die Merkmalsanpassungen nicht existieren, so wäre die Besteuerung rechtsformneutral im obigen Sinne. Hierdurch wird das Manko dieser Formulierung von Rechtsformneutralität deutlich. Sie vernachlässigt den Einfluß der Besteuerung auf den wirtschaftlichen Erfolg. Wenn eine Rechtsform in Hinblick auf die nichtsteuerlichen Kriterien leichte Vorteile gegenüber einer anderen Rechtsform aufweist, der wirtschaftliche Erfolg aber wesentlich stärker belastet wird, so wird der Entscheidungsträger bei entsprechender Gestalt seiner Präferenzfunktion stets die andere Rechtsform vorziehen. Eine Forderung nach Rechtsformneutralität im obigen Sinne erscheint daher wenig zweckmäßig.

In Konsequenz zu dem bisher Gesagten kehren wir zu dem ursprünglichen Entscheidungskalkül zurück. Die Bewertung erfolgt also durch

$$F_j = F\left[K_1(R_j), \ldots, K_{m-1}(R_j), S(R_j)\right],$$

wobei $S(R_j) = K_m(R_j)$ gesetzt ist.

Unterstellen wir, daß zwischen den Merkmalsausprägungen für $K_1,...,K_{m-1}$ und der Höhe der Steuerbelastung keine Interdependenzen bestehen, so könnte Rechtsformneutralität wie folgt formuliert werden:

Variante 2:
Die Besteuerung ist rechtsformneutral, wenn die Rangfolge der Rechtsformalternativen, bestimmt durch die Bewertungen F_j, bei einer Steuerbelastung von 0 die gleiche ist wie bei Anwendung der steuerlichen Vorschriften auf den wirtschaftlichen Erfolg.

Wir hätten also gegenüberzustellen die Bewertungen

$$F_j = F\,[K_1\,(R_j),...,K_{m-1}\,(R_j),\,0]$$

und

$$F_j^s = F\Big[K_1(R_j),...,K_{m-1}(R_j,),S(R_j)\Big].$$

Formal wäre die Rechtsformneutralität wieder wie oben zu definieren:

Gilt $F_j > F_k$, so folgt $F_j^s > F_k^s$.

Gilt $F_j = F_k$, so folgt $F_j^s = F_k^s$.

Diese Beziehung muß wieder für alle Rechtsformen R_j, R_k, j, k $\in$ {1,...,n} und alle Präferenzfunktionen F erfüllt sein. Ist die Besteuerung rechtsformunabhängig, das heißt, gilt

$$S\,(R_j) = S\,(R_k) \text{ für alle j,k} \in \{1,...,n\},$$

so ist die Besteuerung rechtsformneutral im obigen Sinne, wenn vorausgesetzt wird, daß die Bewertungsfunktion F in ihren Argumenten $K_1,...,K_{m-1}$ einerseits und S andererseits separierbar ist, wenn etwa gilt:

$$F_j = F\,[K_1\,(R_j),...,K_{m-1}\,(R_j),\,S\,(R_j)]$$

$$= F_1\,[K_1\,(R_j),...,K_{m-1}\,(R_j)] + F_2\,[S\,(R_j)],$$

und wenn die Besteuerung mit steigender Steuerlast fällt, wenn also F_2 in S streng monoton ist.

Aus

$$F_j > F_k$$

folgt dann

$$F_1 [K_1 (R_j),...,K_{m-1} (R_j)] > F_1 [K_1 (R_k),...,K_{m-1} (R_k)]$$

und weiter

$$F_1 [K_1 (R_j),...,K_{m-1} (R_j)] + S > F_1 [K_1 (R_k),...,K_{m-1} (R_k)] + S,$$

also

$$F_j^S > F_k^S,$$

wenn

$$S (R_j) = S (R_k) = S$$

gilt.

Interpretiert man die rechtsformunabhängige Besteuerung als gleichmäßige Besteuerung, so gilt unter den obigen Voraussetzungen:
Eine gleichmäßige Besteuerung ist rechtsformneutral, also entscheidungsneutral im obigen Sinne.
Anstatt Rechtsformneutralität in diesem Sinne als Entscheidungsneutralität zu fordern, könnte man diese aber gleich als Gleichmäßigkeit der Besteuerung formulieren:

Variante 3:
Die Besteuerung ist rechtsformneutral, wenn der wirtschaftliche Erfolg einer Unternehmung unabhängig von der Rechtsform steuerlich belastet wird.

Tatsächlich folgt vor allem im steuerrechtswissenschaftlichen Schrifttum die Forderung nach rechtsformneutraler Besteuerung diesem Leitbild.
Hierbei sind jedoch zwei Dinge zu beachten: Erstens muß Leistungsfähigkeit anhand ökonomischer, und nicht formal-juristisch definierter Größen gemessen werden. Zweitens heißt Steuerbelastung hier effektive Steuerbelastung, determiniert durch das Zusammenwirken von Bemessungsgrundlage und darauf anzuwendendem Tarif.
Um eine rechtsformneutrale Besteuerung im Sinne einer gleichmäßigen Besteuerung als sinnvolle Forderung zu begründen, muß demnach der wirtschaftliche Erfolg einer Unternehmung als Maß für die Leistungsfähigkeit der hinter dieser Unternehmung stehenden natürlichen Personen herangezogen werden. Mit anderen Worten: Die Be-

steuerung wirkt dann rechtsformneutral, wenn für eine an einer Unternehmung beteiligte natürliche Person die effektive Steuerlast auf den ihr zustehenden Anteil am wirtschaftlichen Erfolg der Unternehmung unabhängig von der gewählten Rechtsform ist.

Zum einen heißt dies nicht, daß die Steuerbelastung am Ende unabhängig von der Rechtsform ist. Sie ist es nicht, wenn der wirtschaftliche Erfolg von der gewählten Rechtsform abhängt.[7] Zum anderen wird deutlich, daß die Forderung nach rechtsformneutraler Besteuerung im Sinne einer gleichmäßigen Besteuerung als Ausfluß der horizontalen Gerechtigkeit anzusehen ist: Wird der wirtschaftliche Erfolg als Maß für die steuerliche Leistungsfähigkeit angesehen, so ist die Besteuerung so auszurichten, daß bei gleichem wirtschaftlichen Erfolg auch die Steuerbelastung gleich ist.

Damit gelangt man schließlich zum eigentlichen Kernproblem: Was ist wirtschaftlicher Erfolg? Hat man ein aus ökonomischer Sicht richtiges Maß für wirtschaftlichen Erfolg gefunden und zieht man dieses als Indikator für steuerliche Leistungsfähigkeit heran, so erübrigt sich eine Forderung nach Rechtsformneutralität, da diese durch die Forderung nach horizontaler Gerechtigkeit mit erfaßt wird. Kann dagegen ein Maß für wirtschaftlichen Erfolg, das für die Besteuerung praktikabel ist, nicht gefunden werden, so ergibt die Forderung nach rechtsformneutraler Besteuerung keinen Sinn, da diese sich explizit auf den wirtschaftlichen Erfolg bezieht. Akzeptiert man irgendeine Ersatzgröße als Maß für steuerliche Leistungsfähigkeit, die vom tatsächlichen wirtschaftlichen Erfolg mehr oder weniger abweicht, so wird man auch entsprechende Abweichungen von der Rechtsformneutralität im obigen Sinne hinnehmen müssen.

Dies bedeutet nun keineswegs, daß die Besteuerung willkürlich in Abhängigkeit von der Rechtsform erfolgen darf. Zum einen rechtfertigen die Probleme bei der Suche nach einem richtigen Maß für steuerliche Leistungsfähigkeit kein beliebiges Abweichen vom Ideal der Besteuerung nach der Leistungsfähigkeit, hier insbesondere vom Prinzip der horizontalen Gerechtigkeit. Zum anderen, und damit schließt sich der Kreis, dürfen die Entscheidungswirkungen von rechtsformabhängigen Besteuerungsregeln nicht außer Acht gelassen werden. Diese können nämlich rechtsformspezifische Verzerrungen hervorrufen, z.B. in dem aus allokationstheoretischer Sicht besonders wichtigen Bereich der Investitionsentscheidungen. Bei nicht investitionsneutraler Besteuerung kommt es in Abhängigkeit von der gewählten Rechtsform, zu allokationsschädlichen Wirkungen, die aus gesamtwirtschaftlicher Sicht unbedingt zu vermeiden sind.

---

[7] Vgl. auch Jacobs/Scheffler (1995), S. 295ff.

Literaturhinweise

Bea, Franz Xaver, Dichtl, Erwin, Schweitzer, Marcell (1990): Allgemeine Betriebswirtschaftslehre, 5., neubearbeitete Auflage, Band 1, Heidelberg 1990.

Jacobs, Otto H., Scheffler, Wolfram (1995): Steueroptimale Rechtsform, 2. Auflage, München 1995.

Kistner, Klaus-Peter, Steven, Marion (1996): Betriebswirtschaftslehre im Grundstudium, 2., verbesserte und erweiterte Auflage, Band 1, Heidelberg 1996.

Kübler, Friedrich (1994): Gesellschaftsrecht, 4., neubearbeitete und erweiterte Auflage, Heidelberg 1994.

Schneider, Dieter (1993): Betriebswirtschaftslehre, Band 1, Grundfragen, München 1993.

Schneider, Dieter (1997): Betriebswirtschaftslehre, Band 3, Theorie der Unternehmung, München 1997.

Schreiber, Ulrich (1987): Rechtsformabhängige Unternehmensbesteuerung?, Köln 1987.

Seibert, Ulrich (1995): Die Partnerschaftsgesellschaft als neue Rechtsformalternative für Freie Berufe - Ein Überblick, in: Betriebswirtschaftliche Forschung und Praxis, 47. Jg., 1995, S. 473-480.

Sinn, Hans-Werner (1987): Capital Income Taxation and Resource Allocation, Amsterdam et al. 1987.

3 Die steuerliche Belastung von Personen- und Kapitalgesellschaften im Vergleich

Betrachtet man die steuerliche Belastung als Kriterium bei der Wahl der Rechtsform einer Unternehmung, so ist vor allem die laufende Besteuerung des Gewinns und des Gewerbeertrags von Bedeutung. [8]

Im Gegensatz zu einzelkaufmännischen Unternehmungen und Personengesellschaften sind Kapitalgesellschaften aufgrund ihrer eigenen Rechtspersönlichkeit bei den Personensteuern selbständige Steuersubjekte. Da neben der Kapitalgesellschaft selbst auch jeder Anteilseigner einer Kapitalgesellschaft, sei es als natürliche oder als juristische Person, wiederum Steuersubjekt ist, sind bei der Bewertung der Kapitalgesellschaft als Rechtsform grundsätzlich mindestens zwei Ebenen der Besteuerung zu beachten. Bei Einzelunternehmungen und Personengesellschaften wird hingegen direkt auf die einzelnen Gesellschafter durchgegriffen. Hier sind zivilrechtlich abgeschlossene Verträge zwischen der Gesellschaft und ihren Gesellschaftern, im Gegensatz zur Kapitalgesellschaft und deren Anteilseignern, steuerlich unwirksam. Solche Verträge sind z.B. Arbeits-, Schuld- und andere Leistungsverträge.

Die Unterschiede bei der Besteuerung der Rechtsformen gehen auf verschiedene Ursachen zurück. So kommt es zur Anwendung unterschiedlicher Steuerarten, beispielsweise der Körperschaftsteuer für Kapitalgesellschaften und der Einkommensteuer für Personengesellschaften. Durch die unterschiedliche Ermittlung der Bemessungsgrundlagen nach dem Einkommensteuergesetz oder nach dem Körperschaftsteuergesetz kommt es zu weiteren Differenzen, die sich auch auf die Ermittlung des Gewerbeertrags niederschlagen. Des weiteren kann man im deutschen Steuerrecht unterschiedliche Tarifgestaltungen finden, z.B. in Form des Freibetrags und des Staffeltarifs bei der Gewerbesteuer, durch unterschiedlich hohe Einkommensteuerspitzensätze für die Einkünfte einer natürlichen Personen aus dem Gewerbebetrieb einer Personengesellschaft und die Anteilseigner einer Kapitalgesellschaft sowie durch die unterschiedliche Höhe des relevanten Einkommensteuersatzes nach § 32c EStG und des Körperschaftsteuersatzes für thesaurierte Gewinne. [9]

---

[8] Einen Überblick über die steuerlichen Unterschiede der Rechtsformen liefern u.a. auch Schneeloch (1997); Heinhold (1996); Hinz (1995); Jacobs/Scheffler (1995); Wöhe/Bieg (1995); Dörner (1994); Herzig/Schiffers (1994); Schneeloch (1994); Wöhe (1990).
[9] Vgl. Wöhe/Bieg (1995), S. 206.

3.1 Die Ertragsbesteuerung

3.1.1 Die Erfolgs- und Einkunftsermittlung

Bei einzelkaufmännischen Unternehmungen und Personengesellschaften, letztere werden auch als Mitunternehmerschaften bezeichnet, wird die Einkommensteuer auf Ebene der beteiligten juristischen oder natürlichen Personen erhoben während der Gewerbebetrieb der Gewerbesteuer unterliegt.[10] Verträge zwischen Personengesellschaften und ihren Gesellschaftern sind zwar zivilrechtlich möglich,[11] steuerlich jedoch im Rahmen von § 15 Abs. 1 Nr. 2 EStG unwirksam. So werden Vergütungen von der Unternehmung an die Mitunternehmer in Form von Gehalts-, Zins-, Renten-, Pacht- sowie Mietaufwendungen steuerlich als vorweg entnommene Gewinnanteile behandelt und führen bei den Gesellschaftern als Sonderbetriebseinnahmen[12] unterschiedslos und in voller Höhe zu Einkünften aus Gewerbebetrieb bei OHG und KG oder zu Einkünften aus selbständiger Arbeit bei der Partnerschaftsgesellschaft.[13] Bei der Rechtsform der GbR kann sich ein Abgrenzungsproblem zwischen gewerblicher und freiberuflicher Tätigkeit ergeben.[14] Verträge zwischen einer einzelkaufmännischen Unternehmung und dem Unternehmer sind steuerlich uninteressant, denn sie scheitern schon zivilrechtlich am Selbstkontrahierungsverbot.

Vertragliche Vereinbarungen zwischen der Personenunternehmung und Familienangehörigen der Gesellschafter werden jedoch anerkannt, sofern die Familienangehörigen keine Mitunternehmer sind. Die Verträge müssen ernsthaft abgeschlossen und tatsächlich durchgeführt werden, die Vergütung muß dem Grunde und der Höhe nach angemessen sein.[15]

Alle Einkünfte, die ein Gesellschafter aus einer Personengesellschaft bezieht, das heißt, Gewinnanteile und Sondervergütungen, gehören zu den Einkünften aus Gewerbebetrieb. Sie setzen sich zusammen aus dem aus der Handelsbilanz abgeleiteten, anteiligen Gewinn des Mitunternehmers und aus den steuerlich nicht abzugsfähigen Vergütungen für Leistungen der Gesellschafter an die Gesellschaft.[16] Die Mitunternehmer kommen hier gegebenenfalls in den Genuß des verminderten Einkommensteuerspitzensatzes in Höhe von 47% nach § 32c EStG.

Die steuerliche Erfassung der Einkünfte ist unabhängig davon, ob der Gewinn dem Mitunternehmer auch tatsächlich zufließt oder ob er im Betrieb für Investitionen belassen wird. Man spricht hier vom Feststellungsprinzip.

---

[10] Vgl. § 2 Abs. 1 Satz 1 GewStG.
[11] Vgl. Biergans (1992), S. 96-97.
[12] Vgl. Biergans (1992), S. 97-102.
[13] Vgl. Littmann/Bitz/Hellweg (1997), § 15, Rz. 72 und 73.
[14] Vgl. Littmann/Bitz/Hellweg (1997), § 15, Rz. 54.
[15] Vgl. BFH, 13.6.1989, BStBl. 1989 II, S. 720; BFH, 03.12.1957, BStBl. 1958 III, S. 27.
[16] Vgl. BMF-Schreiben vom 20.12.1977, BStBl. 1978 I, S.8; vgl. auch Wöhe (1990), S. 40.

Die Einkunftsermittlung bei den Anteilseignern einer Kapitalgesellschaft weicht zum Teil erheblich von der bei den Mitunternehmern einer Personengesellschaft ab. Durch die Einführung des Anrechnungsverfahrens im Jahr 1977 wurde die Doppelbelastung bei Kapitalgesellschaft und Anteilseigner mit Körperschaftsteuer und Einkommensteuer, sofern unbeschränkt Steuerpflichtige betroffen sind, vermieden, da ausgeschüttete Gewinne letztlich nur noch der individuellen Einkommensteuer des Anteilseigners unterworfen werden. Dennoch gibt es weiterhin gravierende Unterschiede zur Besteuerung von Personengesellschaften.

Bei der Kapitalgesellschaft sind Sondervergütungen als Betriebsausgaben abzugsfähig. Dies gilt auch für Pensionsrückstellungen, die bei Personengesellschaften und einzelkaufmännischen Unternehmungen nicht gebildet werden dürfen.[17] Sie mindern bei der Kapitalgesellschaft das zu versteuernde körperschaftsteuerliche Einkommen und stellen bei den Berechtigten erst im Jahr des Zuflusses einkommensteuerlich relevante Einkünfte dar.

Trotz der steuerlichen Anerkennung wird bei den Verträgen zwischen Gesellschaft und Gesellschaftern die Höhe der vertraglichen Vergütungen überprüft und, soweit die Angemessenheitsgrenze überschritten wird, in eine verdeckte Gewinnausschüttung umqualifiziert.[18]

Bei den Anteilseignern gehören Leistungen aus Gesellschaft-Gesellschafter-Beziehungen jeweils zu der entsprechenden Einkunftsart: das heißt, zu den Einkünften aus nichtselbständiger Arbeit bei Gesellschafter-Geschäftsführer-Vergütungen, zu den Einkünften aus Vermietung und Verpachtung bei Miet- und Pachtzinsen aus der Überlassung eines Grundstücks o.ä. an die Kapitalgesellschaft, zu den Einkünften aus Kapitalvermögen bei Zinsen aus der Gewährung eines Darlehens durch den Anteilseigner an die Kapitalgesellschaft usw.[19] Die ausgeschütteten Gewinnanteile der Anteilseigner gehören zu den Einkünften aus Kapitalvermögen und werden mit bis zu 53%. der Einkommensteuer unterworfen. Eine Tarifkappung nach § 32c EStG kommt nicht in Betracht, da es sich in keinem Fall um Einkünfte aus Gewerbebetrieb handelt. Anders sieht es aus, wenn der Anteilseigner seine Anteile bei einem Gewinnanteil von weniger als 10% (§ 32c Abs. 2 Satz 2 EStG i.V.m. § 9 Nr. 2a GewStG) in einem Betriebsvermögen hält. Hier ist gegebenenfalls der ermäßigte Steuersatz in Höhe von 47% anzuwenden. Diese steuerliche Benachteiligung der Anteilseigner einer Kapitalgesellschaft wirkt sich auch auf die Kirchensteuer und den Solidaritätszuschlag aus, deren Bemessungsgrundlage die Einkommensteuer ist. Von den Einkünften aus Kapitalvermögen kann jedoch der Sparer-Freibetrag in Höhe von DM 6.000 für Ledige und DM 12.000 für Verheiratete, sofern die Zusammenveranlagung gewählt wird, abgezogen werden (§ 20 Abs. 4 EStG) sowie im Zusammenhang mit der Ausschüttung entstandene Ausgaben, mindestens in Höhe des Pauschbetrages von DM 100 bei Ledigen und DM 200 bei zusammenveranlagten Verheirateten im Sinne von § 9a Nr. 2 EStG. Einkünfte aus nichtselb-

---

[17] Vgl. Söffing (1994), S. 68-69 und S. 171-172.
[18] Vgl. Dötsch et al. (1997), § 8, Tz. 58-65, vor allem Tz. 62.
[19] Vgl. Wöhe (1990), S. 158.

ständiger Arbeit können um die Werbungskostenpauschale in Höhe von DM 2.000 gemäß § 9a Nr. 1 EStG reduziert werden.

Die thesaurierten Gewinne unterliegen lediglich bei der Kapitalgesellschaft der Körperschaftsteuer. Beim Anteilseigner sind diese nicht zu versteuern. Man spricht hier vom Zuflußprinzip.

3.1.2 Die Besteuerung thesaurierter und ausgeschütteter Gewinne

Für Erträge, die ausgeschüttet werden, muß bei einer Kapitalgesellschaft die Ausschüttungsbelastung hergestellt werden. Ein Nachteil der Kapitalgesellschaft gegenüber der Personengesellschaft ist es, daß steuerfreie Erträge und Steuerermäßigungen bei Ausschüttung verloren gehen. Auch hier muß mit Ausnahme von ausländischen steuerfreien Erträgen immer die Ausschüttungsbelastung hergestellt werden (§ 8b KStG, § 40 Satz 1 Nr. 1 KStG). Das heißt, letztlich werden steuerfreie oder ermäßigt belastete Erträge im Anrechnungs- und Besteuerungsverfahren der individuellen Einkommensteuer des jeweiligen Anteilseigners unterworfen. Die Vergünstigungen wirken, betrachtet man die Unternehmungs- und Kapitalgeberseite, dauerhaft nur bei Thesaurierung. Bei der Ausschüttung von ausländischen steuerfreien Erträgen erhält der Anteilseigner eine Bardividende ohne Körperschaftsteuerguthaben, so daß diese Erträge auf privater Ebene der ungemilderten individuellen Einkommensteuer unterliegen.[20] Die ganze Steuerlast wird nun durch den Anteilseigner getragen. Solange die ausländischen Erträge innerhalb des körperschaftlichen Sektors weitergeschüttet werden, entfällt eine Belastung mit Körperschaftsteuer.[21]

In Kapitalgesellschaften besteht außerdem die Möglichkeit, die Steuerlast ihrer Anteilseigner bei schwankenden Gewinnen dadurch zu vermindern, daß eine relativ gleichbleibende Ausschüttung erfolgt.[22] Hierbei wird unterstellt, daß die Anteilseigner entweder keine oder aber gleichbleibende Einkünfte aus anderen Quellen und einen Einkommensteuergrenzsatz vor Berücksichtigung der Einkünfte aus der Beteiligung an der Kapitalgesellschaft haben, der unter 53% liegt. So können unerwünschte Progressionsspitzen bei den Anteilseignern reduziert werden. Bei schwankenden Gewinnen werden die Gesellschafter bestrebt sein, Ausschüttungen gerade dann zu erhalten, wenn ihre einkommensteuerliche Progressionstufe günstig ist.[23]

Um den Nachteil eines evtl. höheren Körperschaftsteuersatzes bei Thesaurierung im Vergleich zum relevanten Einkommensteuersatz auszugleichen, empfiehlt sich das Schütt-aus-hol-zurück-Verfahren, das aber nur bei kleinen Kapitalgesellschaften durchgesetzt werden kann. Bei größeren Publikumskapitalgesellschaften liegen zum einen keine Informationen über die Einkommensteuerprogression der Anteilseigner vor, und

---

[20] Vgl. Dötsch et al. (1997), § 8b, Tz. 19.

[21] Vgl. Dötsch et al. (1997), § 8b, Tz. 32-34a, insbesondere Tz. 34.

[22] Vgl. Wagner/Dirrigl (1980), S. 190 und 305.

[23] Vgl. z.B. Schneeloch (1994), S. 238-240 und S. 245.

zum anderen kann nach der Ausschüttung von Gewinnen nicht sichergestellt werden, daß diese durch die Anteilseigner wieder in die Unternehmung eingelegt werden.[24]

Liegt die Einkommen-Kirchensteuer-Belastung der Anteilseigner im gewichteten arithmetischen Mittel unter dem Körperschaftsteuer-Thesaurierungssatz, besteht ein Hemmnis für die Selbstfinanzierung von Kapitalgesellschaften, denen eine Durchführung des Schütt-aus-hol-zurück-Verfahrens, z.B. wegen der breiten Streuung des Anteilsbesitzes, nicht möglich ist. Bei einer derartigen Konstellation bieten die personengesellschaftlichen Rechtsformen Vorteile durch die Möglichkeit der Ausnutzung der niedrigen Steuersätze der Gesellschafter auch im Fall der Investition der erwirtschafteten Gewinne in die Unternehmung.

Der Rückgriff auf das arithmetische Mittel der Gesellschafter-Grenzsteuersätze ist allerdings nicht unproblematisch. Hier muß man sich fragen, wer die Entscheidung über die Rechtsform im Einzelfall tatsächlich trifft, und ob dessen steuerliche Verhältnisse durch diesen Steuersatz abgebildet werden. Damit hängt die Ausschüttungsentscheidung von den Machtverhältnissen in der Unternehmung ab. Vor diesem Hintergrund steht die Zugrundelegung eines Durchschnittssatzes unter Umständen im Widerspruch zu den Interessen des oder der Entscheider. In welcher Hinsicht hier aus steuerlicher Sicht überhaupt noch eine steuerminimale Rechtsformentscheidung getroffen wird, ist fraglich.

Im umgekehrten Falle, das heißt, wenn die persönlichen Einkommensteuersätze, gegebenenfalls mit Kirchensteuer zusammen, höher sind als der Körperschaftsteuersatz in Höhe von 45%, ist die Thesaurierung in der Kapitalgesellschaft sowohl im Vergleich zur Personengesellschaft als auch im Vergleich zur Ausschüttung an die Anteilseigner der Kapitalgesellschaft vorteilhafter.

Vernachlässigt wird hier jedoch, daß der thesaurierte Gewinn in der Unternehmung, wie auch ausgeschüttete Gewinne bei den Anteilseignern, durch die verzinsliche Anlage zu ertragsteuerlichen Folgewirkungen führen. Die bei einer Thesaurierung erzielten Erträge sind im Gegensatz zu Erträgen im Privatvermögen neben der Einkommensteuer auch der Gewerbesteuer zu unterwerfen. Des weiteren wird das Betriebsvermögen durch die Thesaurierung erhöht, was zu den im folgenden noch darzustellenden substanzsteuerlichen Auswirkungen führt. Vor diesem Hintergrund sind Fälle denkbar, bei denen auch bei maximalem Einkommensteuersatz die Ausschüttung aus steuerlicher Sicht vorteilhafter ist. Dies gilt allerdings nur, wenn innerhalb und außerhalb der Unternehmung identische vorsteuerliche Renditen erwirtschaftet werden können.

Ob man die Folgewirkungen einer Gewinnverwendungsentscheidung mit in den Kalkül einbezieht, hängt vom zu untersuchenden Planungshorizont ab. Geht dieser über den Veranlagungszeitraum hinaus, so sind auch die Auswirkungen einer Thesaurierungs- bzw. Ausschüttungsentscheidung zu berücksichtigen. Hierbei muß man sich der Unsicherheit der meisten internen und externen Faktoren jedoch bewußt sein.

Unterschiede zwischen Personen- und Kapitalgesellschaften existieren auch in Hinblick auf den Zeitpunkt der Besteuerung. Bei Personengesellschaften unterliegt der

---

[24] Vgl. Schneeloch (1994), S. 191-192; Wöhe (1990), S. 164.

Gewinn der Einkommensteuer in dem Kalenderjahr, in dem das betroffene Wirtschaftsjahr der Gesellschaft endet. Dies gilt auch für die Gewerbesteuer. Bei Kapitalgesellschaften trifft dies auf die Gewerbesteuer und die Körperschaftsteuer zu. Die Einkommensteuer der Gesellschafter wird jedoch zunächst nicht beeinflußt. Werden später Ausschüttungen aus dem Gewinn beschlossen, so wird die Ausschüttungsbelastung in Höhe von 30% hergestellt und dadurch in der Regel eine Körperschaftsteuerminderung in Höhe von 15 Prozentpunkten hervorgerufen. Diese körperschaftsteuerliche Entlastung wirkt bereits in dem Jahr, über dessen Bilanzgewinn hinsichtlich der Ausschüttung entschieden wurde. Die einkommensteuerliche Erfassung der Ausschüttung und der anrechenbaren Körperschaftsteuer bei den Gesellschaftern erfolgt im Gegensatz dazu erst im Jahr des Zuflusses. Betrachtet man die Unternehmungs- und Anteilseignerebene zugleich, so kommt es bei einem hohen Einkommengrenzsteuersatz der Anteilseigner zu einem steuerbedingten Zinsvorteil für die Kapitalgesellschaft im Vergleich zu gleichartiger Gewinnverwendung bei einer Personengesellschaft.

3.1.3 Der Gewerbeertrag

Da das zu versteuernde Einkommen sowohl bei gewerblich tätigen Personengesellschaften bzw. Einzelunternehmungen als auch bei Kapitalgesellschaften die Ausgangsgröße zur Ermittlung des Gewerbeertrages ist, wirken sich die einkommen- bzw. körperschaftsteuerlichen rechtsformspezifischen Unterschiede auch auf die Höhe der Gewerbesteuer aus.[25] So führt beispielsweise die Nichtabzugsfähigkeit der Vergütungen der Gesellschaft an die Gesellschafter bei Alleinunternehmern und Personengesellschaften im Rahmen der Gewerbesteuer zu Belastungsunterschieden zwischen Kapital- und Personengesellschaften.

Bei Kapitalgesellschaften kommt es dagegen zu einer Gewerbesteuerersparnis durch die Abzugsfähigkeit der Leistungsvergütung, die die Gesellschaft an ihre Anteilseigner leistet. Dieser Vorteil spielt für Kapitalgesellschaften bei der Körperschaftsteuer im Vergleich zur Einkommensteuer von Personenunternehmungen keine große Rolle, da auch bei Kapitalgesellschaften die Anteilseigner diese Leistungsvergütungen auf privater Ebene versteuern müssen. Unterschiede können hier nur durch Differenzen im relevanten Einkommensteuertarif entstehen, z.B. Einkünfte aus nichtselbständiger Arbeit eines Gesellschafter-Geschäftsführers einer Kapitalgesellschaft im Vergleich zu den Einkünften aus Gewerbebetrieb eines Gesellschafter-Geschäftsführers einer Personengesellschaft.[26] Bei der Gewerbesteuer kommt es hingegen zu einer echten Entlastung der Kapitalgesellschaft im Gegensatz zur Personengesellschaft.[27] Diese Ersparnis kann jedoch durch Hinzurechnungen bei der Ermittlung des Gewerbeertrags wieder geschmälert werden, z.B. aufgrund von Miet- und Pachtzinsen oder Dauerschuldzinsen.[28]

---

[25] Vgl. § 7 GewStG; vgl. auch Wöhe (1990), S. 169.
[26] Also Unterschiede zwischen dem Tarif des § 32a EStG und des § 32c EStG.
[27] Vgl. Wöhe (1990), S. 170.
[28] Vgl. Wöhe (1990), S. 171.

Personengesellschaften und einzelkaufmännische Unternehmungen kommen hingegen bei der Ermittlung des Gewerbeertrags in den Genuß des Freibetrags in Höhe von DM 48.000 sowie des Staffeltarifs nach § 11 Abs. 2 Nr. 1 und Abs. 2 GewStG. Die ersten DM 24.000 des Gewerbeertrags nach Abzug des Freibetrags unterliegen einer Steuermeßzahl von 1%, die zweiten DM 24.000 einer Meßzahl von 2% usw. bis eine Meßzahl von 5% erreicht ist, die auch für den darüber hinaus verbleibenden Gewerbeertrag anzuwenden ist. Kapitalgesellschaften steht kein Freibetrag zu. Für sie gilt außerdem die konstante Steuermeßzahl von 5%. Die Vorteile des Freibetrages und des Staffeltarifs kompensieren in der Regel die fehlende Abzugsfähigkeit von Geschäftsführungsvergütungen bei Personengesellschaften nicht.

Die Vorteilhaftigkeit einer Rechtsform bei der Gewerbesteuer kann nur für den Einzelfall entschieden werden und bedarf einer Steuerbelastungsanalyse.

3.1.4 Die Berücksichtigung von Verlusten

Da die Gesellschafter einer Personenunternehmung in der Regel natürliche Personen sind und somit häufig noch Einkünfte aus anderen Quellen beziehen, stehen ihnen gegebenenfalls verschiedene Verlustverrechnungsmöglichkeiten offen.

Verluste aus der gewerblichen Tätigkeit können bei Personengesellschaften und einzelkaufmännischen Unternehmungen in der Regel sofort verrechnet werden. Sowohl ein horizontaler als auch ein vertikaler Verlustausgleich sind für jeden Mitunternehmer bezüglich dessen Verlustanteils zulässig.[29] Sind die Möglichkeiten des Verlustausgleichs erschöpft, kann der Verlust im Sinne von § 10d EStG rück- bzw. vorgetragen werden. Verluste, die auf einen beschränkt haftenden Mitunternehmer, z.B. auf den Kommanditist einer KG, entfallen, können jedoch nur soweit abgezogen werden als kein negatives Kapitalkonto entsteht (§ 15a EStG).

Kapitalgesellschaften erzielen gemäß § 8 Abs. 2 KStG ausschließlich Einkünfte aus Gewerbebetrieb. Somit steht hier lediglich der Verlustabzug nach § 10d EStG i.V.m. § 8 Abs. 1 KStG zur Verfügung.

Entstehen in einer Kapitalgesellschaft langfristig Verluste, so können diese nicht ertragsteuermindernd auf Ebene der Anteilseigner verrechnet werden. Der sofortige Verlustausgleich, der bei Personengesellschaften möglich ist, stellt einen Liquiditätsvorteil dar. Den Anteilseignern einer Kapitalgesellschaft bleibt lediglich die Möglichkeit, Verluste dadurch zu verhindern bzw. zu verringern, daß Leistungsvergütungen an Gesellschafter nur noch in minimaler Höhe gezahlt werden oder aber erfolgsabhängige Leistungsvergütungen vereinbart werden. Hierbei ist jedoch darauf zu achten, daß die Angemessenheitsgrenzen, die die Finanzbehörden anlegen, eingehalten werden.

Eine Ausnahme besteht für den Fall, daß der oder die Anteilseigner die Anteile an der Kapitalgesellschaft im Betriebsvermögen halten. Hier kann die Isolierung der Ver-

---

[29] Ausnahmen sind z.B. durch die §§ 2a, 15 Abs. 4 und 15a EStG geregelt. Vgl. im einzelnen auch Littmann/Bitz/Hellweg (1997), § 2a, Rz. 26-31; ebenda § 15, Rz 181-182.

luste in der Kapitalgesellschaft unter bestimmten Umständen durchbrochen werden. Im Fall lang anhaltender Verluste kann bei den Anteilseignern eine Teilwertabschreibung für die Beteiligung vorgenommen werden, die deren einkommensteuerliche Bemessungsgrundlage mindert.[30]

Für gewerbesteuerliche Verluste gilt sowohl für Personengesellschaften als auch für Kapitalgesellschaften lediglich die Möglichkeit, diese Verluste gemäß § 10a GewStG vorzutragen.

3.2 Die Substanzbesteuerung

Da aufgrund der Entscheidung des Bundesverfassungsgerichtes[31] und einer fehlenden gesetzlichen Regelung seit dem 01.01.1997 keine Veranlagungen zur Vermögensteuer mehr vorgenommen werden, erübrigen sich soweit Ausführungen zur Vermögensteuer, der bis dahin bedeutendsten Substanzsteuer. Das gleiche gilt für die Gewerbekapitalsteuer, die zum 01.01.1998 abgeschafft wurde.[32]

Bei Personengesellschaften und Kapitalgesellschaften, die keine Publikumsgesellschaften sind, kann die Erbschaftsteuer eine Rolle spielen. Unterschiede in der Bemessungsgrundlage wirken sich hier durch den progressiven Erbschaftsteuertarif unter Umständen besonders stark aus (§§ 16 und 19 Abs. 1 ErbStG). Diese Nachteile werden durch den Erbschaftsteuerfreibetrag für Betriebsvermögen und Anteile an Kapitalgesellschaften in Höhe von DM 500.000 (§ 13 Abs. 2a ErbStG) gemildert oder auch überkompensiert. Dieser Freibetrag wird personenbezogen gewährt, das heißt, er kann bei einer Personengesellschaft für jeden Personengesellschafter bei dessen Tod oder im Zuge der vorweggenommenen Erbfolge in Anspruch genommen werden. Vererbt ein Erblasser sein Betriebsvermögen bzw. seine Anteile an einer Kapitalgesellschaft an mehrere Erben, so muß der Freibetrag entsprechend des Erbteils aufgeteilt werden oder ein davon abweichender Aufteilungsmaßstab schriftlich verfügt werden.

Bei Publikumskapitalgesellschaften ist die Erbschaftsteuer für unternehmerische Entscheidungen irrelevant, da keine Einheit zwischen betrieblicher und privater Sphäre besteht.

Als weitere Substanzsteuer ist die Grundsteuer zu erwähnen. Hier sind allerdings keine rechtsformspezifischen Unterschiede zu beachten.

---

[30] Vgl. Herrmann/Heuer/Raupach (1997), § 6 EStG, Rz. 813; Littmann/Bitz/Hellweg (1997), § 6, Rz. 257-260.

[31] Vgl. BVerfG, 22.6.1995, BStBl. 1995 II, S. 655; BVerfG, 22.6.1995, BStBl. 1995 II, S. 671.

[32] Vgl. Gesetz zur Fortsetzung der Unternehmenssteuerreform, 29.10.1997, BStBl. 1997 I, S. 928.

3.3 Die Beurteilung der steuerlichen Vorteilhaftigkeit

Steuerliche Vorteile der Kapitalgesellschaft:
Aus steuerlicher Sicht sprechen für die Kapitalgesellschaft
- das fehlende Sonderbetriebsvermögen,
- das Zuflußprinzip,
- die bei Kapitalgesellschaften anerkannten Leistungsbeziehungen zwischen Gesellschaft und Gesellschafter und
- die unter Umständen mögliche Vermeidung der Einkommensteuerspitzenbelastung durch Thesaurierung.

Steuerliche Nachteile der Kapitalgesellschaft:
Nachteilig sind hingegen
- die schwierige Ausnutzung geringer persönlicher Einkommensteuersätze bei den Anteilseignern durch die begrenzte Durchsetzbarkeit des Schütt-aus-hol-zurück-Verfahrens,
- das Fehlen eines gewerbeertragsteuerlichen Freibetrags und des Staffeltarifs sowie
- der eingeschränkte Verlustausgleich.

Die ertragsteuerliche Belastung von einzelkaufmännischen Unternehmungen bzw. Personengesellschaften und Kapitalgesellschaften stimmt weitgehend überein, wenn
- hohe Gewinne realisiert werden,
- Vergütungen für Leistungsbeziehungen im Sinne von § 15 Abs. 1 Nr. 2 EStG fehlen,
- die Kapitalgesellschaften ihre Gewinne vollkommen ausschütten und
- die Anteilseigner durch die Ausschüttungen einem Einkommensteuersatz von ca. 47% unterliegen.

Da die steuerliche Gewinnermittlung bei Personen- und Kapitalgesellschaften verschiedenen Prinzipien folgt, ist es möglich, daß es trotz gleichen Gewinnausweises in der Handelsbilanz je nach Rechtsform zu unterschiedlich hohem steuerpflichtigen Gewinn kommt.[33]

Ein Steuerbelastungsvergleich erleichtert im Einzelfall die Entscheidung über die Wahl der Rechtsform. Hierbei muß man sich jedoch stets bewußt sein, daß die Ergebnisse einer solchen Berechnung auch bei gleichbleibender Datenkonstellation lediglich unter dem Vorbehalt unsicherer zukünftiger steuerlicher Rahmenbedingungen interpretiert werden können.

---

[33] Vgl. Herzig/Schiffers (1994), vor allem S. 108-110; Schneeloch (1994), S. 220-228.

Literaturhinweise

Biergans, Enno (1992): Einkommensteuer, Systematische Darstellung und Kommentar, 6., völlig überarbeitete Auflage, München, Wien 1992.

Dörner, Bernhard M. (1994): Rechtsform nach Maß: Entscheidungshilfen für eine zweckmäßige Rechtsform, Freiburg i. Br. 1994.

Heinhold, Michael (1996): Unternehmensbesteuerung, Band 1, Stuttgart 1996.

Herzig, Norbert, Schiffers, Joachim (1994): Rechtsformwahl unter Beachtung der laufenden Besteuerung von aperiodischen Besteuerungstatbeständen, in: Steuer und Wirtschaft, 71. Jg., 1994, S. 103-120.

Hinz, Michael (1995): Grundlagen der Unternehmensbesteuerung, 2., grundlegend überarbeitete und erweiterte Auflage, Berlin 1995.

Jacobs, Otto H., Scheffler, Wolfram (1995): Steueroptimale Rechtsform, 2. Auflage, München 1995.

Rose, Gerd (1992): Betriebwirtschaftliche Steuerlehre, 3., vollständig überarbeitete und aktualisierte Auflage, Wiesbaden 1992.

Rose, Gerd, Glorius-Rose, Cornelia (1995): Unternehmungsformen und -verbindungen: Rechtsformen, Beteiligungsformen, Konzerne, Kooperationen, Umwandlungen (Formwechsel, Verschmelzungen und Spaltungen) in betriebswirtschaftlicher, rechtlicher und steuerlicher Sicht, 2., überarbeitete Auflage, Köln 1995.

Schneeloch, Dieter (1994): Besteuerung und Betriebliche Steuerpolitik, Band 2, München 1994.

Schneeloch, Dieter (1997): Rechtsformwahl und Rechtsformwechsel mittelständischer Unternehmen, Herne, Berlin 1997.

Söffing, Günter (1994): Besteuerung der Mitunternehmer, 4. Auflage, Herne, Berlin 1994.

Wagner, Franz W., Dirrigl, Hans (1980): Die Steuerplanung der Unternehmung, Stuttgart 1980.

Wöhe, Günter (1990): Betriebswirtschaftliche Steuerlehre, 5., neubearbeitete Auflage, Band 2, 1. Halbband, Berlin 1990.

Wöhe, Günter, Bieg, Hartmut (1995): Grundzüge der betriebswirtschaftlichen Steuerlehre, 4., neubearbeitete Auflage, München 1995.

Zimmermann, Reimar, Reyher, Ulrich, Hottmann, Jürgen (1995): Die Personengesellschaft im Steuerrecht, 5. Auflage, Achim 1995.

4 Die steuerliche Belastung der Kombinationen von Personen- und Kapitalgesellschaft

Um die steuerlichen Belastungsunterschiede bei Kapitalgesellschaften und Personenunternehmungen optimal auszunutzen, hat die Praxis, Rechtsformkombinationen entwickkelt, die die Vorteile beider Rechtsformkategorien verbinden und zugleich eine Haftungsbeschränkung erlauben. Hierbei darf man jedoch nicht außer acht lassen, daß komplexere Unternehmungsformen unter Umständen höhere organisatorische Anforderungen stellen und damit auch kostenintensiver sein können, z.B. durch getrennte Buchführung für verschiedene Teilunternehmungen, organisatorische Probleme und Probleme bei der Kapitalbeschaffung.

In der Praxis am häufigsten zu finden sind die kombinierten Rechtsformen *GmbH & Co. KG* und *Betriebsaufspaltung*, im Schrifttum oft als Doppelgesellschaft bezeichnet, sowie die *GmbH & Still*.[34]

Allen drei Formen ist gemeinsam, daß durch Verteilung der wirtschaftlichen Aktivitäten auf eine Personengesellschaft bzw. natürliche Personen und eine Kapitalgesellschaft ertrag- sowie substanzsteuerliche Unterschiede genutzt werden sollten. Ursprünglich war beabsichtigt, die hohen steuerlichen Unterschiede zwischen Einkommen- und Körperschaftsteuertarif[35] sowie die substanzsteuerlichen Belastungsunterschiede der Rechtsformen auszunutzen. Durch die Annäherung der Tarife Ende der 40er und Anfang der 50er Jahre,[36] durch die Einführung des körperschaftsteuerlichen Anrechnungsverfahren im Jahr 1977[37] sowie zuletzt durch die Aussetzung der Vermögensteuer und die Abschaffung der Gewerbekapitalsteuer sind die steuerlichen Unterschiede zwischen Personen- und Kapitalgesellschaft abgebaut worden. Somit dürfte in Zukunft die Bedeutung allein steuerlich motivierter kombinierter Rechtsformbildung abnehmen. Haftungsfragen werden bei der Wahl derartiger Konstrukte entscheidend sein.

Dennoch treten auch weiterhin bei den Kombinationen von Personen- und Kapitalgesellschaft gegenläufige steuerliche Einflüsse auf, die eine generelle steuerliche Empfehlung hinsichtlich der optimalen Kombination beider Rechtsformkategorien nicht ermöglichen. Inwiefern es sich bei der aktuellen Rechtslage überhaupt noch lohnt, ausschließlich aus steuerlichen Gründen Rechtsformen zu kombinieren, wird in Kapitel 5 im Rahmen von Steuerbelastungsrechnungen näher untersucht.

---

[34] Vgl. hierzu u.a. auch Brandmüller (1997); Schneeloch (1997); Heinhold (1996); Hinz (1995); Wöhe/Bieg (1995); Zimmermann/Reyher/Hottmann (1995); Fichtelmann (1994); Schneeloch (1994); Wöhe (1990).

[35] Die Einkommensteuer konnte bis zu 95% annehmen während der Körperschaftsteuersatz 50% betrug. Vgl. Littmann/Bitz/Hellweg (1997), vor § 1, Rz. 4.

[36] Vgl. Littmann/Bitz/Hellweg (1997), vor § 1, Rz. 5 und 6; Tipke/Lang (1994), S. 203.

[37] Vgl. Körperschaftsteuerreformgesetz, 31.08.1976, BStBl. 1976 I, S. 445.

4.1 Die GmbH & Co. KG

Bei der GmbH & Co. KG handelt es sich um eine Personengesellschaft, genauer um eine Kommanditgesellschaft, deren Komplementär eine GmbH ist. Die steuerliche Behandlung richtet sich daher im wesentlichen nach den gleichen Kriterien wie bei der reinen Kommanditgesellschaft. Die körperschaftsteuerliche Behandlung der Komplementär-GmbH entspricht der einer reinen GmbH. Dieses Rechtskonstrukt diente in erster Linie zur Vermeidung der doppelten Ertragsteuerbelastung von Kapitalgesellschaften und deren Anteilseignern vor der Einführung des Anrechnungsverfahrens der Körperschaftsteuer bei der Einkommensteuer im Jahr 1977 bei gleichzeitiger Haftungsbeschränkung.[38] In den folgenden Jahren verloren allein steuerlich motivierte Gründungen von GmbH & Co. KG immer mehr an Bedeutung. Aufgrund der vormals substanzsteuerlichen Schlechterstellung von Kapitalgesellschaften, insbesondere der vermögensteuerlichen Doppelbelastung in Verbindung mit der durch die Vermögensteuer hervorgerufenen Definitiv-Körperschaftsteuer[39] findet man in der Praxis vor allem GmbH & Co. KG, bei denen das Stammkapital der GmbH lediglich DM 50.000 beträgt. Auf diese Weise konnten die vermögensteuerlichen Nachteile von Kapitalgesellschaften ganz vermieden werden und der Gewinnanteil der GmbH klein gehalten werden, um z.B. gewerbeertragsteuerliche Nachteile auf ein Minimum zu begrenzen.[40] Durch den Wegfall substanzsteuerlicher Effekte hat die GmbH & Co. KG insgesamt an Bedeutung eingebüßt.[41]

Da die steuerlichen Unterschiede zwischen Personen- und Kapitalgesellschaften im Laufe der Jahre immer geringer geworden sind, und die Haftungsbeschränkung der GmbH & Co. KG bei weniger Verwaltungsaufwand auch durch die reine GmbH gewährleistet ist, wird die GmbH & Co. KG künftig immer seltener eine sinnvolle Gestaltungsalternative sein.[42]

Grundsätzlich sind viele Gestaltungsvarianten der GmbH & Co. KG denkbar. Die GmbH kann alleiniger Komplementär oder zusammen mit natürlichen Personen Komplementär sein. Die Gesellschafter der Komplementär-GmbH können zugleich Kommanditisten sein. Gibt es neben der GmbH keine weiteren Komplementäre, so spricht man von einer echten GmbH & Co. KG oder auch der GmbH & Co. KG im engeren Sinne.[43] Hierbei handelt es sich um eine Personengesellschaft, bei der die Haftung aller Gesellschafter, auch wenn diese natürliche Personen sind, beschränkt ist. Eine weitere Abwandlung ist die Einmann-GmbH & Co. KG, deren einziger Kommanditist zugleich

---

[38] Vgl. Littmann/Bitz/Hellweg (1997), § 15, Rz. 41; Wöhe (1990), S. 225.
[39] Vgl. zu den Wirkungen und Schattenwirkungen der Vermögensteuer sowie zur resultierenden Definitiv-Körperschaftsteuer z.B. Wöhe (1990), S. 158-163 und S. 188. Zu beachten ist, daß vergleichbare Wirkungen auch weiterhin im Zusammenhang mit anderen nichtabziehbaren Ausgaben auftreten, z.B. bezüglich 50% der Aufsichtsratvergütungen. Vgl. § 10 KStG.
[40] Vgl. Wöhe/Bieg (1995), S. 231.
[41] Vgl. Littmann/Bitz/Hellweg (1997), § 15, Rz. 41.
[42] Vgl. die Ergebnisse der Steuerbelastungsrechnungen in Kapitel 5.
[43] Vgl. Zimmermann/Reyher/Hottmann (1995), S. 1086; Wöhe (1990), S. 216-224.

Alleingesellschafter der Komplementär-GmbH ist. Man spricht hier von einer Einzelunternehmung mit beschränkter Haftung.[44]

Im folgenden werden, um die Darstellung knapp zu halten, lediglich die steuerlichen Spezifika der *GmbH & Co. KG im engeren Sinne* im Vergleich zu den reinen Rechtsformen kurz erörtert.

4.1.1 Die Besteuerung der GmbH & Co. KG

Wie bei den reinen Personengesellschaften muß auch bei der GmbH & Co. KG unterschieden werden zwischen dem Gesamthandsvermögen der KG einerseits und den Sonderbetriebsvermögen I und Sonderbetriebsvermögen II der Mitunternehmer andererseits.[45]

Beim Sonderbetriebsvermögen I handelt es sich um nicht zum Gesamthandsvermögen gehörige, aber unmittelbar für betriebliche Zwecke der Kommanditgesellschaft genutzte Wirtschaftsgüter, z.B. von den natürlichen Mitunternehmern oder von der GmbH an die KG vermietete oder verpachtete Wirtschaftsgüter. Nach Ansicht des BFH gehören Wirtschaftsgüter der Komplementär-GmbH, die diese der KG zur Nutzung überläßt, nicht zum Betriebsvermögen der GmbH, sondern sind in der Sonderbilanz der GmbH bei der KG zu erfassen.[46]

Sonderbetriebsvermögen II liegt bei Wirtschaftsgütern von Mitunternehmern vor, welche in unmittelbarem Zusammenhang mit ihrer Beteiligung an der KG stehen. Dies sind z.B. Schulden, die zum Erwerb oder zur Aufstockung der Beteiligung aufgenommen werden oder die Anteile der Kommanditisten an der Komplementär-GmbH. Die Anteile von Kommanditisten an der Komplementär-GmbH gehören allerdings dann nicht zum Sonderbetriebsvermögen II, wenn die Geschäftsführertätigkeit der GmbH im Verhältnis zu den sonstigen geschäftlichen Aktivitäten der GmbH von untergeordneter Bedeutung ist, das heißt, wenn die Beteiligung an der GmbH offensichtlich nicht in erster Linie durch die mittelbare Beteiligung an der GmbH & Co. KG motiviert ist.[47]

Schuldrechtliche Beziehungen der Gesellschafter einer GmbH & Co. KG im engeren Sinne werden weder zur KG noch zur GmbH steuerlich anerkannt. Die Konsequenz hieraus ist, daß Vergütungen an Mitunternehmer, z.B. Geschäftsführervergütungen, Pachten u.ä. dem jeweiligen Mitunternehmer als Sonderbetriebseinnahmen zugerechnet werden und damit Einkünfte aus Gewerbebetrieb darstellen, die auch der Gewerbesteuer unterliegen.[48]

---

[44] Vgl. Zimmermann/Reyher/Hottmann (1995), S. 1086-1088.

[45] Vgl. Biergans (1992), S. 97-102; Zimmermann/Reyher/Hottmann (1995), S. 147-160 und 1136-1139.

[46] BFH, 18.07.1979, BStBl. 1979 II, S. 750; BFH, 14.04.1988, BStBl. 1988 II, S. 667; Zimmermann/Reyher/Hottmann (1995), S. 1112.

[47] BFH, 05.12.1979, BStBl. 1980 II, S. 119. Diese Ansicht ist der Literatur jedoch strittig, vgl. Littmann/Bitz/Hellweg (1997), § 15, Rz. 47, 72 und 73; vgl. weiter Brönner/Rux/Wagner (1996), S. 192-194 m.w.N.; .Zimmermann/Reyher/Hottmann (1995), S. 1112 m.w.N.; Schneeloch (1994), S. 319-320; Brönner (1988), S. 280.

[48] Vgl. Biergans (1992), S. 101.

Die steuerlichen Folgen des Sonderbetriebsvermögens bei einer GmbH & Co. KG sind somit:[49]

- Alle Erfolge aus der Veräußerung oder Überführung dieser Wirtschaftsgüter ins Privatvermögen sind steuerwirksam.[50]
- Alle laufenden Einnahmen und Ausgaben im Zusammenhang mit der Nutzung des Sonderbetriebsvermögens I sind bei der einheitlichen und gesonderten Gewinnermittlung zu erfassen, so z.B. AfA, Zinsaufwendungen und Instandhaltungsaufwand, und wirken sich damit auf die Einkünfte aus Gewerbebetrieb der jeweiligen Mitunternehmer aus.[51]
- Alle laufenden Einnahmen und Ausgaben im Zusammenhang mit dem Sonderbetriebsvermögen II sind bei den Empfängern Einkünfte aus Gewerbebetrieb und nicht Einkünfte aus Kapitalvermögen. Dies gilt z.B. für die Gewinnausschüttungen der GmbH.[52]

Die Rechtsauffassung, daß die GmbH-Anteile bei einer GmbH & Co. KG im engeren Sinne zum Sonderbetriebsvermögen II der Kommanditisten gehören, hat folgende Konsequenzen:

Veräußert ein Kommanditist seine Beteiligung an der GmbH, so sind auch die Veräußerungsgewinne laufende Einkünfte aus Gewerbebetrieb, die sowohl der Einkommensteuer als auch der Gewerbesteuer unterliegen. Dagegen gilt die gleichzeitige Veräußerung der GmbH- und der KG-Beteiligung als Veräußerung eines Mitunternehmer-Anteils im Sinne von § 16 EStG, was zur Folge hat, daß ein Veräußerungsgewinn gemäß § 16 Abs. 4 und § 34 EStG steuerbegünstigt ist und auch nicht der Gewerbesteuer unterliegt.[53]

4.1.1.1 Ertragsteuerliche Besonderheiten der GmbH & Co. KG

Durch die GmbH & Co. KG als Personengesellschaft erzielen die Mitunternehmer ausschließlich Einkünfte aus Gewerbebetrieb. Dies gilt nicht nur für den Fall, daß sie gewerblich tätig ist (§ 15 Abs. 1 Nr. 2 EStG), sondern auch bei nichtgewerblicher Tätigkeit, soweit die GmbH & Co. KG als gewerblich geprägt angesehen werden kann (§ 15 Abs. 3 Nr. 2 EStG).[54] Die Mitunternehmer der KG erzielen durch die Unternehmereigenschaft der GmbH im Sinne der Geprägetheorie insgesamt Einkünfte aus Gewerbebetrieb (§ 15 Abs. 3 Nr. 2 EStG). In bestimmten Ausnahmefällen werden die Einkünfte einer nichtgewerblich tätigen GmbH & Co. KG nicht in Einkünfte aus Gewerbebetrieb umqualifiziert. Dies ist der Fall, wenn der Komplementär mindestens eine natürliche

---

[49] Vgl. Brönner (1988), S. 280-281.

[50] Vgl. Tipke/Lang (1994), S. 367-368.

[51] Vgl. Tipke/Lang (1994), S. 365.

[52] Vgl. Littmann/Bitz/Hellweg (1997), § 15, Rz. 47; Zimmermann/Reyher/Hottmann (1995), S. 1121.

[53] Vgl. Zimmermann/Reyher/Hottmann (1995), S. 1139-1142.

[54] Vgl. Littmann/Bitz/Hellweg (1997), § 15, Rz. 164.

Person oder eine nicht gewerblich tätige Personengesellschaft ist, oder wenn in der Geschäftsführung der KG mindestens ein Kommanditist, der nicht zugleich Anteile der GmbH hält, tätig ist. So kann beispielsweise eine vermögensverwaltende GmbH & Co. KG realisiert werden, die keine gewerblichen Einkünfte erzielt.[55] Die steuerlichen Besonderheiten der nicht gewerblichen GmbH & Co. KG werden im folgenden nicht weiter behandelt.

Die gewerblich geprägte wie auch die gewerblich tätige GmbH & Co. KG sind gewerbesteuerpflichtig. Bei der GmbH & Co. KG existieren zwei Gewerbebetriebe: die KG und die GmbH, die beide jeweils zur Gewerbesteuer herangezogen werden.[56] Allerdings sind Gewinnausschüttungen aus der GmbH, die bei der KG als Sonderbetriebseinnahmen erfaßt werden bei der Ermittlung des Gewerbeertrages wegen der Kürzungsvorschrift des § 9 Nr 2a GewStG wieder abzuziehen. Erzielt die GmbH keine gewerblichen Einkünfte durch wirtschaftliche Betätigungen außerhalb der Mitunternehmerschaft, fällt folglich auf Ebene der GmbH keine Gewerbesteuer an.

Von besonderer Bedeutung bei der GmbH & Co. KG ist die ertragsteuerliche Behandlung der Geschäftsführungsvergütungen. Die steuerlichen Wirkungen dieser und ähnlicher Vergütungen, wie z.B. von Pensionsrückstellungen u.a., hängen von der Kapitalverflechtungsstruktur ab.

Regelmäßig ist die GmbH alleiniger Geschäftsführer der KG. Die GmbH als juristische Person wird ihrerseits wiederum durch ihren Geschäftsführer vertreten. Auf diese Weise werden schließlich auch die Geschäfte der GmbH & Co. KG geführt.[57] Die steuerlichen Folgen hängen davon ab, ob der Geschäftsführer der GmbH gleichzeitig Gesellschafter der Kommanditgesellschaft ist oder nicht.[58] Aus diesem Grund sind vier Fälle zu unterscheiden. Die im folgenden dargestellten steuerlichen Konsequenzen sind in der Literatur höchst strittig und basieren alleine auf BFH-Rechtsprechung.[59]

1. Der Geschäftsführer der GmbH ist nicht Kommanditist der KG.
Die KG zahlt der GmbH das Entgelt für die Geschäftsführung.

In diesem Fall führt der Geschäftsführungsaufwand zu einer Ersparnis an Gewerbesteuer (siehe dazu Abb. 1).

Der Geschäftsführungsaufwand ist bei der KG gemäß § 15 Abs. 1 Nr. 2 EStG nicht abziehbar. Die GmbH zahlt das Geschäftsführungsgehalt an ihren Geschäftsführer, eine natürliche Person, aus. Der Geschäftsführer hat Einkünfte aus nichtselbständiger Arbeit in Höhe der Geschäftsführungsvergütung und muß diese der Einkommensteuer unterwerfen. Da es sich hierbei nicht um Einkünfte aus Gewerbe-

---

[55] Vgl. Littmann/Bitz/Hellweg (1997), § 15, Rz. 174; Zimmermann/Reyher/Hottmann (1995), S. 1097 und S. 1098.

[56] Vgl. Littmann/Bitz/Hellweg (1997), § 15, Rz. 164.

[57] Vgl. Brönner/Rux/Wagner (1996), S. 101.

[58] Vgl. Brönner/Rux/Wagner (1996), S. 101; Zimmermann/Reyher/Hottmann (1995), S. 1113-1119.

[59] Vgl. Littmann/Bitz/Hellweg (1997), § 15, Rz. 48; Herrmann/Heuer/Raupach (1997), § 15 EStG, Rz. 35b; Wöhe (1990), S. 235-241.

betrieb handelt, kommt eine Tarifkappung im Sinne des § 32c EStG nicht in Betracht.

Geschäftsführer, natürliche Person ↑	Einkünfte aus nichtselbständiger Arbeit	**ESt nach § 32a EStG**
GmbH — Gehalt ↑ Gehalt	Geschäftsführungs-vergütung an den Geschäftsführer = abziehbare Betriebsausgabe, soweit nicht verdeckte Gewinnausschüttung ⇒ Sonderbetriebsausgabe	Gesamthandsgewinn (enthält die Geschäfts-führervergütung nicht) + Sonderbetriebseinn. (Geschäftsführergehalt des Mitunternehmers GmbH)
KG	Geschäftsführungs-aufwand, gemäß § 15 Abs. 1 Nr. 2 EStG nicht abziehbar, aber: Sonderbetriebsausgabe der GmbH	./. Sonderbetriebseinn. (Geschäftsführergehalt-zahlung des Mitunter-nehmers GmbH an den Geschäftsführer) ------- = Gesamthandsgewinn (enthält die Geschäfts-führervergütung nicht) darauf: **ESt nach § 32c EStG + GewSt**

Abbildung 1:   *Der Geschäftsführer der GmbH ist nicht Kommanditist, die KG zahlt der GmbH das Entgelt für die Geschäftsführung*

Die GmbH hat einerseits eine abziehbare Betriebsausgabe in Höhe der an den Geschäftsführer ausgezahlten Geschäftsführungsvergütung und andererseits eine Einnahme durch die Vergütung ihrer Geschäftsführungstätigkeit von der KG. Wird als Entgelt für die Geschäftsführung von der GmbH eine unangemessen hohe Vergütung an einen Gesellschafter-Geschäftsführer der GmbH gezahlt, so ist der die Angemessenheitsgrenze übersteigende Teil in eine verdeckte Gewinnausschüttung umzuqualifizieren. Die Zahlung der KG stellt bei der GmbH einen Vorabgewinn dar, das heißt, es handelt es sich hierbei um Einkünfte aus Gewerbebetrieb als Mitunternehmer. Auf der Ebene der GmbH saldieren sich Einnahmen und Ausgaben zu Null.[60]

Betrachtet man den Geschäftsführer der GmbH, die GmbH und die KG als eine Einheit,[61] so kommt es durch die Zahlung der Geschäftsführungsvergütung zu einer Gewerbesteuer-Ersparnis dadurch, daß das Geschäftsführergehalt letztlich beim Geschäftsführer steuerlich erfaßt wird und nicht auf Ebene der KG, und der Geschäftsführer dieses als Einkünfte aus nichtselbständiger Arbeit nicht der Gewerbesteuer unterwerfen muß. Der Belastung mit Gewerbesteuer gegenüber steht allerdings die Versagung des gemilderten Einkommensteuertarifes nach § 32c EStG beim Geschäftsführer.

Bei der KG stellt die Zahlung des Geschäftsführungsgehaltes durch die GmbH an den Geschäftsführer eine Sonderbetriebsausgabe ihres Mitunternehmers, der GmbH, dar, die bei der einheitlichen Gewinnfeststellung zu berücksichtigen sind. Aus diesem Grund kommt es auf der Ebene der KG zu einer Entlastung bei den Ertragsteuern in Form von Einkommen-, gegebenenfalls Kirchen- und Gewerbesteuer, der die Belastung der Geschäftsführervergütung auf Ebene des Geschäftsführers mit Einkommen- und gegebenenfalls Kirchensteuer gegenübersteht.

Der Effekt der Gewerbesteuerersparnis im Verbindung mit der Einkommensteuertarifbelastung nach § 32a EStG ist jedoch stets höher als eine Besteuerung nach § 32c EStG zuzüglich Gewerbesteuer, so daß insgesamt die Behandlung des Geschäftsführergehaltes als Einkünfte aus nichtselbständiger Arbeit vorteilhaft ist.

2. Der Geschäftsführer der GmbH ist nicht Kommanditist der KG.
Die KG zahlt das Entgelt für die Geschäftsführung dem Geschäftsführer der GmbH.

Da der Geschäftsführer nicht zugleich Mitunternehmer ist, ist die Geschäftsführungsvergütung bei der KG eine abzugsfähige Betriebsausgabe. Die Ebene der GmbH wird steuerlich nicht berührt. Der Geschäftsführer erhält wie im ersten Fall durch sein Gehalt Einkünfte aus nichtselbständiger Arbeit, die nach § 32a EStG versteuert werden.

Graphisch wird dieser Fall durch Abbildung 2 veranschaulicht:

---

[60] Vgl. Zimmermann/Reyher/Hottmann (1995), S. 1114-1116.
[61] Vgl. Schneeloch (1994), S. 220.

Geschäftsführer, natürliche Person ↑	Einkünfte aus nichtselbständiger Arbeit	**ESt nach § 32a EStG**
GmbH	wird nicht berührt	
KG Gehalt	Geschäftsführungs- aufwand ist abziehbar	= Gesamthandsgewinn (nach Abzug Geschäfts- führervergütung) darauf: **ESt nach § 32c EStG + GewSt**

Abbildung 2: *Der Geschäftsführer der GmbH ist nicht Kommanditist, die KG zahlt das Entgelt für die Geschäftsführung dem Geschäftsführer der GmbH*

3. *Der Geschäftsführer der GmbH ist zugleich Kommanditist der KG.*
   Die KG zahlt das Entgelt für die Geschäftsführung dem Geschäftsführer der GmbH.

Der Geschäftsführungsaufwand ist bei der KG gemäß § 15 Abs. 1 Nr. 2 EStG ein nichtabziehbarer Vorabgewinn des Gesellschafter-Geschäftsführers. Die GmbH wird durch die Geschäftsführungsvergütung nicht berührt. Sie hat weder Einkünfte noch Sonderbetriebsausgaben. Der Geschäftsführer, der gleichzeitig Gesellschafter der KG ist, erzielt durch seine Geschäftsführungtätigkeit Einkünfte aus Gewerbebetrieb, das heißt, er kann den Tarif des § 32c EStG in Anspruch nehmen (siehe Abbildung 2).

Insgesamt kommt es zur Einkommen- und gegebenenfalls Kirchensteuerbelastung beim Gesellschafter-Geschäftsführer und zur Gewerbesteuerbelastung bei der KG.[62]

Veranschaulicht wird dies durch Abbildung 3:

---

[62] Im Gegensatz zur oben beschriebenen Rechtsprechung wird in der Literatur eine Gewerbesteuerbelastung des Geschäftsführergehalts abgelehnt. Hier verweist man darauf, daß es sich nicht um Einkünfte aus Gewerbebetrieb, sondern aus nichtselbständiger Arbeit handelt. Vgl. hierzu z.B. Wöhe/Bieg (1995), S. 225-226.

64

Geschäftsführer, natürliche Person, die zugleich Mitunternehmer der KG ist	Einkünfte aus Gewerbebetrieb als Mitunternehmer der KG	Sonderbetriebseinn. (Geschäftsführergehalt des Mitunternehmers)
GmbH	wird nicht berührt	+ Gesamthandsgewinn zuzüglich Geschäfts- führervergütung
KG Gehalt	Geschäftsführungs- aufwand, gemäß § 15 Abs. 1 Nr. 2 EStG nicht abziehbarer Vorabgewinn des Gesellschafter- Geschäftsführers	= Gesamthandsgewinn zuzüglich Geschäfts- führervergütung darauf: **ESt nach § 32c EStG + GewSt**

Abbildung 3:   *Der Geschäftsführer der GmbH ist zugleich Kommanditist, die KG zahlt das Entgelt für die Geschäftsführung dem Geschäftsführer der GmbH*

4. *Der Geschäftsführer der GmbH ist zugleich Kommanditist der KG.*
   Die KG zahlt der GmbH das Entgelt für die Geschäftsführung.

Durch die Rechtsprechung wird diese Variante in ihren steuerlichen Konsequenzen ebenso wie der 3. Fall behandelt.

Eine andere Einordnung des Geschäftsführergehalts in die Einkunftsarten besteht für den Fall, daß ein Entgelt an den Geschäftsführer der GmbH speziell für die Geschäfts- führungstätigkeit für die GmbH durch die GmbH gezahlt wird. Dann liegt bei der GmbH eine Betriebsausgabe vor. Beim Geschäftsführer handelt es sich um Einkünfte aus nichtselbständiger Arbeit.

In jedem Fall ist zu überprüfen, ob die Vergütung angemessen ist oder ob Teile davon als verdeckte Gewinnausschüttung zu betrachten sind.[63]

Diese Ausführungen können auf ähnliche Leistungen entsprechend übertragen werden. Zu denken ist dabei z.B. an Pensionsrückstellungen,[64] Sozialversicherungsbeiträge.[65]

4.1.1.2 Substanzsteuerliche Besonderheiten der GmbH & Co. KG

Bei der Bewertung der Anteile an der GmbH ergibt sich das Problem, daß die Einheitswerte der KG und der GmbH wechselseitig voneinander abhängen. Der Grund hierfür liegt darin, daß die GmbH-Anteile in den Einheitswert der KG mit einbezogen werden müssen, da es sich hierbei um Sonderbetriebsvermögen II handelt. Auf diese Weise entsteht eine Abhängigkeit des Anteils der GmbH am Einheitswert der KG vom eigenen Einheitswert.[66] In der Praxis wird diese Interdependenz durch die schrittweise Ermittlung eines Näherungswertes berücksichtigt.

Diesem Näherungsverfahren kommt nur noch für erbschaftsteuerliche Zwecke Bedeutung zu. Durch den Wegfall der Gewerbekapitalsteuer und die Aussetzung der Vermögensteuer gibt es keine jährlich substanzsteuerlich zu beachtenden Rechtsformspezifika mehr.

4.1.2 Die Beurteilung der steuerlichen Vorteilhaftigkeit der GmbH & Co. KG

Steuerliche Vorteile gegenüber der reinen GmbH:
- Die Rechtsform der GmbH & Co. KG kann in Abhängigkeit von der durchschnittlichen Einkommensteuerbelastung der Gesellschafter zu Ertragsteuerersparnissen im Vergleich zur reinen GmbH führen. Dies ist immer dann der Fall, wenn die Gewinne der GmbH & Co. KG überwiegend thesauriert werden und die durchschnittlichen Einkommensteuersätze wesentlich unter dem Körperschaftsteuer-Thesaurierungssatz in Höhe von 45% liegen. Eine etwaige Belastung mit Kirchensteuer muß zusätzlich berücksichtigt werden.[67]
- Auch bei Vollausschüttung kann die GmbH & Co. KG Vorteile aufweisen, da es durch nicht abzugsfähige Ausgaben bei der GmbH, wie z.B. die Hälfte der Aufsichtsratvergütungen, nur zu einer unvollständigen Anrechnung der Körperschaftsteuer kommen kann. Bei der GmbH & Co. KG ist dieser Nachteil auf die auf

---

[63] Vgl. Brönner/Rux/Wagner (1996), S. 218-221; Zimmermann/Reyher/Hottmann (1995), S. 1126 und S. 1130-1133.

[64] Vgl. Littmann/Bitz/Hellweg (1997), § 15, Rz. 348; Brönner/Rux/Wagner (1996), S. 189-191; Zimmermann/Reyher/Hottmann (1995), S. 1119-1121.

[65] Vgl. z.B. Brönner/Rux/Wagner (1996), S. 189.

[66] Vgl. Wagner/Dirrigl (1980), S. 226.

[67] Vgl. Wöhe/Bieg (1995), S. 231-232.

die Komplementär-GmbH entfallenden Gewinnanteile beschränkt und folglich geringer. Bevor die Veranlagung zur Vermögensteuer ausgesetzt wurde, kam dem Aspekt nicht abzugsfähiger Ausgaben aufgrund der Nichtabziehbarkeit der Vermögensteuer bei der Körperschaftsteuer mehr Bedeutung zu.

- Die gewinnsteuerlichen Vorteile der GmbH & Co. KG gegenüber der reinen GmbH sind um so größer, je kleiner der Anteil der Komplementär-GmbH am Gesamtgewinn der GmbH & Co. KG ist.
- Die Verlustanteile der Komplementär-GmbH aus der GmbH & Co. KG bleiben im Normalfall in der GmbH isoliert. Sie können nur im Sinne von § 10d EStG rück- bzw. vorgetragen werden. Eine Verrechnung mit anderen Einkünften der natürlichen Gesellschafter der GmbH ist nicht möglich. Die Verlustanteile, die auf natürliche Personen als Kommanditisten der KG entfallen, können jedoch dort gegebenenfalls durch positive andere Einkünfte ausgeglichen werden. Verbleibende Verluste können ebenfalls rück- oder vorgetragen werden. Jedoch muß sowohl beim Verlustausgleich als auch beim Verlustabzug die Beschränkung dieser Möglichkeit durch § 15a EStG beachtet werden.[68]

Steuerliche Nachteile gegenüber der reinen GmbH:
- Liegt das arithmetische Mittel der Einkommen- und Kirchensteuersätze der Gesellschafter jedoch über 45%, ist die reine GmbH im Thesaurierungsfall vorteilhafter.[69]
- Nachteilig für die GmbH & Co. KG ist die Nichtabzugsfähigkeit der Geschäftsführergehälter und anderer Leistungsvergütungen, wenn die Gesellschafter-Geschäftsführer der GmbH zugleich Kommanditisten sind. Hierdurch wird eine zusätzliche Belastung mit Gewerbesteuer hervorgerufen.[70]
- Die Bildung von Pensionsrückstellungen, die in einer GmbH für Gesellschafter-Geschäftsführer möglich ist, steht der GmbH & Co. KG in diesem Fall nicht zu.[71] Eine entsprechende Minderung bei den Ertragsteuern entfällt somit.[72]

Steuerliche Vorteile gegenüber der reinen Personengesellschaft:
- Für den Fall, daß der Geschäftsführer der Komplementär-GmbH nicht zugleich Kommanditist ist, kommt es bei der GmbH & Co. KG im Vergleich zur reinen Personengesellschaft zu einer Ersparnis an Gewerbesteuer durch die Zahlung von Geschäftsführungsgehältern. Die reine Personengesellschaft ist in diesem Fall schlechter gestellt, da hier alle Leistungsvergütungen zwischen Gesellschaft und Gesellschaftern grundsätzlich auch der Gewerbesteuer unterliegen.
- Die Bildung von Pensionsrückstellungen für die geschäftsführenden Gesellschafter der GmbH durch die GmbH & Co. KG ist in diesem Fall möglich.[73]

---

[68] Vgl. Wöhe/Bieg (1995), S. 233; Brönner (1988), S. 287.
[69] Auf die Problematik der Verwendung des arithmetischen Mittels der Steuersätze wurde bereits in Kapitel 3 hingewiesen.
[70] Vgl. Wöhe/Bieg (1995), S. 233.
[71] Vgl. BFH, 16.02.1967, BStBl 1967 III, S. 222
[72] Vgl. Wöhe/Bieg (1995), S. 233; Brönner (1988), S. 281-282.
[73] Vgl. BFH, 22.01.1970, BStBl. 1970 II, S. 415.

– Bei hohen Einkommensteuersätzen der Mitunternehmer kann bei Thesaurierung für den Gewinnanteil der GmbH der niedrigere Körperschaftsteuersatz genutzt werden.[74]

Steuerliche Nachteile gegenüber der reinen Personengesellschaft:
– Bei Thesaurierung und niedrigen durchschnittlichen Einkommen- und Kirchensteuersätzen der Gesellschafter stellt die Belastung mit Körperschaftsteuer für den auf die GmbH entfallenden Gewinnanteil der Gesellschaft einen Nachteil der GmbH & Co. KG gegenüber der reinen Personengesellschaft dar.[75]

Die Gewinnsteuerbelastung der GmbH & Co. KG nähert sich mit abnehmendem Gewinnanteil der GmbH der ertragsteuerlichen Situation der reinen Personengesellschaft an. Je kleiner der Anteil der GmbH am Gewinn ist, desto geringer wirken sich die Besonderheiten von Kapitalgesellschaften bei der Besteuerung auf die Steuerlast der GmbH & Co. KG aus. Unterschiede resultieren beispielsweise aus körperschaftsteuerlich nicht abzugsfähigen Ausgaben in der GmbH. Reduzieren sich die nichtabziehbaren Ausgaben der Komplementär-GmbH auf Null, so ist eine steuerliche Gleichbehandlung möglich.[76]

4.2 Die Betriebsaufspaltung

Der Begriff der Betriebsaufspaltung wird in der Literatur in unterschiedlicher Bedeutung verwendet. Zum einen wird der *Vorgang* der Aufspaltung eines Betriebes, bei dem bestimmte Voraussetzungen eingehalten werden, als Betriebsaufspaltung bezeichnet. Des weiteren wird das daraus resultierende organisatorische Gebilde als Betriebsaufspaltung bezeichnet (*Zustand*) und zuletzt wird das *Rechtsinstitut* der Betriebsaufspaltung so bezeichnet, das vorliegt, wenn bestimmte durch die Rechtsprechung festgelegte Voraussetzungen gegeben sind.[77] Liegt das Rechtsinstitut einer Betriebsaufspaltung im Sinne der BFH-Rechtsprechung vor, so hat dies die im folgenden geschilderten steuerlichen Konsequenzen.

Beim Vorgang einer Betriebsaufspaltung wird zunächst auf Seite des Steuerpflichtigen eine Unternehmung aufgespalten. Hierbei handelt es sich um eine zivilrechtliche Gestaltungsmaßnahme, bei der in der Regel eine Unternehmung in eine Besitzgesellschaft und eine Betriebsgesellschaft aufgeteilt wird. Es liegt jedoch in der Regel keine Spaltung oder Einbringung im Sinne des Umwandlungssteuergesetzes vor, da das Umwandlungssteuergesetz bei Spaltungen verlangt, daß der übertragenden Unternehmung

---

[74] Im Detail vgl. dazu die Ergebnisse in Kapitel 5.
[75] Vgl. Wöhe/Bieg (1995), S. 228.
[76] Vgl. Kapitel 5; vgl. auch Jacobs/Scheffler (1995), S. 284.
[77] Vgl. Littmann/Bitz/Hellweg (1997), § 15, Rz. 153; Wöhe (1990), S. 298; Lehmann/Marx (1989), S. 506.

mindestens ein Teilbetrieb verbleibt und bei Einbringungen die Übertragung eines Betriebes oder Teilbetriebes fordert. Dies ist beim Vorgang der Betriebsaufspaltung regelmäßig nicht der Fall,[78] und somit müßte es sich aus steuerlicher Sicht um eine Betriebsaufgabe handeln, die eine Aufdeckung aller in der Unternehmung ruhenden stillen Reserven bewirkt und deren Besteuerung verlangt.[79] Die Rechtsprechung nimmt jedoch im Gegensatz zur zuvor beschriebenen Rechtslage das Rechtsinstitut einer Betriebsaufspaltung an, falls zwei Voraussetzungen erfüllt sind:[80]

1. die sachliche Verflechtung und
2. die personelle Verflechtung.

Damit wird die Aufdeckung der stillen Reserven beim Vorgang der Betriebsaufspaltung verhindert.[81]

Die Betriebsgesellschaft nutzt die Wirtschaftsgüter der Besitzgesellschaft für ihre unternehmerische Tätigkeit. Diese Wirtschaftsgüter stellen in der Regel die wesentlichen Grundlagen des Betriebes dar, insofern liegt eine sachliche Verflechtung vor.[82]

Von personeller Verflechtung spricht man, wenn die die Besitzunternehmung beherrschenden Personen in der Lage sind, in der Betriebsunternehmung ihren unternehmerischen Willen durchzusetzen, z.B. durch gleiche oder ähnliche Beteiligungsverhältnisse.[83] In der Regel sind an beiden Gesellschaften dieselben Gesellschafter beteiligt.

Sind diese zwei Voraussetzungen erfüllt, kommt es nicht zur Aufdeckung und Besteuerung der stillen Reserven.

Beide Unternehmungen sind rechtlich weiterhin selbständig, stellen jedoch aufgrund der personellen und sachlichen Verflechtung eine Betriebsaufspaltung dar.[84] Eine Unternehmung dient als Besitzgesellschaft, die andere als Betriebsgesellschaft.[85]

Dies ist die „typische" Form des Zustandes der Betriebsaufspaltung. Die Besitzgesellschaft wird hierbei in der Rechtsform einer Personengesellschaft geführt, während es sich bei der Betriebsgesellschaft um eine Kapitalgesellschaft handelt, die von der Besitzpersonengesellschaft das Anlagevermögen mietet. Hierbei trägt die Betriebskapitalgesellschaft das gesamte Geschäftsrisiko, wohingegen sich die Personenunternehmung nur noch mit der Verpachtung und Verwaltung von Anlagevermögen (Grundstücke, Gebäude, Maschinen etc.) befaßt. Die unbeschränkte Haftung der Gesellschafter der Personenunternehmung stellt somit kein echtes Risiko dar.

Da steuerliche Aspekte aus den bereits zu Beginn des Kapitels 4 genannten Gründen bei kombinierten Rechtsformen an Bedeutung verloren haben, sind Betriebsaufspaltun-

---

[78] Vgl. Widmann/Mayer (1997), § 20 UmwStG, Rz. 6803; vgl. auch Kapitel 7.

[79] Vgl. hierzu BFH, 16.02.1996, BStBl. 1996 II, S. 342; vgl. auch Wacker (1997), S. 105-110.

[80] Vgl. Brandmüller (1997), S. 96, S. 174-216; Littmann/Bitz/Hellweg (1997), § 15, Rz. 153; Zimmermann/Reyher/Hottmann (1995), S. 691-722.

[81] Vgl. Zimmermann/Reyher/Hottmann (1995), S. 723.

[82] Vgl. H 137 Abs. 4 EStR; H 137 Abs. 5 EStR.

[83] Vgl. hierzu auch BFH, 29.01.1997, BStBl. 1997 II, S. 437. Vgl. zu den Anforderungen an ähnliche Beteiligungsverhältnisse FG Baden-Württemberg, 14.11.1996, NWB 1997, S. 159. Vgl. auch Littmann/Bitz/Hellweg (1997), § 15, Rz. 153.

[84] Vgl. Littmann/Bitz/Hellweg (1997), § 15, Rz. 150.

[85] Vgl. Littmann/Bitz/Hellweg (1997), § 15, Rz. 150.

gen heute überwiegend ausschließlich durch die Möglichkeit der Haftungsbeschränkung motiviert. In dieser Hinsicht bietet eine Betriebsaufspaltung mehr Gestaltungspotential als eine reine Kapitalgesellschaft.

In der Regel geht der Vorgang der Betriebsaufspaltung so vor sich, daß aus einer bestehenden Ursprungspersonenunternehmung Teile in eine neu gegründete Kapitalgesellschaft eingebracht werden. Die Gesellschafter der Personengesellschaft erhalten Kapitalgesellschafts-Anteile als Gegenleistung für die eingebrachten Wirtschaftsgüter. Man spricht hier von einer „echten Betriebsaufspaltung". Das Umlaufvermögen wird häufig gegen Gewährung eines Darlehens übertragen.[86]

Die Gesellschafter der Personengesellschaft, die in der Regel zugleich Geschäftsführer der Kapitalgesellschaft sind, erhalten eine Geschäftsführungsvergütung von der Kapitalgesellschaft, die bei dieser als Betriebsausgabe abzugsfähig ist. Außerdem führt die Kapitalgesellschaft Pachtzinsen an die Personengesellschaft ab, welche die alleinigen Betriebseinnahmen der Personengesellschaft darstellen. Alle Gewinne fallen in der Regel bei der Kapitalgesellschaft an.[87]

Denkbar ist auch eine Betriebsaufspaltung durch eine Vertriebskapitalgesellschaft und eine Produktionspersonengesellschaft, die zu vereinbarten Verrechnungspreisen an die Vertriebsgesellschaft liefert. In beiden Fällen wird eine bisher einheitliche Unternehmung in zwei Gesellschaften aufgeteilt. Bei der Aufspaltung in eine Produktionspersonen- und eine Vertriebskapitalgesellschaft wird nur die Absatzfunktion verselbständigt. Nichtsteuerliche Gründe dieser Betriebsaufspaltung können der Wunsch nach einer besseren Marktpflege, nach Marktbeeinflussung u.ä. sein. Die Vertriebskapitalgesellschaft übernimmt, im Gegensatz zur Betriebskapitalgesellschaft, nicht das gesamte Risiko.[88]

Des weiteren ist auch eine umgekehrte Betriebsaufspaltung möglich, bei der aus einer Ursprungskapitalgesellschaft eine Personengesellschaft durch Aufspaltung entsteht, an die dann die wesentlichen Betriebsgrundlagen verpachtet werden. Es resultieren eine Besitzkapitalgesellschaft und eine Betriebspersonengesellschaft. Es gibt außerdem Betriebsaufspaltungen in Form sogenannter Doppel-Personengesellschaften oder auch Doppel-Kapitalgesellschaften. Sofern die Voraussetzungen der Betriebsaufspaltung, das heißt, die personelle und sachliche Verflechtung, vorliegen, kommen in jedem Fall die Besonderheiten der Betriebsaufspaltung zur Geltung.[89]

Durch den BFH ebenfalls als Rechtsinstitut der Betriebsaufspaltung anerkannt ist die sogenannte „unechte Betriebsaufspaltung", bei der zwei bereits bestehende, rechtlich selbständige Betriebe durch einen Pachtvertrag verbunden werden.[90]

---

[86] Vgl. Littmann/Bitz/Hellweg (1997), § 15, Rz. 150.
[87] Vgl. Wöhe/Bieg (1995), S. 239.
[88] Vgl. Wöhe/Bieg (1995), S. 670.
[89] Vgl. Littmann/Bitz/Hellweg (1997), § 15, Rz. 150; Zimmermann/Reyher/Hottmann (1995), S. 669-671.
[90] Vgl. Zimmermann/Reyher/Hottmann (1995), S. 669-670. Hierbei handelt es sich um eine „Kunstfigur" des BFH, bei der der Vorgang der Betriebsaufspaltung fehlt und stattdessen das Anlagevermögen durch das Besitzunternehmen an die Betriebsgesellschaft verpachtet wird. Vgl. Littmann/Bitz/Hellweg (1997), § 15, Rz. 150; BFH, 03.11.1959, BStBl. 1960 III, S. 50; BFH, 11.11.1982, BStBl. 1983 II, S. 299.

Nichtsteuerliche Gründe einer Betriebsaufspaltung können neben der Haftungsbeschränkung auch die Umgehung der Mitbestimmung, die Einkommenssicherung nicht geschäftsführender Gesellschafter durch Zahlung fester Pachtzinsen oder die Sicherung der Substanzerhaltung und der Unternehmenskontinuität sein.[91]

Eine gesonderte gesetzliche Regelung für die laufende Besteuerung der Betriebsaufspaltung existiert nicht. Während für die GmbH & Co. KG als Personengesellschaft die Regelungen für Mitunternehmerschaften einschlägig sind, kann bei der Betriebsaufspaltung lediglich auf die Rechtsprechung zurückgegriffen werden.[92]

Die folgenden Ausführungen konzentrieren sich, um die Darstellung nicht durch eine Fülle von Einzelfallregelungen zu überlasten, auf die „typische" Form der Betriebsaufspaltung in eine Besitzpersonengesellschaft und eine Betriebskapitalgesellschaft.[93]

4.2.1   Die laufende Besteuerung der Betriebsaufspaltung

Die übliche Form der Betriebsaufspaltung in eine Besitzpersonen- und eine Betriebskapitalgesellschaft sollte neben der Haftungsbeschränkung auch dazu dienen, die vermögensteuerlichen Nachteile einer Kapitalgesellschaft sowie deren Nachteile bei der Verlustverrechnung im Vergleich zur reinen Kapitalgesellschaft zu reduzieren. Gleichzeitig konnten die gewerbesteuerlichen Vorteile der Kapitalgesellschaft genutzt werden.

Vermögensteuerliche Aspekte haben durch die Aussetzung der Vermögensteuer keine Bedeutung mehr. Dennoch kommt der Betriebsaufspaltung durch die Möglichkeit, Verluste ähnlich gut wie in einer reinen Personengesellschaft ausnutzen zu können und gleichzeitig in bestimmten Fällen Leistungsvergütungen an Gesellschafter ertragsteuerlich bei der Kapitalgesellschaft berücksichtigen zu können, weiterhin große praktische Bedeutung zu.

Beide Gesellschaften werden grundsätzlich getrennt besteuert.

Sämtliche Einkünfte aus der Besitzpersonengesellschaft zählen lt. BFH zu den Einkünften aus Gewerbebetrieb, obwohl sich die Tätigkeit der Personengesellschaft in der Regel auf die Verpachtung und Verwaltung des Vermögens beschränkt.[94] Folglich ist neben der Betriebskapitalgesellschaft auch die Besitzpersonengesellschaft gewerbesteuerpflichtig, das heißt, die Pachteinnahmen stellen Einkünfte aus Gewerbebetrieb dar, obwohl sich die Tätigkeit der Personengesellschaft nur auf Vermögensverwaltung erstreckt. Die Möglichkeit, Wirtschaftsgüter aus dem Privatvermögen zu verpachten und auf diese Weise der laufenden Gewerbesteuerpflicht zu entgehen sowie ebenfalls die

---

[91]   Vgl. Brandmüller (1997), S. 45-62 und S. 73-78.
[92]   Vgl. Littmann/Bitz/Hellweg (1997), § 15, Rz. 150a.
[93]   Vgl. Littmann/Bitz/Hellweg (1997), § 15, Rz. 150.
[94]   Vgl. Brandmüller (1997), S. 304; BVerFG, 14.01.1969, BStBl. 1969 II, S. 389; BFH, 12.11.1985, BStBl. 1986 II, S. 296.

Einkommensteuerpflicht von Veräußerungserfolgen zu vermeiden, wurde durch den BFH somit stark eingeschränkt.[95]

Die Besitzpersonengesellschaft hält und bilanziert das Anlagevermögen. Überlassen einzelne Personengesellschafter Gegenstände direkt der Betriebskapitalgesellschaft, so stellen diese Sonderbetriebsvermögen dar. Gleiches gilt für die Anteile an der Betriebskapitalgesellschaft, die von Mitunternehmern der Besitzpersonengesellschaft gehalten werden. Die Konsequenz ist, daß Gewinnausschüttungen sowie Gewinne aus Anteilsverkäufen als Sonderbetriebseinnahmen zu den laufenden Einkünften der Personengesellschaft zählen und damit Einkünfte aus Gewerbebetrieb sind. Bei der Ermittlung der Gewerbesteuer sind die Gewinnanteile jedoch wegen § 9 Nr. 2a GewStG wieder von der Bemessungsgrundlage abzuziehen, was eine Doppelbesteuerung vermeidet.[96]

Wird Umlaufvermögen mit der Auflage der Rückgabe gleichartiger Güter überlassen, führt dies dazu, daß die Besitzpersonengesellschaft ein sogenanntes Sachwertdarlehen aktivieren muß, während die Betriebskapitalgesellschaft die einzelnen Wirtschaftsgüter aktivieren und die entsprechenden Verbindlichkeiten gegenüber der Besitzpersonengesellschaft bilanzieren muß.[97]

Das sogenannte Sachwertdarlehen, daß die Besitzpersonengesellschaft der Betriebskapitalgesellschaft für die Übertragung des Umlaufvermögens gewährt, ist eine Dauerschuld (Abschn. 47 Abs. 5 Satz 8 GewStR). Die in diesem Zusammenhang gezahlten Zinsen sind zur Hälfte bei der Ermittlung der gewerbesteuerlichen Bemessungsgrundlage hinzuzurechnen.[98]

Die Angemessenheit des Pachtzinses bei einer Betriebsaufspaltung mit einer Besitzpersonen- und einer Betriebskapitalgesellschaft ist das eigentliche Problem. Die Höhe dieser Vergütung muß einem Fremdvergleich standhalten. Bei der Festlegung des Pachtzinses ist zu beachten, daß durch die Zahlung kein einseitiger, dauerhafter Verlust bei der Betriebskapitalgesellschaft zulässig ist. Der Pachtzins sollte eine angemessene Kapital- und Risikovergütung darstellen. Zu niedrig bemessene Pachtzahlungen werden von den Finanzbehörden jedoch nicht beanstandet. Zu hohe Vergütungen an die Besitzgesellschaft werden in Höhe des die Angemessenheitsgrenze übersteigenden Anteils in eine verdeckte Gewinnausschüttung umqualifiziert.[99]

Um die Anforderung an die Angemessenheit der Pachtzahlung zu erfüllen, dürfen nur so viele Wirtschaftsgüter bei der Personengesellschaft verbleiben, daß der Pachtzins einem Fremdvergleich standhält. Anhaltspunkte für die Angemessenheit sind außerdem die gesamten Aufwendungen der Personengesellschaft für die Wirtschaftsgüter, das heißt, Abschreibungen und sonstige Aufwendungen, sofern keine besonderen Vereinba-

---

[95] Vgl. BFH, 24.02.1981, BStBl. 1981 II, S. 379; R 137 Abs. 1 EStR; BFH, 08.11.1971, BStBl. 1972, S. 63. Der sog. Verpachtungserlaß vom 28.12.1964 wird nicht angewendet. Vgl. BVerFG, 14.01.1969, BStBl. 1969 II, S. 389.

[96] Vgl. Brandmüller (1997), S. 282; Littmann/Bitz/Hellweg (1997), § 15, Rz. 157; Zimmermann/Reyher/Hottmann (1995), S. 157.

[97] Vgl. Hinz (1995), S. 213-214; Zimmermann/Reyher/Hottmann (1995), S. 729.

[98] Vgl. Brandmüller (1997), S. 315-316; Littmann/Bitz/Hellweg (1997), § 15, Rz. 151a.

[99] Vgl. Wöhe/Bieg (1995), S. 242-243; Zimmermann/Reyher/Hottmann (1995), S. 725.

rungen über die Übernahme dieser Aufwendungen durch die Kapitalgesellschaft getroffen wurden sowie Zinsen für Fremdkapital.[100]

Existieren Ersatzbeschaffungs- bzw. Instandhaltungsabsprachen mit der Betriebsgesellschaft, so hat diese entsprechende Rückstellungen zu bilden. In diesem Fall ermäßigt sich der als angemessen erachtete Pachtzins um die Abschreibungsvergütungen. Die Höhe der Rückstellung bei der Kapitalgesellschaft richtet sich nach den erwarteten Wiederbeschaffungskosten. Die Besitzgesellschaft muß für ihren Erneuerungsanspruch eine Forderung im Sinne der korrespondierenden Bilanzierung in gleicher Höhe aktivieren.[101]

Die Gesellschafter der Personengesellschaft werden bemüht sein, die Höhe des Pachtzinses soweit zu beschränken, daß ein besonders hoher Einkommengrenzsteuersatz vermieden wird. Liegt der marginale Einkommensteuersatz über 45% als Folge von Einkünften aus anderen Quellen empfiehlt es sich, die Pachtzinsen so niedrig zu halten, daß die Einnahmen zusammen mit den Einkünften aus anderen Einkunftsarten ausreichen, um den Lebensunterhalt zu bestreiten. Überschüssige Mittel können dann zum niedrigeren Körperschaftsteuer-Thesaurierungssatz in der Kapitalgesellschaft thesauriert werden. Um also bei derartigen Überlegungen die Angemessenheitsvorschrift nicht zu verletzen und um dem Vorwurf zu geringer Pachtzinsen zu entgehen, muß man eventuell schon frühzeitig einige Wirtschaftsgüter des Anlagevermögens von der Personengesellschaft auf die Kapitalgesellschaft übertragen. Hier gilt es abzuwägen zwischen Risikoaspekten und steuerlichen Konsequenzen.

Die Besteuerung von Gewinnausschüttungen der Betriebskapitalgesellschaft hängt davon ab, von wem die Anteile gehalten werden. Hier sind drei Fälle zu unterscheiden:

1. Werden die Anteile im Betriebsvermögen der Besitzpersonengesellschaft gehalten, so sind die Ausschüttung und die anrechenbare Körperschafsteuer Einkünfte aus Gewerbebetrieb.

2. Hält der Gesellschafter der Besitzpersonengesellschaft die Anteile selbst, so zählen diese zu seinem Sonderbetriebsvermögen II, und es resultieren ebenso wie im ersten Fall Einkünfte aus Gewerbebetrieb. Zu einer erneuten Erfassung bei der Gewerbesteuer kommt es wegen der Kürzungsvorschrift des § 9 Nr. 2a GewStG jedoch nicht.

3. Die Anteile werden im Privatvermögen eines Gesellschafters der Betriebskapitalgesellschaft gehalten, der nur an der Kapitalgesellschaft, nicht jedoch an der Personengesellschaft beteiligt ist. Bei der Gewinnausschüttung einschließlich des Körperschaftsteuerguthabens handelt es sich in diesem Fall um Einkünfte aus Kapitalvermögen.

Leistungsbeziehungen zwischen der Betriebskapitalgesellschaft und deren Anteilseignern, die zugleich Mitunternehmer der Besitzpersonengesellschaft sind, werden durch die Rechtsprechung höchst unterschiedlich behandelt. Zum Teil werden Vergütungen als Sonderbetriebseinnahmen interpretiert und unterliegen damit als Einkünfte aus Ge-

---

[100] Vgl. Littmann/Bitz/Hellweg (1997), § 15, Rz. 151.

[101] Vgl. BFH, 08.03.1989, BStBl. 1989 II, S. 714. Dieser Forderung steht jedoch das handelsrechtliche Vorsichtsprinzip entgegen. Vgl. ebenda; vgl. auch Littmann/Bitz/Hellweg (1997), § 15, Rz. 159; Zimmermann/Reyher/Hottmann (1995), S. 726-728.

werbebetrieb auch der Gewerbesteuer, zum Teil wird die Abzugsfähigkeit der Vergütungen steuerlich anerkannt. Damit handelt es sich nicht um Einkünfte aus Gewerbebetrieb. Es resultiert eine Gewerbesteuer-Ersparnis, der die Anwendung des Tarifs des § 32a EStG gegenübersteht. Während Geschäftsführergehälter in der Kapitalgesellschaft unabhängig von gesellschaftlichen Status des Empfängers abzugsfähig sind und beim Geschäftsführer Einkünfte aus nichtselbständiger Arbeit darstellen und die Bildung von Pensionsrückstellungen zulässig ist,[102] zählen durch einen Mitunternehmer an die Kapitalgesellschaft vermietete oder verpachtete Wirtschaftsgüter stets zum Sonderbetriebsvermögen.[103] Bei Darlehen und sonstigen Vergütungen hängt die Qualifizierung vom Einzelfall ab.[104]

Eine weitere Besonderheit liegt bei Grundstücksunternehmungen vor. Diese an sich gewerbesteuerfreien Unternehmungen, die allein durch die Rechtsform gewerbesteuerpflichtig sind, werden normalerweise bei der Gewerbesteuer wieder entlastet (§ 9 Nr. 1 Satz 2 GewStG). Diese Entlastung wird für Besitzpersonengesellschaften einer Betriebsaufspaltung jedoch versagt.[105]

Im Zusammenhang mit der Betriebsaufspaltung stellt sich die Frage, ob hier aus steuerlicher Sicht eine Organschaft mit den entsprechenden steuerlichen Folgen vorliegt. Aufgrund der fehlenden wirtschaftlichen Eingliederung der Betriebskapitalgesellschaft im Sinne des § 14 KStG stellt diese sowohl im Sinne des Körperschaftsteuergesetzes als auch im Sinne des Gewerbesteuergesetzes (§ 2 Abs. 2 Satz 2 GewStG) keine Organgesellschaft dar. Anders sieht es aus, wenn die Besitzpersonengesellschaft zusätzlich gewerblich tätig wird oder die Voraussetzungen einer geschäftsleitenden Holding erfüllt. Dann können die Bedingungen für eine ertragsteuerliche Organschaft vorliegen. Im umsatzsteuerlichen Sinne liegt in jedem Fall eine Organschaft vor. Damit sind alle Umsätze zwischen den beteiligten Unternehmungen Innenumsätze und damit nicht umsatzsteuerbar.[106]

Eine Abwandlung der Betriebsaufspaltung, die vor allem für den Mittelstand interessant ist, ist das sogenannte Wiesbadener Modell. Hierbei ist z.B. der eine Ehepartner ausschließlich an der Besitzunternehmung und der andere Ehepartner nur an der Betriebsgesellschaft beteiligt. Dadurch wird erreicht, daß keine personelle Verflechtung vorliegt und somit steuerlich nicht mehr vom Rechtsinstitut einer Betriebsaufspaltung gesprochen wird. Die Konsequenz ist, daß die Besitzunternehmung nun gewerbesteuerfrei ist und ausschließlich Einkünfte aus Vermietung und Verpachtung erzielt. Der ersparten Gewerbesteuer muß jedoch die entgangene Tarifermäßigung im Sinne von § 32c EStG gegenübergestellt werden. Per saldo dürfte das Wiesbadener Modell in den meisten Fällen dennoch vorteilhaft sein.[107]

---

[102] Vgl. Brandmüller (1997), S. 68-70; Littmann/Bitz/Hellweg (1997), § 15, Rz. 151a.
[103] Vgl. Heinhold (1996), S. 246; vgl. aber auch Littmann/Bitz/Hellweg (1997), § 15, Rz. 157.
[104] Vgl. Brandmüller (1997), S. 291-293; Littmann/Bitz/Hellweg (1997), § 15, Rz. 157.
[105] Vgl. Tipke/Lang (1994), S. 648-649.
[106] Vgl. Brandmüller (1997), S. 223-224, S. 355-359 und S. 366; Littmann/Bitz/Hellweg (1997), § 15, Rz. 151a m.w.N.
[107] Vgl. Littmann/Bitz/Hellweg (1997), § 15, Rz. 151; Zimmermann/Reyher/Hottmann (1995), S. 700-702.

Grundsätzlich gilt, daß bei kleineren Familiengesellschaften die Betriebsaufspaltung eine sinnvolle Rechtsformgestaltung darstellen kann. Durch das gleichgerichtete Interesse der Beteiligten können steuerliche Gestaltungen vorgenommen werden, die bei gleichzeitiger umfangreicher Haftungsbegrenzung zu einer relativ niedrigen steuerlichen Belastung führen.[108]

Auch im Vergleich zur GmbH & Co. KG bietet die Betriebsaufspaltung unter Umständen bessere Möglichkeiten, Steuern insgesamt, das heißt, auf Ebene beider Unternehmungen und auf privater Ebene der Gesellschafter, soweit diese durch die unternehmerische Tätigkeit berührt wird, zu sparen. Die Gestaltungsspielräume bei der Verteilung der Gewinne und Verluste auf Betriebskapitalgesellschaft und Besitzpersonengesellschaft sind bei einer Betriebsaufspaltung wesentlich größer. Lediglich für den Fall, daß der Geschäftsführer einer GmbH & Co. KG nicht zugleich Kommanditist der KG ist, kommt es durch die Abzugsmöglichkeit der Geschäftsführervergütung zu einer ähnlichen Gewerbesteuerersparnis. Das Wiesbadener Modell erlaubt es jedoch, die Gewerbesteuerlast darüber hinaus zu verringern, so daß diese Abwandlung der Betriebsaufspaltung der GmbH & Co. KG in der Regel überlegen sein dürfte.

Im Rahmen der Entscheidungsvorbereitung sollte jedoch in jedem Fall ein Steuerbelastungsvergleich vorgenommen werden.

Da durch die Rechtsprechung die genaue Auslegung der Voraussetzungen für eine Betriebsaufspaltung laufend verändert wird, empfiehlt es sich, jeweils die aktuelle Rechtslage zu prüfen.[109] Die Aussagekraft von Steuerbelastungsvergleichen wird durch diese Unsicherheit erheblich eingeschränkt. Erfüllt eine Betriebsaufspaltung in Folge geänderter Rechtsprechung plötzlich die Voraussetzung für das Rechtsinstitut Betriebsaufspaltung nicht mehr, so ist in Abhängigkeit von der jeweiligen Bescheidsituation unter Umständen mit erheblichen steuerlichen Folgen zu rechnen. Bei der Besitzpersonengesellschaft würde es sich dann um eine private Vermögensverwaltung handeln, mit der Folge, daß alle Wirtschaftsgüter aus dem Betriebsvermögen in das Privatvermögen übergingen. Neben dem Wegfall gewerbesteuerlicher Effekte, müßten je nach Bescheidsituation sämtliche stille Reserven des Betriebsvermögens der Mitunternehmerschaft aufgelöst und besteuert werden. Da die Auslegung der Voraussetzungen für eine Betriebsaufspaltung ausschließlich auf Richterrecht fußen, besteht für die betroffenen Steuerpflichtigen keinerlei Planungssicherheit.[110]

---

[108] Vgl. die Ausführungen zur Betriebsaufspaltung in Kapitel 5.

[109] Vgl. z.B. die widersprüchlichen Urteile des BFH: BFH, 07.08.1990, BFH/NV 1991, S. 93; BFH, 29.10.1991, BStBl. 1992 II, S. 334; BFH, 26.06.1992, BFH/NV 1993, S. 16; BFH, 26.05.1993, BStBl. 1993 II, S. 718 u.v.a.; vgl. ausführlich dazu Miessel/Wengert (1995), S. 111-115; vgl. auch Lehmann/Marx (1989), S. 506-518 und vgl. weiter Söffing (1997); Schulze zur Wiesche (1997b); Gebhardt (1997) und jüngst BFH-Urteil vom BFH, 02.04.1997, BStBl. 1997 II, S. 565.

[110] Vgl. Lehmann/Marx (1989), S. 506-518, insbesondere S. 510; vgl. auch Brandmüller (1997), S. 97-98; Littmann/Bitz/Hellweg (1997), § 15, Rz. 150a und 151a.

4.2.2 Die Beurteilung der steuerlichen Vorteilhaftigkeit der Betriebsaufspaltung

Steuerliche Vorteile:
- Die Gehälter der geschäftsführenden Gesellschafter der GmbH, die zugleich Gesellschafter der Besitzpersonengesellschaft sind, sind im Gegensatz z.B. zur GmbH & Co. KG bei der Kapitalgesellschaft der Betriebsaufspaltung abzugsfähig.
- Die Bildung von Pensionsrückstellungen ist möglich.
- Darlehen und andere Verträge zwischen einem Gesellschafter und der Betriebskapitalgesellschaft können in Abhängigkeit vom Einzelfall steuerlich anerkannt werden.
- Innerhalb der von den Finanzbehörden gesetzten Grenzen läßt sich die Gewinnaufteilung zwischen Personen- und Kapitalgesellschaft durch den Ansatz hoher oder niedriger Pachtzinsen bzw. Verrechnungspreise gestalten und so unter Umständen eine Abschwächung einkommensteuerlicher Progressionseffekte bewirken.
- Des weiteren findet für den Gewerbeertrag auf Ebene der Besitzpersonengesellschaft der gewerbesteuerliche Freibetrag und der Staffeltarif Anwendung.
- Steuerlich motivierte Gewinnverlagerungen in die Kapitalgesellschaft sind nur bei einem sehr hohen Einkommengrenzsteuersatz und Thesaurierung sinnvoll. Sollen Gewinne ausgeschüttet werden, führen Gewinnverlagerungen, falls die Anteilseigner der Betriebskapitalgesellschaft zugleich Mitunternehmer der Besitzpersonengesellschaft sind, zu keinen steuerlichen Vorteilen, da sowohl die Einkünfte in der Personengesellschaft als auch die Ausschüttungen aus der Kapitalgesellschaft letztlich zu den Einkünften aus Gewerbebetrieb des jeweiligen Gesellschafters zählen und somit steuerlich gleichbehandelt werden.

Steuerliche Nachteile:
- Die Vermietung und Verpachtung von Wirtschaftsgütern durch einen Gesellschafter direkt an die Kapitalgesellschaft fällt unter die Regelungen des Sonderbetriebsvermögens. Miet- und Pachtzahlungen zählen somit zu den Einkünften aus Gewerbebetrieb.
- Darlehen und andere Verträge zwischen einem Gesellschafter und der Betriebskapitalgesellschaft werden im Einzelfall dem Sonderbetriebsvermögen zugeordnet.
- Nachteilig bei einer Betriebsaufspaltung ist, daß die Betriebskapitalgesellschaft normalerweise hohe Dauerschulden bei der Besitzpersonengesellschaft hat, weil das Umlaufvermögen häufig gegen Darlehen auf die Kapitalgesellschaft übertragen wird, was die Hinzurechnung der Hälfte der Zinsen bei der Gewerbesteuer zur Folge hat.
- Nach BFH-Rechtsprechung ist die Besitzpersonengesellschaft gewerbesteuerpflichtig.
- Verluste sollten bei der Betriebskapitalgesellschaft vermieden werden, da diese nur noch durch Rück- oder Vortrag ausgeglichen werden können, und die gewerbesteuerlichen Vorteile aus der Abzugsfähigkeit der Leistungsvergütungen an die Gesellschafter in Verlustsituationen teilweise oder auch ganz verloren gehen. Daher ist bei

der Reduktion des Gewinns der Kapitalgesellschaft durch die aufgeführten Gestaltungselemente Vorsicht geboten.

- Ein besonderer Nachteil der Betriebsaufspaltung besteht darin, daß die Auslegung, wann es sich um das Rechtsinstitut einer Betriebsaufspaltung handelt, auf reinem Richterrecht beruht.[111] Die zum Teil unsichere Rechtsprechung erschwert strategische Unternehmensstrukturentscheidungen in erheblichem Maße.

4.3 Die GmbH & Still

Ebenso wie die zuvor erörterten Beispiele für die Kombination einer Personengesellschaft mit einer Kapitalgesellschaft erlaubt es auch die GmbH & Still, die Haftung auf das Gesellschaftskapital zu beschränken, während gleichzeitig die steuerlichen Vorteile beider Rechtsformen genutzt werden können.[112] Vor der Körperschaftsteuerreform von 1977 wurde die GmbH & Still als Rechtsform überwiegend gewählt, um der ertragsteuerlichen Doppelbelastung der Gewinne zumindest zum Teil zu entgehen.[113]

Bei der GmbH & Still beteiligt sich ein Dritter oder ein Gesellschafter der GmbH durch eine Einlage außerhalb des Stammkapitals an der Gesellschaft.[114] Zu unterscheiden ist die typische GmbH & Still von der atypischen und vom partiarischen Darlehen.

Bei der typischen GmbH & Still zählt das Kapital, das durch die stille Beteiligung der Gesellschaft zur Verfügung gestellt wird, zu den Verbindlichkeiten und liegt damit außerhalb des Haftungskapitals. Der stille Gesellschafter erhält als Entgelt für die Zurverfügungstellung des Kapitals einen Gewinnanteil und, falls vertraglich vereinbart, auch einen Verlustanteil[115] und nimmt den Status eines Gläubigers ein.

Ein atypisch still Beteiligter ist an den Verlusten der Gesellschaft[116] und darüber hinaus auch an den stillen Reserven, das heißt, auch am Firmenwert der Unternehmung beteiligt und kann in gewissen Rahmen unternehmerische Aufgaben wahrnehmen.[117] Grundsätzlich sind sowohl Mitunternehmerinitiative als auch Mitunternehmerrisiko Voraussetzungen für die Behandlung des Stillen als Mitunternehmer im Sinne von § 15 Abs. 1 Satz 1 Nr. 2 EStG.[118] Eine schwach ausgeprägte Mitunternehmerinitiative genügt, um den atypischen Charakter der stillen Beteiligung hervorzurufen.[119] Seine Po-

---

[111] Vgl. Littmann/Bitz/Hellweg (1997), § 15, Rz. 150a; Wöhe (1990), S. 311-314.
[112] Vgl. u.a. Heinhold (1996), S. 150-163; Wöhe/Bieg (1995), S. 233-237; Schneeloch (1994), S. 333-334.
[113] Vgl. Schulze zur Wiesche (1997a), S. 1.
[114] Vgl. Schulze zur Wiesche (1997a), S. 47.
[115] Vgl. § 231 Abs. 2 HGB. Vgl. auch Bitz (1997), S. 769-770; Schulze zur Wiesche (1997a), S. 33.
[116] Vgl. Littmann/Bitz/Hellweg (1997), § 15, Rz. 51; Schulze zur Wiesche (1997a), S. 60-61.
[117] Zur Abgrenzung zwischen typischer und atypischer stiller Gesellschaft vgl. BFH, 11.12.1990, BB 1991, S. 684; BFH, 18.2.93, BFH/NV 1993, S. 647. Vgl. auch Bitz (1997), S. 770-771.
[118] Vgl. z.B. BFH, 17.06.1997, BFH/NV 1997, S. 840; BFH, 27.05.1993, BStBl. 1994 II, S. 700. Bezüglich Ausnahmen von diesem Grundsatz vgl. z.B. Niedersächsisches FG, 28.11.1996, NWB 1997, S. 157.
[119] Vgl. OFD Frankfurt am Main, 26.06.1996, BB 1996, S. 1701.

sition ähnelt damit der eines Kommanditisten in einer GmbH & Co. KG.[120] Er wird einkommensteuerlich folgerichtig als Mitunternehmer behandelt.

Beim partiarischen Darlehen wird ein Schuldverhältnis zwischen der GmbH und dem Darlehensgeber vereinbart. Als Entgelt für die Überlassung des Kapitals wird eine gewinnabhängige Vergütung in der Regel mit Mindestverzinsung vereinbart. Die Abgrenzung gegenüber der typischen GmbH & Still erfolgt anhand des vom Darlehensgeber offensichtlich verfolgten Zwecks. Geht die Geschäftsbeziehung über die reine Abwicklung des Darlehens hinaus, so wird das partiarische Darlehen in eine stille Gesellschaft uminterpretiert. Anhaltspunkt können hier z.B. vertraglich zugestandene Kontrollrechte sein, die Gläubigern üblicherweise nicht zugestanden werden.[121]

Steuerlich von besonderer Bedeutung und in Konkurrenz zur GmbH & Co. KG und Betriebsaufspaltung ist die Variante der GmbH & Still, bei der der Stille zugleich Anteilseigner der GmbH ist. Hier ist jeweils zu prüfen, ob das stille Beteiligungsverhältnis als solches steuerlich anerkannt wird.[122] Auf diesen Fall konzentrieren sich die folgenden Ausführungen.[123]

4.3.1 Die Besteuerung der GmbH & Still

Um entscheiden zu können, um welche Einkunftsart es sich bei den Einkünften aus der stillen Beteiligung handelt, muß bekannt sein, ob eine typische oder atypische GmbH & Still vorliegt.

Beide Varianten haben gemein, daß bei der Festlegung der Höhe des Gewinnanteils des stillen Gesellschafters, der annahmegemäß auch Gesellschafter der GmbH ist, auf die Einhaltung der Angemessenheitsgrenzen zu achten ist, da anderenfalls unter Umständen eine verdeckte Gewinnausschüttung angenommen wird.[124]

Eine sinnvolle steuerliche Gestaltung bei der GmbH & Still ist das Schütt-aus-Hol-zurück-Verfahren. Durch die Ausschüttung von zur Investition in der Unternehmung bestimmten Gewinnen kann einerseits unter Umständen ein niedrigerer Einkommengrenzsteuersatz des Stillen im Vergleich zum Körperschaftsteuer-Thesaurierungssatz ausgenutzt werden und durch die Wiedereinlage des Kapitals der Betrag dennoch in der Unternehmung genutzt werden. Anderseits führt die Wiedereinlage in die GmbH in Form einer stillen Beteiligung nicht zu einem Anstieg des Haftungskapitals der Gesellschaft. Hervorgerufen wird hingegen eine Zunahme der Verbindlichkeiten der Gesellschaft. Neben der Ausnutzung niedriger Steuersätze kann so auch die Haftungsausweitung auf in der Unternehmung verbliebene Gewinne vermieden werden.[125]

---

[120] Vgl. hierzu auch Wöhe (1990) S. 201-202.
[121] Vgl. Heinhold (1996), S. 143-144 m.w.N.
[122] Vgl. Schulze zur Wiesche (1997a), S. 48-57; Fichtelmann (1990), S. 55-59.
[123] Eine etwas breiter angelegte Betrachtungsweise findet sich z.B. bei Schulze zur Wiesche (1997a); Fichtelmann (1990); Brönner (1984), S. 303-322.
[124] Vgl. Schulze zur Wiesche (1997a), S. 82-91, 117 und S. 121-122; Wöhe (1990), S. 280.
[125] Vgl. Bitz (1997), S. 771-772; Schulze zur Wiesche (1997a), S. 180-181; Wöhe (1990), S. 273.

4.3.1.1 Die atypische GmbH & Still

Als Mitunternehmer erfolgt die Besteuerung der Gewinnanteile des stillen Gesellschafters nach § 15 EStG.[126] Damit stellen alle Einkünfte aus der Beteiligung Einkünfte aus Gewerbebetrieb dar[127] und unterliegen dem gemilderten Tarif des § 32c EStG. Da die Gewinnanteile von der körperschaftsteuerlichen Bemessungsgrundlage abzugsfähig sind, wird eine Doppelbelastung vermieden.

Sondervergütungen, die der stille Gesellschafter von der GmbH erhält, stellen Sonderbetriebseinnahmen dar und werden so bei der Körperschaftsteuer abgezogen, jedoch beim atypisch still Beteiligten nach § 15 Abs. 1 Satz 1 Nr. 2 EStG als Einkünfte aus Gewerbebetrieb erfaßt.[128] Die Sonderbetriebseinnahmen können bei der Gewerbesteuer nicht abgezogen werden, sondern werden folglich - wie auch die Gewinnanteile - sowohl mit Einkommensteuer als auch mit Gewerbesteuer belastet. Vorteilhaft ist, daß bei der Gewerbesteuer für die Mitunternehmerschaft der Freibetrag in Höhe von DM 48.000 sowie der Staffeltarif in Anspruch genommen werden können.[129] Diese Möglichkeit besteht für eine reine Kapitalgesellschaft hingegen nicht.

Im Vergleich zur reinen GmbH birgt die Aufnahme eines stillen Gesellschafters bzw. die stille Beteiligung eines Gesellschafters der GmbH Vorteile bei der steuerlichen Berücksichtigung von Verlusten. Die Verlustanteile des Stillen können, wie auch bei anderen Mitunternehmerschaften, mit Einkünften aus anderen Quellen verrechnet werden. Somit steht der GmbH & Still zumindest für den Teil eines Verlustes, der auf den still Beteiligten entfällt, sowohl der horizontale als auch der vertikale Verlustausgleich zu. Die Isolation der Verluste in der Kapitalgesellschaft wird auf diese Weise abgeschwächt. Zu beachten ist jedoch die Beschränkung des § 15a EStG. Die Mitunternehmerstellung führt außerdem dazu, daß die Einlage zum Haftungskapital der Mitunternehmerschaft gehört.[130]

Sowohl die atypische stille Gesellschaft als auch eine GmbH & Co. KG verfügen über Sonderbetriebsvermögen. Im Gegensatz zur GmbH & Co. KG gibt es bei der atypischen GmbH & Still allerdings kein Gesamthandsvermögen.[131]

4.3.1.2 Die typische GmbH & Still

Die typisch beteiligten Gesellschafter an einer GmbH erzielen durch die Gewinnanteile Einkünfte aus Kapitalvermögen, die der ungemilderten Einkommensteuer zu unterwerfen sind und die körperschaftsteuerliche Bemessungsgrundlage als Betriebsausgaben

---

[126] Vgl. OFD Frankfurt am Main, 26.06.1996, BB 1996, S. 1701.
[127] Vgl. Littmann/Bitz/Hellweg (1997), § 15, Rz. 51; Brönner (1984), S. 316.
[128] Vgl. Littmann/Bitz/Hellweg (1997), § 15, Rz. 51; Schulze zur Wiesche (1997a), S. 98-101.
[129] Vgl. Bitz (1997), S. 772; Schulze zur Wiesche (1997a), S. 158-160.
[130] Vgl. Littmann/Bitz/Hellweg (1997), § 15, Rz. 51; Schulze zur Wiesche (1997a), S. 122-125.
[131] Vgl. Littmann/Bitz/Hellweg (1997), § 15, Rz. 51; Brönner (1984), S. 316.

mindern, falls die Beteiligung im Privatvermögen gehalten wird.[132] Entsprechend wirken auch Sondervergütungen, die die Gesellschaft an den Stillen leistet. Auch sie können vom zu versteuernden Einkommen der Körperschaft abgezogen werden und senken so auch die gewerbesteuerliche Bemessungsgrundlage. Im Gegensatz dazu müssen die Gewinnanteile gemäß § 8 Nr. 3 GewStG, sofern sie beim Stillen nicht der Gewerbesteuer unterliegen, bei der Ermittlung des Gewerbeertrags wieder hinzugerechnet werden.[133]

Der ertragsteuerliche Vorteil reduziert sich damit auf die Abzugsfähigkeit der Sondervergütungen bei der Gewerbesteuer und die erweiterten Möglichkeiten der Verrechnung von Verlusten, wie sie auch atypisch beteiligten Gesellschaftern gewährt werden.[134]

4.3.2   Die Beurteilung der steuerlichen Vorteilhaftigkeit der GmbH & Still

Die steuerlichen Vorteile der typischen stillen Gesellschaft können sämtlich auch durch ein Gesellschafterdarlehen realisiert werden. Dies bietet darüber hinaus den Vorteil, daß es nicht zu einer vollen gewerbesteuerlichen Hinzurechnung des Gewinnanteils kommt.[135]

Soll dennoch aus betriebswirtschaftlichen Erwägungen eine GmbH & Still gegründet werden, so muß eine Entscheidung zwischen der typischen und der atypischen Variante getroffen werden. Im Einzelfall gilt es dann aus rein steuerlicher Sicht abzuwägen zwischen dem höheren Einkommensteuertarif nach § 32a EStG bei der typischen GmbH & Still im Gegensatz zum Tarif nach § 32c EStG bei der atypischen Variante. Dies gilt sowohl für die Gewinnanteile als auch für Sondervergütungen. Dieser tarifliche Effekt ist dem Saldo der Wirkungen aus der Abzugsfähigkeit von Sondervergütungen bei der Gewerbesteuer bei der typischen GmbH & Still und der Gewährung des gewerbesteuerlichen Freibetrages und Anwendung des Staffeltarifs bei der atypischen GmbH & Still gegenüberzustellen.[136]

Im Vergleich zur GmbH & Co. KG bietet die typische stille Beteiligung an einer GmbH den Vorteil der umfangreicheren Haftungsbeschränkung. Dies ist der aus dem geringen Eigenkapital resultierenden relativ schlechteren Position bei Kreditwürdigkeitsprüfungen und damit bei der Fremdkapitalbeschaffung gegenüberzustellen.

Die atypische GmbH & Still entspricht in steuerlicher Hinsicht der GmbH & Co. KG. Durch die jüngste Rechtsprechung sind nun auch wie bei der GmbH & Co. KG die GmbH-Anteile als Sonderbetriebsvermögen zu betrachten, da diese den atypisch Betei-

---

[132] Vgl. Schulze zur Wiesche (1997a), S. 67-68; Brönner (1984), S. 303.
[133] Vgl. Schulze zur Wiesche (1997a), S. 156-157.
[134] Vgl. Fichtelmann (1990), S. 69-76.
[135] Vgl. Schulze zur Wiesche (1997a), S. 187.189; Schneeloch (1994), S. 333.
[136] Vgl. Wöhe (1990), S. 272.

ligten die Möglichkeit geben, Einfluß auf die Geschäftsführung der GmbH auszuüben und damit auch auf die GmbH & Still.[137]

Ähnliche Argumente können auch im Vergleich zur Betriebsaufspaltung vorgebracht werden, wobei die Betriebsaufspaltung insbesondere durch die Festlegung der Höhe der Pachtzinsen und das Wiesbadener Modell umfangreichere steuerliche Gestaltungsmöglichkeiten bietet.

Für die GmbH & Still können somit keine allgemeingültigen Empfehlungen ausgesprochen werden. Auch hier sind Steuerbelastungsvergleiche erforderlich.

---

[137] Vgl. Niedersächsisches FG, 27.02.1996, NWB 1996, S. 2536. Zur früher praktizierten Rechtsprechung vgl. Blaurock (1992), S. 1973; vgl. auch Schulze zur Wiesche (1997a), S. 104 und S. 196-197; Fichtelmann (1990), S. 85-86.

Literaturhinweise

Biergans, Enno (1992): Einkommensteuer, Systematische Darstellung und Kommentar, 6., völlig überarbeitete Auflage, München, Wien 1992.

Bitz, Horst (1997): Aktuelle Entwicklungen bei der GmbH & Still, in: GmbH-Rundschau, 88. Jg., 1997, S. 769-772.

Blaurock, Uwe (1992): Die GmbH & Still im Steuerrecht, in: Betriebs-Berater, 47. Jg., 1992, S. 1969-1977.

Brandmüller, Gerhard (1997): Die Betriebsaufspaltung nach Handels- und Steuerrecht, 7., neubearbeitete Auflage, Heidelberg 1997.

Brönner, Herbert (1988): Die Besteuerung der Gesellschaften, des Gesellschafterwechsels und der Umwandlungen, Stuttgart 1988.

Brönner, Herbert, Rux, Hans-Joachim, Wagner, Heidemarie (1996): Die GmbH & Co. KG in Recht und Praxis, Freiburg et al. 1996.

Fichtelmann, Helmar (1989): Die GmbH und Co. KG im Steuerrecht, 6., überarbeitete und erweiterte Auflage, Köln 1989.

Fichtelmann, Helmar (1990): GmbH & Still im Steuerrecht, 3., völlig neubearbeitete und erweiterte Auflage, Heidelberg 1990.

Fichtelmann, Helmar (1994): Betriebsaufspaltung im Steuerrecht, 8., neubearbeitete Auflage, Heidelberg 1994.

Fleischer, Erich, Thierfeld, Rainer (1995): Stille Gesellschaft im Steuerrecht, 6. Auflage, Achim 1995.

Heinhold, Michael (1996): Unternehmensbesteuerung, Band 1, Stuttgart 1996.

Hinz, Michael (1995): Grundlagen der Unternehmensbesteuerung, 2., grundlegend überarbeitete und erweiterte Auflage, Berlin 1995.

Jacobs, Otto H., Scheffler, Wolfram (1995): Steueroptimale Rechtsform, 2. Auflage, München 1995.

Kaligin, Thomas (1995): Die Betriebsaufspaltung. Ein Leitfaden für die Rechts-, Steuer- und Wirtschaftspraxis, 3., neubearbeitete und erweiterte Auflage, Bielefeld 1995.

Lehmann, Matthias, Marx, Franz Jürgen (1989): Das sanfte Ende der Betriebsaufspaltung, in: Finanz-Rundschau, Einkommensteuer mit Körperschaftsteuer und Gewerbesteuer, 71. Jg., 1989, S. 506-518.

Miessel, Gerold, Wengert, Georg (1995): Die Betriebsaufspaltung aus dem Blickwinkel der Steuergerechtigkeit, in: Der Betrieb, 48. Jg., 1995, S. 111-115.

Schneeloch, Dieter (1994): Besteuerung und Betriebliche Steuerpolitik, Band 2, München 1994.

Schneeloch, Dieter (1997): Rechtsformwahl und Rechtsformwechsel mittelständischer Unternehmen, Herne, Berlin 1997.

Schulze zur Wiesche, Dieter (1991): GmbH & Co. KG, 2. Auflage, Wiesbaden 1991.

Schulze zur Wiesche, Dieter (1997a): GmbH & Still. Eine alternative Gesellschaftsform, 3., neubearbeitete Auflage, Heidelberg 1997.

Söffing, Günter (1994): Besteuerung der Mitunternehmer, 4. Auflage, Herne, Berlin 1994.

Wagner, Franz W., Dirrigl, Hans (1980): Die Steuerplanung der Unternehmung, Stuttgart 1980.

Wöhe, Günter (1990): Betriebswirtschaftliche Steuerlehre, 5., neubearbeitete Auflage, Band 2, 1. Halbband, Berlin 1990.

Wöhe, Günter, Bieg, Hartmut (1995): Grundzüge der betriebswirtschaftlichen Steuerlehre, 4., neubearbeitete Auflage, München 1995.

Zimmermann, Reimar, Reyher, Ulrich, Hottmann, Jürgen (1995): Die Personengesellschaft im Steuerrecht, 5. Auflage, Achim 1995.

5 Steuerbelastungsrechnungen

In diesem Kapitel sollen die steuerlichen Konsequenzen, die aus der Entscheidung für eine bestimmte Rechtsform resultieren, anhand von Steuerbelastungsrechnungen auf der Basis konkreten Zahlenmaterials verglichen werden.

In den Vergleich werden die folgenden Rechtsformalternativen einbezogen:
- die OHG,
- die GmbH,
- die GmbH & Co. KG und
- die Betriebsaufspaltung.

Häufig treten diese Alternativen für mittelständische Unternehmen auf, weshalb auf Datenkonstellationen zurückgegriffen wird, die für solche Unternehmen nicht untypisch sind.

Bei den Belastungsrechnungen wird ausschließlich auf Steuerzahllasten abgezielt und nicht auf wirschaftliche Traglasten. Damit wird die Problematik etwaiger Überwälzungsmöglichkeiten ausgeklammert, da zur Berücksichtigung derselben willkürliche, weder theoretisch noch empirisch fundierte Annahmen getroffen werden müßten.

Im folgenden wird für einen Grundfall die Gesamtsteuerbelastung für jede der oben genannten Alternativen berechnet und ihr Zustandekommen detailliert beschrieben. Anschließend soll durch Variationen der Ausgangsdaten die Sensivität der Rangfolge der Vorteilhaftigkeit untersucht werden.

Der Grundfall ist wie folgt charakterisiert:

A und B (beide 35 Jahre alt) beschließen, eine Gesellschaft zu gründen. Für die nächsten Jahre wird mit folgenden durchschnittlichen Größen gerechnet:

	Summe DM	A DM	B DM
Ursprünglich eingebrachtes Eigenkapital/gezeichnetes Kapital	2.400.000,-		
– Anteile Gesellschafter		40%	60%
Gewinn (vor Steuern und vor Abzug von Vergütungen an Gesellschafter)	1.200.000,-		
– Gewinnverteilungsschlüssel		40%	60%

	Summe DM	A DM	B DM
Gehalt der geschäftsführenden Gesellschafter A und B	400.000,-		
– Aufteilung auf die Gesell- schafter		40%	60%
Langfristige Verbindlichkeiten (Fremdkapitalzinssatz 6%)	500.000,-		
Einheitswert der Grundstücke	200.000,-		
Gewerbesteuerhebesatz	400%		

Familienstand der Gesellschafter:
A ist ledig und kinderlos, B ist verheiratet und hat 2 Kinder.

Sonderausgaben:
Auf Grund von speziellen Regelungen im Gesellschaftsvertrag besteht für A wie auch für B keine Sozialversicherungspflicht. Vereinfachend wird angenommen, daß Sonderausgaben in folgender Höhe geltend gemacht werden können:

A: DM 12.000,00
B: DM 22.000,00

Der Betrag von DM 12.000 orientiert sich unter anderem an den zulässigen Abzügen für Vorsorgeaufwendungen. Da sich für zusammenveranlagte verheiratete Steuerpflichtige nicht alle Vorsorgeaufwendungen verdoppeln, wird für B ein Betrag angesetzt, der unterhalb der doppelten Beträge von A liegt. Enthalten sind außerdem sonstige Sonderausgaben wie z.B. Steuerberatungskosten. Damit seien sämtliche Sonderausgaben im Sinne der §§ 10 bis 10i EStG berücksichtigt.

Die Kirchensteuer bleibt außer Betracht. Die Ehepartner und Kinder haben keine Einkünfte und kein Vermögen.

Unter den gegebenen Annahmen soll die durchschnittliche jährliche Steuerbelastung der Gesellschaft sowie der Gesellschafter bei der Wahl unterschiedlicher Rechtsformen berechnet werden.

5.1 Die steuerliche Belastung der Alternative OHG

5.1.1 Die Besteuerung auf der Ebene der Gesellschaft

5.1.1.1 Die Gewerbesteuer

Gewinn vor Steuern und vor Abzug von Vergütungen an Gesellschafter	1.200.000,00
+ 50% der Dauerschuldzinsen (§ 8 Abs. 1 GewStG)	+ 15.000,00
./. 1,2% des um 40% erhöhten Einheitswertes der Betriebsgrundstücke (§ 9 Nr. 1 GewStG i.V.m. § 121a BewG)	- 3.360,00
	1.211.640,00
Abrundung nach § 11 Abs. 1 GewStG	1.211.600,00
./. Freibetrag (§ 11 Abs. 2 GewStG)	- 48.000,00
vorläufiger Gewerbeertrag	1.163.600,00

Zur Ermittlung der Gewerbesteuer muß die Abzugsfähigkeit der Gewerbesteuer bei ihrer Bemessungsgrundlage berücksichtigt werden. Vorab muß geklärt werden, in welcher Tarifzone des Staffeltarifs der vorläufige Gewerbeertrag liegt. In diesem Fall erreicht der Gewerbeertrag der OHG die höchste Zone, das heißt, als Steuermeßzahl ist 5% anzuwenden.[138] Daraus folgt für die Berechnung der vorläufigen Gewerbesteuer:

$$\text{vorläufige GewSt} = \frac{0{,}05 \times \text{Hebesatz}}{100 + 0{,}05 \times \text{Hebesatz}} \times (\text{vorl. Gewerbeertrag} - 48.000)$$

$$= \frac{20}{120} \times (1.163.600 - 48.000) = 185.933{,}33$$

---

[138] Vgl. König et al. (1992), S. 922-924.

Probe zur Ermittlung der endgültigen Gewerbesteuer:

1.163.640,00	vorläufiger Gewerbeertrag vor Abrundung
- 185.933,33	Berücksichtigung der vorläufigen GewSt
977.706,67	
abgerundet 977.700,00	

Als endgültige Gewerbesteuer ergibt sich:

$\{24.000 \times 0{,}01 + 24.000 \times 0{,}02 + 24.000 \times 0{,}03 + 24.000 \times 0{,}04$

$+ (977.700 - 96.000) \times 0{,}05\} \times$ Hebesatz

$= (240 + 480 + 720 + 960 + 44.085) \times 4 = 185.940$

Gewerbesteuer der OHG: 185.940,00

5.1.1.2 Die Gesamtbelastung auf der Ebene der OHG

Gewerbesteuer	185.940,00
Gesamtbelastung OHG	185.940,00

5.1.2 Die Besteuerung auf der Ebene der OHG-Gesellschafter

5.1.2.1 Die Einkommensteuer

		A	B
Gewinn vor Steuern und vor Abzug von Vergütungen an Gesellschafter	1.200.000		
./. Gewerbesteuer	- 185.940		
./. Geschäftsführergehalt	- 400.000		
zu verteilender Gewinn	614.060		
davon		245.624,00	368.436,00
+ Geschäftsführergehalt		+ 160.000,00	+ 240.000,00
= Einkünfte aus Gewerbebetrieb		405.624,00	608.436,00

+ andere Einkünfte	+ 0,00	+ 0,00
= Summe der Einkünfte (= Gesamtbetrag der Einkünfte)	405.624,00	608.436,00
./. Sonderausgaben	- 12.000,00	- 22.000,00
./. Kinderfreibetrag (§ 32 Abs.6 EStG)		- 13.824,00
zu versteuerndes Einkommen	393.624,00	572.612,00

Gewerblicher Anteil am zu versteuernden Einkommen (§ 32c Abs. 3 EStG)

$$= \frac{\text{gewerbliche Einkünfte im Sinne vom § 32 c Abs. 2 EStG}}{\text{Summe der Einkünfte}} \times \text{zu versteuerndes Eink.}$$

Weil die Einkünfte der Gesellschafter A und B in vollem Umfang gewerbliche Einkünfte im Sinne des § 32c Abs. 2 EStG sind, ist die Tarifbegrenzung des § 32c EStG nach § 32c Abs. 3 S. 2 EStG auf das gesamte zu versteuernde Einkommen der Gesellschafter anzuwenden.

Hierzu muß zunächst die Einkommensteuer ohne Tarifbegrenzung nach § 32a EStG auf das abgerundete zu versteuernde Einkommen bzw. bei Zusammenveranlagung (B) auf das abgerundete halbe zu versteuernde Einkommen berechnet werden.

abgerundetes bzw. halbes abgerundetes zu versteuerndes Einkommen	393.606,00	286.254,00

Da sowohl A als auch B in der höchsten Einkommensteuertarifstufe sind, gilt:

vorläufige ESt_A = 0,53 × abgerundetes zu versteuerndes Einkommen ./. 22.844
bzw.
vorläufige ESt_B = 2 × (0,53 × abgerundetes halbes zu versteuerndes Einkommen ./. 22.844).

Daraus folgt als Einkommensteuer nach § 32a EStG	185.767,00	257.740,00

Einkommensteuer nach § 32a EStG auf
den gewerblichen Anteil des zu
versteuernden Einkommens (s.o.) bzw.
bei Zusammenveranlagung auf den
gewerblichen Anteil des halben zu
versteuernden Einkommens   185.767,00   128.870,00

Die Einkommensteuer nach § 32c EStG auf den gewerblichen Anteil des zu versteuernden Einkommens (s.o.) bzw. bei Zusammenveranlagung auf den gewerblichen
Anteil des halben zu versteuernden Einkommens ergibt sich aus:

Einkommensteuer bis 100.224   30.870,00   30.870,00

+ 0,47 × (abgerundetes zu versteuerndes
     Einkommen bzw. Hälfte des abger. zu
     versteuernden Einkommens ./. 100.224)   + 137.889,54   + 87.434,10

Einkommensteuer nach § 32c EStG   168.759,54   118.304,10

Der Entlastungsbetrag ergibt sich aus der Differenz zwischen der Einkommensteuer
nach § 32a EStG auf den gewerblichen Anteil des zu versteuernden Einkommens und
der Einkommensteuer nach § 32c EStG. Dieser Betrag ist gemäß § 32c Abs. 4 Satz 3
EStG auf volle DM aufzurunden und bei Zusammenveranlagung (B) mit 2 zu multiplizieren:

Entlastungsbetrag (§ 32c EStG)   17.008,00   21.132,00

Der Entlastungsbetrag ist von der Einkommensteuer nach § 32a EStG auf das zu versteuernde Einkommen abzuziehen:

endgültige Einkommensteuer   168.759,00   236.608,00

5.1.2.2 Der Solidaritätszuschlag

Der Solidaritätszuschlag beträgt ab Veranlagungszeitraum 1998 5,5%[139] der Einkommensteuer und ist auf ganze Pfennige abzurunden (§ 4 Satz 3 SolZG):

0,055 × endgültige Einkommensteuer   9.281,74   13.013,44

---

[139] Vgl. Gesetz zur Senkung des Solidaritätszuschlags, 21.22.1997, BStBl. 1997 I, S. 967.

5.1.2.3 Das Kindergeld

Da der Vorteil aus dem Kinderfreibetrag größer ist als das Kindergeld in Höhe von DM 5.280 jährlich, entfällt eine Kindergeldgutschrift.

5.1.2.4 Die Gesamtbelastung auf der Ebene der OHG-Gesellschafter

	A	B
Einkommensteuer	168.759,00	236.608,00
Solidaritätszuschlag	9.281,74	13.013,44
Gesamtbelastung	178.040,74	249.621,44

5.1.3 Die steuerliche Gesamtbelastung der OHG

Betrachtet man sowohl Gesellschafts- als auch Gesellschafterebene, so ergibt sich als Ergebnis der Steuerbelastungsrechnung:

	OHG	A	B
Gewerbesteuer	185.940,00		
Einkommensteuer		168.759,00	236.608,00
Solidaritätszuschlag		9.281,74	13.013,44
	185.940,00	178.040,71	249.621,44
Gesamtsteuerlast			613.602,18

5.2 Die steuerliche Belastung der Alternative GmbH

Zur Berechnung der steuerlichen Belastung einer GmbH ist es erforderlich, Annahmen über die Ausschüttungspolitik der Gesellschaft zu treffen.

Annahme:
Der Gewinn der GmbH wird vollständig an A und B ausgeschüttet.

5.2.1 Die Besteuerung auf der Ebene der Gesellschaft

5.2.1.1 Die Gewerbesteuer

Gewinn vor Steuern und vor Abzug von Vergütungen an Gesellschafter	1.200.000,00
./. Geschäftsführergehälter	- 400.000,00
+ 50% der Dauerschuldzinsen	+ 15.000,00
./. 1,2% des um 40% erhöhten Einheitswerts der Betriebsgrundstücke (§ 9 Nr. 1 GewStG i.V.m § 121a BewG)	- 3.360,00
vorläufiger Gewerbeertrag	811.640,00
Abrundung nach § 11 Abs. 1 GewStG	811.600,00

Wie auch im Fall der OHG muß die Abzugsfähigkeit der Gewerbesteuer bei ihrer Bemessungsgrundlage berücksichtigt werden. Hier ist jedoch die für Kapitalgesellschaften einheitliche Steuermeßzahl von 5 v. H. anzuwenden.

$$\text{vorläufige GewSt} = \frac{0,05 \times \text{Hebesatz}}{100 + 0,05 \times \text{Hebesatz}} \times \text{vorläufiger Gewerbeertrag}$$

$$= \frac{20}{120} \times 811.600,00 = 135.266,67$$

Probe zur Ermittlung der endgültigen Gewerbesteuer:

	811.640,00	vorläufiger Gewerbeertrag vor Abrundung
	-135.266,67	Berücksichtigung der vorläufigen GewSt
	676.373,33	
abgerundet	676.300,00	

Als endgültige Gewerbesteuer ergibt sich:

$676.300,00 \times 0,05 \times 4 = 135.260,00$

Gewerbesteuer der GmbH: 135.260,00

5.2.1.2 Die Körperschaftsteuer bei Vollausschüttung

Gewinn vor Steuern und vor Abzug von Vergütungen an Gesellschafter	1.200.000,00
./. Geschäftsführergehälter	- 400.000,00
./. Gewerbesteuer	- 135.260,00
zu versteuernder Gewinn	664.740,00
./. Tarifbelastung i.H.v. 45%	- 299.133,00
Zugang zum verwendbaren Eigenkapital (EK 45)	365.607,00
KSt-Minderung wegen Vollausschüttung $= 15/55 \times 365.607$	99.711,00
KSt-Zahlung: Tarifbelastung ./. KSt-Minderung	199.422,00
Ausschüttung nach Körperschaftsteuer $= 70/55 \times 365.607$	465.318,00
Ausschüttungsbelastung $= 3/7 \times 465.318$	199.422,00

Die Ausschüttungsbelastung stimmt mit der KSt-Zahlung genau überein, da kein Teilbetrag des EK 45 thesauriert wird. Aus dem gleichen Grund stimmt die Bruttoausschüttung mit dem zu versteuernden Gewinn überein.

Bruttoausschüttung	664.740,00

Im Fall der Vollausschüttung kann, wenn wie hier keine nichtabziehbaren Aufwendungen vorliegen, die KSt-Zahlung auch einfacher berechnet werden. Sie beträgt gerade 30% des zu versteuernden Gewinns und damit $0,3 \times 664.740 = 199.422$.

5.2.1.3 Die Kapitalertragsteuer

Die GmbH muß von der Ausschüttung nach KSt in Höhe von 465.318
noch Kapitalertragsteuer einbehalten:

$0,25 \times 465.318$	116.329,50

5.2.1.4 Der Solidaritätszuschlag

Der Solidaritätszuschlag beträgt ab Veranlagungszeitraum 1998 5,5% der Körperschaft- und Kapitalertragsteuer und ist auf ganze Pfennige abzurunden (§ 4 Satz 3 SolZG):

$0,055 \times$ (Körperschaftsteuer-Zahlung + Kapitalertragsteuer)	17.366,33

5.2.1.5 Die Gesamtbelastung auf der Ebene der GmbH

Gewerbesteuer	135.260,00
Körperschaftsteuer	199.422,00
Kapitalertragsteuer	116.329,50
Solidaritätszuschlag	17.366,33
Gesamtbelastung GmbH	468.377,83

5.2.2 Die Besteuerung auf der Ebene der Gesellschafter

5.2.2.1 Die Einkommensteuer

	A	B
Bruttoauschüttung i.H.v. 664.740 verteilt auf die Gesellschafter:	265.896,00	398.844,00
./. Werbungskosten-Pauschale gemäß § 9a Nr. 2 EStG	- 100,00	- 200,00
./. Sparer-Freibetrag	- 6.000,00	- 12.000,00
= Einkünfte aus Kapitalvermögen	259.796,00	386.644,00
Geschäftsführergehalt	160.000,00	240.000,00
./. Werbungskosten-Pauschale gemäß § 9a Nr. 1 EStG	- 2.000,00	- 2.000,00
= Einkünfte aus nichtselbständiger Arbeit	158.000,00	238.000,00
+ andere Einkünfte	+ 0,00	+ 0,00
Summe der Einkünfte (= Gesamtbetrag der Einkünfte)	417.796,00	624.644,00
./. Sonderausgaben	12.000,00	22.000,00
./. Kinderfreibeträge (§ 32 Abs. 6 EStG)		- 13.824,00
zu versteuerndes Einkommen	405.796,00	588.820,00

In der Summe der Einkünfte sind keine gewerblichen Einkünfte im Sinne des § 32c Abs. 2 EStG enthalten, daher kommt der Tarif nach § 32a EStG zum Tragen. Bemessungsgrundlage für den ungemilderten Einkommensteuertarif ist:

	A	B
abgerundetes bzw. halbes abgerundetes zu versteuerndes Einkommen	405.756,00	294.408,00

Da sowohl A als auch B in der höchsten Einkommensteuertarifstufe sind, gilt:

vorläufige $ESt_A = 0{,}53 \times$ abgerundetes zu versteuerndes Einkommen ./. 22.844
bzw.
vorläufige $ESt_B = 2 \times (0{,}53 \times$ abgerundetes halbes zu versteuerndes Einkommen
./. 22.844).

Daraus folgt als		
Einkommensteuer nach § 32 a EStG	192.206,00	266.384,00
./. anrechenbare KSt gemäß § 36 Abs. 2 Nr. 3 EStG = 3/7 × 465.318 verteilt auf die Gesellschafter	- 79.768,80	- 119.653,20
./. anrechenbare Kapitalertragsteuer	- 46.531,80	- 69.797,70
Einkommensteuerzahllast	65.905,40	76.933,10

5.2.2.2 Der Solidaritätszuschlag

Der Solidaritätszuschlag beträgt ab Veranlagungszeitraum 1998 5,5% der Einkommensteuer und ist auf ganze Pfennige abzurunden (§ 4 Satz 3 SolZG):

0,055 × Einkommensteuerzahllast	3.624,79	4.231,32

5.2.2.3 Das Kindergeld

Da der Vorteil aus dem Kinderfreibetrag größer ist als das Kindergeld in Höhe von DM 5.280 jährlich, entfällt eine Kindergeldgutschrift.

5.2.2.4 Die Gesamtbelastung auf der Ebene der Gesellschafter der GmbH

	A	B
Einkommensteuer	65.905,40	76.933,10
Solidaritätszuschlag	3.624,79	4.231,32
Gesamtbelastung	69.530,19	81.164,42

5.2.3 Die steuerliche Gesamtbelastung der GmbH

Betrachtet man sowohl Gesellschafts- als auch Gesellschafterebene, so ergibt sich als Ergebnis der Steuerbelastungsrechnung:

	GmbH	A	B
Gewerbesteuer	135.260,00		
Körperschaftsteuer	199.422,00		
Kapitalertragsteuer	116.329,50		
Einkommensteuer		65.905,40	76.933,10
Solidaritätszuschlag	17.933,10	3.624,79	4.231,32
	468.377,83	69.530,19	81.164,42
Gesamtsteuerlast			619.072,44

5.3 Die steuerliche Belastung der Alternative GmbH & Co. KG

Zur Berechnung der steuerlichen Belastung einer GmbH & Co. KG ist es erforderlich, weitere Annahmen zu treffen.

An der Komplementär-GmbH wollen sich A und B im gleichen Verhältnis wie an der KG beteiligen. Die GmbH soll außer der Beteiligung als Komplementär an der KG keine weitere Tätigkeit entfalten.

Das Eigenkapital setzt sich wie folgt zusammen:

Eigenkapital:		2.400.000,00
davon A	als Kommanditist	940.000,00
	als GmbH-Gesellschafter	20.000,00
davon B	als Kommanditist	1.410.000,00
	als GmbH-Gesellschafter	30.000,00.

Die GmbH-Anteile stellen notwendiges Sonderbetriebsvermögen der Kommanditisten dar. Somit sind Ausschüttungen aus der GmbH bei der einheitlichen und gesonderten Gewinnfeststellung der KG mit zu berücksichtigen. Bei der Gewerbesteuer sind sie jedoch gemäß § 9 Nr. 2a GewStG wieder abzuziehen. Daher kommt es auf der Ebene der GmbH zu keiner Gewerbesteuerbelastung.

5.3.1 Die Besteuerung auf der Ebene der Gesellschaften

5.3.1.1 Die Gewerbesteuer der KG

Gewinn vor Steuern und vor Abzug von Vergütungen an Gesellschafter	1.200.000,00
+ 50% der Dauerschuldzinsen (§ 8 Abs. 1 GewStG)	+ 15.000,00
./. 1,2% des um 40% erhöhten Einheitswertes Betriebsgrundstücke (§ 9 Nr. 1 GewStG i.V.m. § 121a BewG)	- 3.360,00
	1.211.640,00

Abrundung nach § 11 Abs. 1 GewStG   1.211.600,00

./. Freibetrag (§ 11 Abs. 2 GewStG)   - 48.000,00

vorläufiger Gewerbeertrag   1.163.600,00

Zur Ermittlung der Gewerbeetragsteuer muß wiederum die Abzugsfähigkeit der Gewerbesteuer bei ihrer Bemessungsgrundlage berücksichtigt werden. Außerdem ist der Staffelbetrieb anzuwenden. Aufgrund der Höhe des vorläufigen Gewerbeertrages ist die höchste Tarifzone des Gewerbesteuertarifs erreicht. Daraus folgt:

$$\text{vorläufige GewSt} = \frac{0,05 \times \text{Hebesatz}}{100 + 0,05 \times \text{Hebesatz}} \times (\text{vorl. Gewerbeertrag} - 48.000)$$

$$= \frac{20}{120} \times (1.163.600 - 48.000) = 185.933,33$$

Probe zur Ermittlung der endgültigen Gewerbesteuer:

	1.163.640,00	vorläufiger Gewerbeertrag vor Abrundung
	- 185.933,33	Berücksichtigung der vorläufigen GewSt
	977.706,67	
abgerundet	977.700,00	

Als endgültige Gewerbesteuer ergibt sich:

$\{24.000 \times 0,01 + 24.000 \times 0,02 + 24.000 \times 0,03 + 24.000 \times 0,04$

$+ (977.700 - 96.000) \times 0,05\} \times \text{Hebesatz}$

$= (240 + 480 + 720 + 960 + 44.085) \times 4 = 185.940$

Gewerbesteuer der KG: 185.940,00

5.3.1.2 Die Gewerbesteuer der GmbH

Wegen der Kürzungsvorschriften des § 9 Nr. 2a GewStG wird die GmbH nicht mit Gewerbesteuer belastet.

5.3.1.3 Die Körperschaftsteuer bei Vollausschüttung

Gewinn vor Steuern und vor Abzug von Vergütungen an Gesellschafter	1.200.000,00
./. Geschäftsführergehälter	- 400.000,00
./. Gewerbesteuer	- 185.940,00
	614.060,00

Auf die GmbH entfallender Gewinnanteil aus der KG:

$$\frac{50.000}{2.400.000} = \frac{1}{48} \text{ von } 614.060,00 = \qquad 12.792,92$$

./. Tarifbelastung i.H.v. 45%	- 5.756,81
Zugang zum verwendbaren Eigenkapital (EK 45)	7.036,11
KSt-Minderung wegen Vollausschüttung $= 15/55 \times 7.036,11$	1.918,94
KSt-Zahlung: Tarifbelastung ./. KSt-Minderung	3.837,87
Ausschüttung nach Körperschaftsteuer $= 70/55 \times 7.036,11$	8.955,05
Ausschüttungsbelastung $= 3/7 \times 8.955,05$	3.837,88

Die Ausschüttungsbelastung weicht um 1 Pfennig von der Körperschaftsteuerzahlung ab. Die Ausschüttungsbelastung müßte allerdings mit der KSt-Zahlung genau übereinstimmen, da kein Teilbetrag des EK 45 thesauriert wird. Ursache für die Differenz sind Rundungsfehler, die in der Praxis ebenfalls auftreten. Die Bruttoausschüttung stimmt trotz rundungsbedingter Ungenauigkeiten mit dem zu versteuernden Gewinn überein.

Bruttoausschüttung	12.792,92

Im Fall der Vollausschüttung kann, wenn wie hier keine nichtabziehbaren Aufwendungen vorliegen, die KSt-Zahlung auch einfacher berechnet werden. Sie beträgt gerade 30% des zu versteuernden Gewinns und damit $0,3 \times 12.792,92 = 3.837,88$.

5.3.1.4 Die Kapitalertragsteuer

Die GmbH muß von der Ausschüttung nach KSt in Höhe von 8.955,05
noch Kapitalertragsteuer einbehalten:

$0,25 \times 8.955,05$ 2.238,76

5.3.1.5 Der Solidaritätszuschlag

Der Solidaritätszuschlag beträgt ab Veranlagungszeitraum 1998 5,5% der Körperschaft-
und Kapitalertragsteuer und ist auf ganze Pfennige abzurunden (§ 4 Satz 3 SolZG):

$0,055 \times$ (Körperschaftsteuer-Zahlung + Kapitalertragsteuer)   334,21

5.3.1.6 Die Gesamtbelastung auf der Ebene der Gesellschaften

Gewerbesteuer KG	185.940,00
Gewerbesteuer GmbH	0,00
Körperschaftsteuer	3.837,87
Kapitalertragsteuer	2.238,76
Solidaritätszuschlag	334,21
Gesamtbelastung	192.350,84

5.3.2 Die Besteuerung auf der Ebene der Gesellschafter

5.3.2.1 Die Einkommensteuer

Gewinn vor Steuern und vor Abzug von Vergütungen an Gesellschafter	1.200.000,00
./. Gewerbesteuer	- 185.940,00
./. Geschäftsführergehälter	- 400.000,00
./. Gewinnanteil GmbH	- 12.792,92
= auf die Kommanditisten zu verteilender Gewinn	601.267,08

	A	B
Gewinnanteil der Kommanditisten	240.506,83	360.760,25
+ Geschäftsführergehälter	+ 160.000,00	+ 240.000,00
+ anteilige GmbH-Ausschüttung	+ 5.117,17	+ 7.675,76
= Einkünfte aus Gewerbebetrieb	405.624,00	608.436,01
+ andere Einkünfte	+ 0,00	+ 0,00
Summe der Einkünfte (= Gesamtbetrag der Einkünfte)	405.624,00	608.436,01
./. Sonderausgaben	- 12.000,00	- 22.000,00
./. Kinderfreibeträge (§ 32 Abs. 6 EStG)		- 13.824,00
zu versteuerndes Einkommen	393.624,00	572.612,01

Weil die Einkünfte der Gesellschafter A und B in vollem Umfang gewerbliche Einkünfte im Sinne des § 32c Abs. 2 EStG sind, ist die Tarifbegrenzung des § 32c EStG nach § 32c Abs. 3 S. 2 EStG auf das gesamte zu versteuernde Einkommen der Gesellschafter anzuwenden.

Hierzu muß zunächst die Einkommensteuer ohne Tarifbegrenzung nach § 32a EStG auf das abgerundete zu versteuernde Einkommen bzw. bei Zusammenveranlagung (B) auf das abgerundete halbe zu versteuernde Einkommen berechnet werden.

	A	B
abgerundetes bzw. halbes abgerundetes zu versteuerndes Einkommen	393.606,00	286.254,00

Da sowohl A als auch B in der höchsten Einkommensteuertarifstufe sind, gilt:

vorläufige ESt_A = 0,53 × abgerundetes zu versteuerndes Einkommen ./. 22.844

bzw.

vorläufige ESt_B = 2 × (0,53 × abgerundetes halbes zu versteuerndes Einkommen ./. 22.844).

	A	B
Daraus folgt als Einkommensteuer nach § 32a EStG	185.767,00	257.740,00

Einkommensteuer nach § 32a EStG auf
den gewerblichen Anteil des zu versteuernden Einkommens (s.o.) bzw. bei Zusammenveranlagung auf den gewerblichen
Anteil des halben zu versteuernden
Einkommens   185.767,00   128.870,00

Die Einkommensteuer nach § 32c EStG auf den gewerblichen Anteil des zu versteuernden Einkommens (s.o.) bzw. bei Zusammenveranlagung auf den gewerblichen
Anteil des halben zu versteuernden Einkommens ergibt sich aus:

Einkommensteuer bis 100.224   30.870,00   30.870,00

+ 0,47 × (abgerundetes zu versteuerndes
   Einkommen bzw. Hälfte des abger. zu
   versteuernden Einkommens
   ./. 100.224)   + 137.889,54   + 87.434,10

Einkommensteuer nach § 32c EStG   168.759,54   118.304,10

Der Entlastungsbetrag ergibt sich aus der Differenz zwischen der Einkommensteuer
nach § 32a EStG auf den gewerblichen Anteil des zu versteuernden Einkommens und
der Einkommensteuer nach § 32c EStG. Dieser Betrag ist gemäß § 32c Abs. 4 Satz 3
EStG auf volle DM aufzurunden und bei Zusammenveranlagung (B) mit 2 zu multiplizieren:

Entlastungsbetrag (§ 32c EStG)   17.008,00   21.132,00

Der Entlastungsbetrag ist von der Einkommensteuer nach § 32a EStG auf das zu versteuernde Einkommen abzuziehen:

Einkommensteuer   168.759,00   236.608,00

./. anrechenbare KSt gemäß
   § 36 Abs. 2 Nr. 3 EStG
   = 3/7 × 8.955,05
   verteilt auf die Gesellschafter   - 1.535,15   - 2.302,73

./. anrechenbare Kapitalertragsteuer   - 895,50   - 1.343,26

Einkommensteuerzahllast   166.328,35   232.962,01

5.3.2.2 Der Solidaritätszuschlag

Der Solidaritätszuschlag beträgt ab Veranlagungszeitraum 1998 5,5% der Einkommensteuer und ist auf ganze Pfennige abzurunden (§ 4 Satz 3 SolZG):

0,055 × Einkommensteuer-Zahllast   <u>9.148,05</u>   <u>12.812,91</u>

5.3.2.3 Das Kindergeld

Da der Vorteil aus dem Kinderfreibetrag größer ist als das Kindergeld in Höhe von DM 5.280 jährlich, entfällt eine Kindergeldgutschrift.

5.3.2.4 Die Gesamtbelastung auf der Ebene der Gesellschafter der GmbH & Co. KG

	A	B
Einkommensteuer	166.328,35	232.962,01
Solidaritätszuschlag	9.148,05	12.812,91
Gesamtbelastung	<u>175.476,40</u>	<u>245.774,92</u>

5.3.3 Die steuerliche Gesamtbelastung der GmbH & Co. KG

Betrachtet man sowohl Gesellschafts- als auch Gesellschafterebene, so ergibt sich als Ergebnis der Steuerbelastungsrechnung:

	KG	GmbH	A	B
Gewerbesteuer	185.940,00	0,00		
Körperschaftsteuer		3.837,87		
Kapitalertragsteuer		2.238,76		
Einkommensteuer			166.328,35	232.962,01
Solidaritätszuschlag		334,21	9.148,05	12.812,91
	185.940.00	6.410,84	175.476,40	245.774,92

Gesamtsteuerlast   <u>613.602,16</u>

5.4 Die steuerliche Belastung der Alternative Betriebsaufspaltung

Zur Berechnung der steuerlichen Belastung einer Betriebsaufspaltung sind weitere Annahmen erforderlich. Das folgende Szenario wird unterstellt:

Die Gesellschafter A und B wollen ihre Unternehmung in eine Besitzpersonengesellschaft und eine Betriebs-GmbH aufspalten. An beiden Gesellschaften sei A mit jeweils 40% und B mit jeweils 60% beteiligt. Dies entspricht den Beteiligungsquoten in den zuvor betrachteten Fällen.

Des weiteren gelte:

eingebrachtes Eigenkapital einschl. der GmbH-Anteile	2.400.000,00
davon:	
Eigenkapital der Betriebs-GmbH	50.000,00
Eigenkapital der Besitz-OHG	2.350.000,00
Pachtzahlung der Betriebs-GmbH an die Besitz-GmbH einschließlich Zinsen für langfristige Verbindlichkeiten der OHG	350.000,00

Mit der Pachtzahlung von DM 350.000 durch die GmbH werden DM 30.000 von der Besitzgesellschaft zu zahlende Aufwendungen für die langfristigen Verbindlichkeiten (6% von DM 500.000) abgegolten. Der Pachtzins sei angemessen.

Gewinn der GmbH vor Abzug der Pachtzahlungen, Vergütungen an Gesellschafter und Steuern	1.230.000,00

Der Gewinn der GmbH vor Abzug von Pacht, Steuern und Geschäftsführergehältern wurde, um die Betriebsaufspaltung mit den alternativen Gesellschaftsformen vergleichbar zu machen, um DM 30.000 erhöht. Dies entspricht dem Aufwandsbetrag für Zinsen, der auf die Besitzunternehmung verlagert wurde. Im Gewinn der GmbH vor Abzug von Pacht, Steuern und Geschäftsführergehältern sind Aufwendungen für die von der GmbH übernommene Substanzerhaltungsverpflichtung enthalten. Die Aktivierung des Anspruchs auf Ersatzbeschaffung beim Verpächter ist erfolgswirksam. Die Höhe dieses Anspruchs soll dem der Besitzgesellschaft zustehenden Abschreibungsvolumen für das bei ihr verbleibende Anlagevermögen entsprechen.

5.4.1 Die Besteuerung auf der Ebene der Gesellschaften

5.4.1.1 Die Gewerbesteuer der Betriebs-GmbH

Gewinn vor Abzug von Pacht, Vergütungen an Gesellschafter und Steuern	1.230.000,00
./. Gehälter	- 400.000,00
./. 50% der Pachtzinsen	- 175.000,00

Die Pachtzinsen dürfen den Gewerbeertrag nach § 8 Nr. 7 GewStG nur zu 50% mindern, weil sie für die Verpachtung eines Betriebs geleistet wurden und DM 250.000 übersteigen. Die restlichen 50% der Pachtzinsen mindern nach § 9 Nr. 4 GewStG den Gewerbeertrag der Besitzgesellschaft.

Vorläufiger Gewerbeertrag	655.000,00

Berücksichtigt man die Abzugsfähigkeit der Gewerbesteuer bei ihrer eigenen Bemessungsgrundlage, folgt:

$$\text{vorläufige GewSt} = \frac{0,05 \times \text{Hebesatz}}{100 + 0,05 \times \text{Hebesatz}} \times \text{vorläufiger Gewerbeertrag}$$

$$= \frac{20}{120} \times 655.000 = 109.166,67$$

Probe zur Ermittlung der endgültigen Gewerbesteuer:

	655.000,00	vorläufiger Gewerbeertrag vor Abrundung
	-109.166,67	Berücksichtigung der vorläufigen GewSt
	584.833,33	
abgerundet	584.800,00	

Als endgültige Gewerbesteuer ergibt sich

$$584.800 \times 0,05 \times 4 = 109.160,00$$

Gewerbesteuer der GmbH:	109.160,00

5.4.1.2 Die Körperschaftsteuer bei Vollausschüttung

Gewinn vor Abzug von Pacht, Vergütungen an Gesellschafter und Steuern	1.230.000,00
./. Pacht	- 350.000,00
./. Geschäftsführergehälter	- 400.000,00
./. Gewerbesteuer	- 109.160,00
zu versteuernder Gewinn	370.840,00
./. Tarifbelastung i.H.v. 45%	- 166.878,00
Zugang zum verwendbaren Eigenkapital (EK 45)	203.962,00
KSt-Minderung wegen Vollausschüttung $= 15/55 \times 203.962$	55.626,00
KSt-Zahlung: Tarifbelastung ./. KSt-Minderung	111.252,00
Ausschüttung nach Körperschaftsteuer $= 70/55 \times 203.962$	259.588,00
Ausschüttungsbelastung $= 3/7 \times 259.588$	111.252,00

Die Ausschüttungsbelastung stimmt mit der KSt-Zahlung genau überein, da kein Teilbetrag des EK 45 thesauriert wird. Aus dem gleichen Grund stimmt die Bruttoausschüttung mit dem zu versteuernden Gewinn überein.

Bruttoausschüttung	370.840,00

Im Fall der Vollausschüttung kann, wenn wie hier keine nichtabziehbaren Aufwendungen vorliegen, die KSt-Zahlung auch einfacher berechnet werden. Sie beträgt gerade 30% des zuversteuernden Gewinns und damit $0,3 \times 370.840 = 111.252$.

5.4.1.3 Die Kapitalertragsteuer

Die GmbH muß von der Ausschüttung nach KSt in Höhe von 259.588
noch Kapitalertragsteuer einbehalten:

$0,25 \times 259.588$ <u>64.897,00</u>

5.4.1.4 Der Solidaritätszuschlag

Der Solidaritätszuschlag beträgt ab Veranlagungszeitraum 1998 5,5% der Körperschaft-
und Kapitalertragsteuer und ist auf ganze Pfennige abzurunden (§ 4 Satz 3 SolZG):

$0,055 \times$ (Körperschaftsteuer-Zahlung + Kapitalertragsteuer)   <u>9.688,19</u>

5.4.1.5 Die Gewerbesteuer der Besitz-OHG

Pachtzins	350.000,00
./. Dauerschuldzinsen	- 30.000,00
+ Bruttoausschüttung	<u>+ 370.840,00</u>
Ausgangsgröße bei der Bestimmung	
des Gewerbeertrags (§ 7 GewStG)	690.840,00
+ 50% der Dauerschuldzinsen	
(§ 8 Abs. 1 GewStG)	+ 15.000,00
./. 1,2% des um 40% erhöhten Ein-	
heitswertes Betriebsgrundstücke	
(§ 9 Nr. 1 GewStG i.V.m.	
§ 121a BewG)	- 3.360,00
./. Gewinnanteile der GmbH	
(§ 9 Nr. 2a GewStG)	- 370.840,00
./. 50% der Pachtzinsen	
(§ 9 Nr. 4 GewStG)	<u>- 175.000,00</u>
	156.640,00

Abrundung nach § 11 Abs. 1 GewStG	156.600,00	
./. Freibetrag (§ 11 Abs. 2 GewStG)	- 48.000,00	
vorläufiger Gewerbeertrag	108.600,00	

Zur Ermittlung der Gewerbesteuer muß die Abzugsfähigkeit der Gewerbesteuer bei ihrer Bemessungsgrundlage berücksichtigt werden. Die Besitzgesellschaft befindet sich in der höchsten Zone des Staffeltarifs, das heißt, als Steuermeßzahl ist 5% anzuwenden. Daraus folgt für die Berechnung der vorläufigen Gewerbesteuer:

$$\text{vorläufige GewSt} = \frac{0,05 \times \text{Hebesatz}}{100 + 0,05 \times \text{Hebesatz}} \times (\text{vorl. Gewerbeertrag} - 48.000)$$

$$= \frac{20}{120} \times (108.600 - 48.000) = 10.100,00$$

Probe zur Ermittlung der endgültigen Gewerbesteuer:

	108.640,00	vorläufiger Gewerbeertrag vor Abrundung
	- 10.100,00	Berücksichtigung der vorläufigen GewSt
	98.540,00	
abgerundet	98.500,00	

Als endgültige Gewerbesteuer ergibt sich:

$\{24.000 \times 0,01 + 24.000 \times 0,02 + 24.000 \times 0,03 + 24.000 \times 0,04$

$+ (98.500 - 96.000) \times 0,05\} \times \text{Hebesatz}$

$= (240 + 480 + 720 + 960 + 125) \times 4 = 10.100,00$

Gewerbesteuer der OHG:	10.100,00

5.4.1.6 Die Gesamtbelastung auf der Ebene der Gesellschaften

Gewerbesteuer OHG	10.100,00
Gewerbesteuer GmbH	109.160,00
Körperschaftsteuer	111.252,00
Kapitalertragsteuer	64.897,00
Solidaritätszuschlag	9.688,19
Gesamtbelastung	305.097,19

5.4.2 Die Besteuerung auf der Ebene der Gesellschafter

5.4.2.1 Die Einkommensteuer

		A	B
Pachteinnahmen der			
Besitzgesellschaft	350.000		
./. Dauerschuldzinsen	- 30.000		
+ Gewinnanteile der GmbH	+ 370.840		
./. Gewerbesteuer	- 10.100		
zu verteilender Gewinn	680.740		
davon		272.296,00	408.444,00
= Einkünfte aus Gewerbebetrieb		272.296,00	408.444,00
Geschäftsführergehalt		160.000,00	240.000,00
./. Werbungskosten-Pauschale gemäß			
§ 9a Nr. 1 EStG		- 2.000,00	- 2.000,00
= Einkünfte aus nichtselbständiger Arbeit		158.000,00	238.000,00
+ andere Einkünfte		+ 0,00	+ 0,00
Summe der Einkünfte			
(= Gesamtbetrag der Einkünfte)		430.296,00	646.444,00
./. Sonderausgaben		- 12.000,00	- 22.000,00
./. Kinderfreibeträge			
(§ 32 Abs. 6 EStG)			- 13.824,00
zu versteuerndes Einkommen		418.296,00	610.620,00

Bei der Ermittlung des gewerblichen Anteils des zu versteuernden Einkommens ist zu beachten, daß die Gewinnanteile aus der GmbH von den Einkünften aus Gewerbebetrieb jeweils abzuziehen sind

Gewinnanteile aus der GmbH	148.336,00	222.504,00
gewerbliche Einkünfte im Sinne von § 32c Abs. 2 EStG sind dann:	123.960,00	185.940,00

Gewerblicher Anteil am zu versteuernden Einkommen (§ 32c Abs. 3 EStG)

$$= \frac{\text{gewerbliche Einkünfte im Sinne vom § 32c Abs. 2 EStG}}{\text{Summe der Einkünfte}} \times \text{zu versteuerndes Eink.}$$

Somit gilt:

gewerblicher Anteil A $= \dfrac{123.960}{430.296} = 0,2881 \Rightarrow 28,81\%$

bzw.

gewerblicher Anteil B $= \dfrac{185.940}{646.444} = 0,2876 \Rightarrow 28,76\%.$

Daraus ergibt sich als gewerblicher Anteil am zu versteuernden Einkommen	120.503,03	175.635,76
abgerundeter bzw. halber abgerundeter gewerblicher Anteil am zu versteuernden Einkommen	120.474,00	87.804,00

Um die endgültige Einkommensteuer zu bestimmen, muß zunächst die Einkommensteuer ohne Tarifbegrenzung nach § 32a EStG auf das abgerundete zu versteuernde Einkommen bzw. bei Zusammenveranlagung (B) auf das abgerundete halbe zu versteuernde Einkommen berechnet werden.

abgerundetes bzw. halbes abgerundetes zu versteuerndes Einkommen	418.284,00	305.262,00

Da sowohl A als auch B in der höchsten Einkommensteuertarifstufe sind, gilt:

vorläufige ESt_A = 0,53 × abgerundetes zu versteuerndes Einkommen ./. 22.844
bzw.
vorläufige ESt_B = 2 × (0,53 × abgerundetes halbes zu versteuerndes Einkommen
./. 22.844).

Einkommensteuer nach § 32a EStG auf das zu versteuernde Einkommen	198.846,00	277.888,00
Einkommensteuer nach § 32a EStG auf den gewerblichen Anteil des zu versteuernden Einkommens (s.o.) bzw. bei Zusammen- veranlagung auf den gewerblichen Anteil des halben zu versteuernden Einkommens (jeweils abgerundet)	41.007,00	0,00

Für B muß keine Einkommensteuer nach § 32c EStG berechnet werden, da die Hälfte des abgerundeten gewerblichen Anteils am zu versteuernden Einkommens mit 87.804,00 weniger als die Grenze in Höhe von 100.224 beträgt, ab der der ungemilderte Tarif nach § 32a EStG erst einen Grenzsteuersatz von 47% erreicht. Ein Entlastungsbetrag muß daher für B nicht berechnet werden.

Einkommensteuer nach § 32c EStG auf den abgerundeten gewerblichen Anteil des zu versteuernden Einkommens (s.o.) bzw. bei Zusammenveranlagung auf den abgerundeten gewerblichen Anteil des halben zu versteuernden Einkommens:

Einkommensteuer bis 100.224	30.870,00	0,00
+ 0,47 × (abgerundetes zu versteuerndes Einkommen bzw. Hälfte des abger. zu versteuernden Einkommens ./. 100.224)	+ 9.517,50	+ 0,00
Einkommensteuer nach § 32c EStG	40.387,50	0,00

Der Entlastungsbetrag ergibt sich aus der Differenz zwischen der Einkommensteuer nach § 32a EStG auf den gewerblichen Anteil des zu versteuernden Einkommens und der Einkommensteuer nach § 32c EStG. Dieser Betrag ist gemäß § 32c Abs. 4 Satz 3 EStG auf volle DM aufzurunden und bei Zusammenveranlagung (B) mit 2 zu multiplizieren:

Entlastungsbetrag (§ 32c EStG)	620,00	0,00

Der Entlastungsbetrag ist von der Einkommensteuer nach § 32a EStG auf das zu versteuernde Einkommen abzuziehen:

endgültige Einkommensteuer	198.226,00	277.888,00
./. anrechenbare KSt gemäß § 36 Abs. 2 Nr. 3 EStG = 3/7 × 259.588 verteilt auf die Gesellschafter	- 44.500,80	- 66.751,20
./. anrechenbare Kapitalertragsteuer	- 25.958,80	- 38.938,20
Einkommensteuerzahllast	127.766,40	172.198,60

5.4.2.2 Der Solidaritätszuschlag

Der Solidaritätszuschlag beträgt ab Veranlagungszeitraum 1998 5,5% der Einkommensteuer und ist auf ganze Pfennige abzurunden (§ 4 Satz 3 SolZG):

0,055 × Einkommensteuerzahllast	7.027,15	9.470,92

5.4.2.3 Das Kindergeld

Da der Vorteil aus dem Kinderfreibetrag größer ist als das Kindergeld in Höhe von DM 5.280 jährlich, entfällt eine Kindergeldgutschrift.

5.4.2.4 Die Gesamtbelastung auf der Ebene der Gesellschafter der Betriebsaufspaltung

	A	B
Einkommensteuer	127.766,40	172.198,60
Solidaritätszuschlag	7.027,15	9.470,92
Gesamtbelastung	134.793,55	181.669,52

5.4.3 Die steuerliche Gesamtbelastung der Betriebsaufspaltung

	GmbH	Besitz-ges.	A	B
Gewerbesteuer	109.160,00	10.100,00		
Körperschaftsteuer	111.252,00			
Kapitalertragsteuer	64.897,00			
Einkommensteuer			127.766,40	172.198,60
Solidaritätszuschlag	9.688,19		7.027,15	9.470,92
		10.100,00	134.793,55	181.669,52
Gesamtsteuerlast				621.560,26

5.5 Die steuerliche Belastung der Alternative GmbH & Still

Als Rechtsformalternative im hier beschriebenen Szenario kommen sowohl die typische als auch die atypische GmbH & Still in Frage.

Da die atypische GmbH & Still weitgehend der GmbH & Co. KG entspricht,[140] erübrigen sich separate Steuerbelastungsberechnungen für dieses Konstrukt.

Bei der Kombination einer GmbH mit einem typischen stillen Gesellschafter handelt es sich um eine Form der Fremdfinanzierung. Die typische GmbH & Still ermöglicht allerdings im Vergleich zu einem Darlehensverhältnis zwischen der GmbH und einem oder mehreren ihrer Gesellschafter keinerlei steuerliche Vorteile. Aufgrund der gewerbesteuerlichen Erfassung der Gewinnanteile des Stillen ist sie sogar stets nachteilig.[141]

Die Möglichkeit eines Gesellschafters, anstelle von Eigenkapital einer Unternehmung Fremdkapital zur Verfügung zu stellen, besteht auch bei anderen Rechtsformen. Die Vorteilhaftigkeit einer solchen Gestaltung soll, obwohl sich hieraus empfehlenswerte Konstellationen ergeben können, keiner weiteren Überprüfung unterzogen werden. Die steuerlichen Wirkungen von Gesellschafterdarlehen sollen über die hier durchgeführten Steuerbelastungsrechnungen[142] hinausgehend nicht untersucht werden.

Eine Überprüfung der steuerlichen Vorteilhaftigkeit der typischen GmbH & Still ist vor diesem Hintergrund daher redundant.

---

[140] Vgl. Kap. 4.3.2.
[141] Vgl. Schneeloch (1994), S. 333.
[142] Vgl. Kapitel 5.7.

5.6 Interpretation der Belastungsrechnungen

5.6.1 Tabellarischer Überblick

	OHG	GmbH	GmbH & Co. KG	Betriebs-aufspaltung
Ebene Gesellschaft				
Gewerbesteuer	185.940,00	135.260,00	185.940,00	
Besitzgesellschaft				10.100,00
Betriebsgesellschaft				109.160,00
Körperschaftsteuer		199.422,00	3.837,87	111.252,00
Kapitalertragsteuer		116.329,50	2.238,76	64.897,00
Solidaritätszuschlag		17.366,33	334,21	9688,19
Ebene Gesellschafter				
Einkommensteuer				
A	168.759,00	65.905,40	166.328,35	127.766,40
B	236.608,00	76.933,10	232.962,01	172.198,60
Solidaritätszuschlag				
A	9.281,74	3.624,79	9.148,05	7.027,15
B	13.013,44	4.231,32	12.812,91	9.470,92
Gesamtbelastung	613.602,18	619.072,44	613.602,16	621.560,26

Tabelle 1: Vergleich der Steuerbelastungen im Grundfall

5.6.2 Vergleich der Belastung mit Gewerbesteuer

Offensichtlich besteht hinsichtlich der gewerbesteuerlichen Belastung kein Unterschied zwischen der OHG und der GmbH & Co. KG. Da die Geschäftsführer der Komplementär-GmbH annahmegemäß gleichzeitig die Kommanditisten der KG sind, gehören die

Geschäftsführergehälter zum Sonderbetriebsvermögen und werden somit bei der Ermittlung des Gewerbeertrags nicht abgezogen. Für die OHG und die GmbH & Co. KG ergibt sich somit die gleiche Höhe für den Gewerbeertrag, worauf jeweils nach Abzug des Freibetrags der gleiche Tarif (Staffeltarif nach § 11 Abs. 2 Nr. 1 GewStG) anzuwenden ist. Wegen der Kürzungsvorschrift des § 9 Nr. 2a GewStG entsteht auf der Ebene der Komplementär-GmbH der GmbH & Co. KG keine eigene Belastung mit Gewerbesteuer.

Für die GmbH ergibt sich im Vergleich zu den beiden obigen Rechtsformen eine niedrigere Belastung mit Gewerbesteuer, da hier bei der Ermittlung des Gewerbeertrags die Geschäftsführergehälter abgezogen werden. Der hierdurch entstehende steuerliche Vorteil wird zum Teil dadurch kompensiert, daß die Gesellschaft keinen Freibetrag in Anspruch nehmen kann und auf den Gewerbeertrag der ungünstigere Tarif gemäß § 11 Abs. 2 Nr. 2 GewStG anzuwenden ist.

Für die Betriebsaufspaltung ergibt sich im Vergleich die niedrigste Gewerbesteuerzahllast, die sich in Summe aus den jeweiligen Einzelbelastungen der Besitzpersonengesellschaft und der Betriebskapitalgesellschaft berechnet. Dies liegt darin begründet, daß die Betriebsaufspaltung die jeweiligen Vorteile der Kapitalgesellschaft bzw. der Personengesellschaft geltend machen kann. Bei der Betriebskapitalgesellschaft sind neben den Geschäftsführergehältern 50% der an die Besitzpersonengesellschaft abgeführten Pachtzinsen abzugsfähig. Diese 50% werden zwar bei der Besitzgesellschaft mit Gewerbesteuer belastet, hier kommen aber der Freibetrag und der günstigere Staffeltarif zur Anwendung, woraus sich insgesamt eine niedrigere Belastung ergibt. Die Ausschüttung der Betriebsgesellschaft an die Gesellschafter stellen bei diesen Sonderbetriebseinnahmen dar, die aber bei der Ermittlung des Gewerbeertrags der Besitzgesellschaft aufgrund der Kürzungsvorschrift des § 9 Nr. 2a GewStG abgezogen werden. Es kommt somit zu keiner Doppelbesteuerung dieser Beträge.

5.6.3 Vergleich der Belastung mit Körperschaftsteuer

Naturgemäß kommt es bei der OHG zu keiner Belastung mit Körperschaftsteuer. Bei der GmbH & Co. KG entsteht auf der Ebene der Komplementär-GmbH eine Körperschaftsteuerzahllast, die aber gering gehalten werden kann, wenn der Geschäftsanteil der Komplementär-GmbH am Kapital der GmbH & Co. KG und damit der auf sie entfallende Gewinnanteil auf ein Minimum beschränkt wird und außerdem, wie im vorliegenden Fall angenommen, dieser Gewinn vollständig ausgeschüttet wird.

Die Betriebsaufspaltung erweist sich im Vergleich zur GmbH als günstiger, weil die anfallenden Pachtzinsen als Betriebsausgaben bei der Gewinnermittlung abgezogen werden können. Es entsteht jedoch keine der vollen Höhe der Pachtzinsen entsprechende Entlastung, weil hierin die Dauerschuldzinsen der Besitzgesellschaft mitgetragen werden. Der steuerliche Vorteil ergibt sich somit entsprechend der Differenz zwischen Pachtzinsen und Dauerschuldzinsen.

5.6.4 Vergleich der Belastung mit Kapitalertragsteuer

Da die OHG eine Personengesellschaft ist, entsteht hier keine Zahllast durch Kapitalertragsteuer. Hinsichtlich der anderen drei Rechtsformen ergibt sich die gleiche Rangfolge wie bei der Körperschaftsteuer, da als Ausgangsgröße zur Bestimmung der Kapitalertragsteuer die Ausschüttung nach Körperschaftsteuer in Abhängigkeit vom Gewinnanteil der Kapitalgesellschaft dient.

5.6.5 Vergleich der Belastung mit Solidaritätszuschlag auf der Ebene der Gesellschaft

Die Rangfolge entspricht derjenigen der letzten beiden Punkte, da als Ausgangsgröße zur Berechnung des Solidaritätszuschlags die Summe aus gezahlter Körperschaftsteuer und gezahlter Kapitalertragsteuer herangezogen wird.

5.6.6 Vergleich der Belastung mit Einkommensteuer

Die höchste Belastung mit Einkommensteuer fällt bei der OHG an, da hier alle Einkünfte über die Einkommensteuer abgerechnet werden. Allgemein kehrt sich die Rangfolge der Rechtsformen bzgl. der Einkommensteuerbelastung gegenüber der Körperschaftsteuerbelastung gerade um. Der Grund hierfür ist: je mehr Einkommensbestandteile über die Körperschaftsteuer abgerechnet werden, desto weniger kommen bei der Einkommensteuer zum Tragen. Da die auf der Ebene der GmbH gezahlte Körperschaftsteuer und Kapitalertragsteuer bei der Berechnung der Einkommensteuer der Gesellschafter anrechenbar ist, ist die Einkommensteuerzahllast entsprechend niedriger.

Darüber hinaus sind folgende Besonderheiten noch zu beachten: Bei der GmbH und der Betriebsaufspaltung kann von den Gesellschaftern im Zusammenhang mit der Zuordnung von Einkommensteilen zu den Einkünften aus nichtselbständiger Arbeit der Arbeitnehmerpauschbetrag in Anspruch genommen werden. Bei der GmbH werden auf der Ebene der Gesellschafter die Einkünfte aus Kapitalvermögen um den Pauschbetrag und den Sparerfreibetrag gekürzt. Weiterhin sind tarifliche Unterschiede beachtlich. Bei der OHG und der GmbH & Co. KG sind sämtliche Einkünfte als gewerbliche Einkünfte zu deklarieren und unterliegen damit bei ausreichender Höhe der Kappung nach § 32c EStG, das heißt, die Grenzsteuerbelastung beträgt maximal 47%. Bei der Betriebsaufspaltung sind dagegen nur ein Teil der Einkünfte gewerblich, für den dann gegebenenfalls die Tarifkappung zur Anwendung kommt. Bei der GmbH unterliegen die Einkünfte ausschließlich der Belastung nach § 32a EStG.

5.6.7 Vergleich der Belastung mit Solidaritätszuschlag auf der Ebene der Gesellschafter

Für diese besteht eine direkte und "proportionale" Abhängigkeit zur Einkommensteuerbelastung. Es ergibt sich somit die gleiche Rangfolge wie dort.

5.6.8 Gesamtvergleich

Aufgrund der hier angenommenen Vollausschüttung ist die Gesamtsteuerbelastung für die OHG und die GmbH & Co. KG gleich. Insgesamt ergibt sich in dem betrachteten Grundfall für diese beiden Rechtsformen ein Vorteil gegenüber den beiden anderen. Dieser Vorteil resultiert aus der Tarifkappung nach § 32c EStG, wonach alle Einkommensbestandteile mit maximal 47% belastet werden. Bei der Betriebsaufspaltung kommt diese Kappung nur teilweise, bei der GmbH gar nicht zum Tragen. Dieser körperschaft- und einkommensteuerliche Vorteil überkompensiert den Nachteil bei der Gewerbesteuer. Zu beachten ist dabei auch, daß wegen der Abzugsfähigkeit der Gewerbesteuerzahlung als Betriebsausgabe bei der Körperschaft- bzw. Einkommensteuer eine höhere Gewerbesteuerbelastung zu einem stärkeren Entlastungseffekt bei diesen Steuern führt. Die GmbH erweist sich im vorliegenden Fall als etwas günstiger als die Betriebsaufspaltung. Zwar hat die Betriebsaufspaltung auch den Vorteil einer niedrigeren Belastung mit Gewerbesteuer, dieser wird aber dadurch überkompensiert, daß bei der GmbH auf der Ebene der Gesellschafter bei der Ermittlung der Einkünfte aus Kapitalvermögen die Werbungskostenpauschale und der Sparerfreibetrag abgezogen werden dürfen. Wegen des geringen, einkommensteuerlich relevanten gewerblichen Anteils bei der Betriebsaufspaltung wirkt sich der tarifliche Vorteil aufgrund der Kappung nach § 32c EStG nur unwesentlich aus.

5.7 Variation der Ausgangsdaten

5.7.1 Vorgehensweise

Um zu überprüfen, inwieweit die Rangfolge der Vorteilhaftigkeit der Rechtsformen bzgl. der Steuerbelastung von der im Grundfall gewählten Datenkonstellation abhängt, werden die Ausgangsdaten im folgenden variiert. Dabei wird so vorgegangen, daß jeweils ein Datum geändert wird, während alle anderen Daten denen des Grundfalls entsprechen.

5.7.2 Variation der Größe "Gewinn"

5.7.2.1 Erhöhung des Gewinns

Datenänderung: Gewinn = DM 2.400.000

	OHG	GmbH	GmbH & Co. KG	Betriebs-aufspaltung
Ebene Gesellschaft				
Gewerbesteuer	385.940,00	335.260,00	385.940,00	
Besitzgesellschaft				10.100,00
Betriebsgesellschaft				309.160,00
Körperschaftsteuer		499.422,00	10.087,87	411.252,00
Kapitalertragsteuer		291.329,50	5.884,60	239.897,00
Solidaritätszuschlag		43.491,33	878,48	35.813,19
Ebene Gesellschafter				
Einkommensteuer				
A	356.749,00	87.922,40	350.360,01	149.654,40
B	518.630,00	109.901,10	509.046,51	205.224,60
Solidaritätszuschlag				
A	19.621,19	4.835,73	19.269,80	8.230,99
B	28.524,65	6.044,56	27.997,55	11.287,35
Gesamtbelastung	1.309.464,84	1.378.206,62	1.309.464,82	1.380.619,53

Tabelle 2: Vergleich der Steuerbelastungen bei höherem Gewinn

Durch eine Erhöhung des Gewinns ändert sich die Rangfolge der Vorteilhaftigkeit der Rechtsformen im Vergleich nicht. Der Vorteil der OHG und der GmbH & Co. KG bzgl. der Gesamtsteuerbelastung fällt jetzt gegenüber den beiden anderen Rechtsformen wesentlich stärker aus. Dies resultiert aus der Progression der Einkommensteuer: mit steigendem Gewinn wirkt sich der tarifliche Vorteil durch die Kappung nach § 32c EStG stärker aus.

5.7.2.2 Minderung des Gewinns

Datenänderung: Gewinn = DM 400.000

	OHG	GmbH	GmbH & Co. KG	Betriebs-aufspaltung
Ebene Gesellschaft				
Gewerbesteuer	52.600,00	1.940,00	52.600,00	
Besitzgesellschaft				10.100,00
Betriebsgesellschaft				0,00
Körperschaftsteuer		0,00	0,00	0,00
Kapitalertragsteuer		0,00	0,00	0,00
Solidaritätszuschlag		0,00	0,00	0,00
Ebene Gesellschafter				
Einkommensteuer				
A	43.433,00	54.515,00	43.433,00	119.714,00
B	49.232,00	62.550,00	49.232,00	159.974,00
Solidaritätszuschlag				
A	2.388,81	2.998,32	2.388,81	6.584,27
B	2.707,76	3.440,25	2.707,76	8.798,57
Gesamtbelastung	150.361,57	125.443,57	150.361,57	305.170,84

Tabelle 3: Vergleich der Steuerbelastungen bei niedrigerem Gewinn

Bei einem niedrigeren Gewinn ändert sich die Rangfolge der Vorteilhaftigkeit der Rechtsformen. Die GmbH ist jetzt die beste Alternative, die OHG und die GmbH & Co.

121

KG liegen gleichrangig dahinter, während die Betriebsaufspaltung weiterhin den letzten Rang einnimmt.

Die GmbH nimmt hier deshalb den ersten Rang ein, weil der Gewerbeertrag und damit die Gewerbesteuer aufgrund der Abzugsfähigkeit der Geschäftsführergehälter wesentlich niedriger ist als bei den anderen Rechtsformen. Für die OHG und die GmbH & Co. KG kommt die Begrenzung des Grenzsteuersatzes bei der Einkommensteuer auf maximal 47% deshalb kaum zum Tragen, weil die Grenzsteuersätze der beiden Gesellschafter A und B etwa in dieser Größenordnung liegen.

Die Betriebsaufspaltung erweist sich im Vergleich zu den anderen Alternativen deshalb als wesentlich schlechter, weil der steuerliche Verlust der Betriebskapitalgesellschaft nicht mit dem steuerlichen Gewinn aus den Pachteinnahmen der Besitzpersonengesellschaft verrechnet werden darf. An dieser Stelle ist jedoch darauf hinzuweisen, daß dieser steuerliche Nachteil durch Geltendmachung eines Verlustvortrags zu einem späteren Zeitpunkt ausgeglichen werden kann. Ein Nachteil bleibt dann in Höhe eines entsprechenden Zinseffektes bestehen.

Wird der Gewinn weiter gemindert, so daß auch für die GmbH ein steuerlicher Verlust entsteht, so wird sich diese Alternative im Vergleich zur OHG und zur GmbH & Co. KG wieder verschlechtern, das heißt, der Vorteil der GmbH aus der niedrigeren Gewerbesteuerzahlung wird kompensiert, wobei diese Kompensation so weit gehen kann, daß sich die Rangfolge erneut ändert. Auch hierbei kommt es letztlich nur zu einem Zinseffekt, wenn die Verluste in einer späteren Periode ausgeglichen werden können.

5.7.3 Variation der Größe "Geschäftsführergehälter"

5.7.3.1 Höhere Geschäftsführergehälter

Datenänderung: Gehälter Gesellschafter = DM 600.000

Da bei der OHG und der GmbH & Co. KG die Geschäftsführergehälter nicht als Betriebsausgaben abzugsfähig sind, ändert sich bei diesen beiden Rechtsformen die Gesamtsteuerbelastung nicht. Es kommt aber bei der GmbH & Co. KG zu einer Verlagerung der Steuerzahllast von der Ebene der Gesellschaft auf die Ebene der Gesellschafter.

Die Gesamtbelastung der GmbH und der Betriebsaufspaltung wird günstiger, da jetzt höhere Geschäftsführergehälter abgezogen werden können und sich dadurch eine entsprechend niedrigere Belastung mit Gewerbesteuer ergibt, wobei diese gleichzeitig einen geringeren Entlastungseffekt bei der Körperschaftsteuer bedingt. Im vorliegenden Fall ist dieser Effekt in Summe so stark, daß sich die relative Vorteilhaftigkeit der Rechtsformen ändert, wobei das Verhältnis von der GmbH zur Betriebsaufspaltung unverändert bleibt: Am günstigsten ist hier die GmbH vor der Betriebsaufspaltung, während die OHG und die GmbH & Co. KG gleichrangig hinter diesen beiden liegen.

	OHG	GmbH	GmbH & Co. KG	Betriebs- aufspaltung
Ebene Gesellschaft				
Gewerbesteuer	185.940,00	101.940,00	185.940,00	
Besitzgesellschaft				10.100,00
Betriebsgesellschaft				75.820,00
Körperschaftsteuer		149.418,00	2.587,87	61.254,00
Kapitalertragsteuer		87.160,50	1.509,60	35.731,50
Solidaritätszuschlag		13.011,81	225,36	5.334,20
Ebene Gesellschafter				
Einkommensteuer				
A	168.759,00	104.643,60	167.120,01	166.494,80
B	236.608,00	135.024,90	234.149,51	230.344,70
Solidaritätszuschlag				
A	9.281,74	5.755,39	9.191,60	9.157,21
B	13.013,44	7.426,36	12.878,22	12.668,95
Gesamtbelastung	613.602,18	604.380,56	613.602,17	606.905,36

Tabelle 4: Vergleich der Steuerbelastungen bei höheren Gehältern

5.7.3.2 Niedrigere Geschäftsführergehälter

Datenänderung: Gehälter Gesellschafter = DM 200.000

Bei dem Ansatz niedrigerer Geschäftsführergehälter ergibt sich die gleiche Rangfolge wie im Grundfall mit der gleichen Begründung. Der Vorteil für die OHG und die GmbH & Co. KG wird größer, da der Entlastungseffekt bei der Gewerbesteuer für die

GmbH und die Betriebsaufspaltung geringer wird. Zum Teil wird dieser Vorteil dadurch kompensiert, daß die jetzt höhere Gewerbesteuerbelastung bei der GmbH und der Betriebsaufspaltung zu einem höheren Entlastungseffekt bei der Körperschaftsteuer führt.

	OHG	GmbH	GmbH & Co. KG	Betriebs- aufspaltung
Ebene Gesellschaft				
Gewerbesteuer	185.940,00	168.600,00	185.940,00	
Besitzgesellschaft				10.100,00
Betriebsgesellschaft				142.500,00
Körperschaftsteuer		249.420,00	5.087,87	161.250,00
Kapitalertragsteuer		145.495,00	2.967,93	94.062,50
Solidaritätszuschlag		21.720,32	443,06	14.042,18
Ebene Gesellschafter				
Einkommensteuer				
A	168.759,00	27.171,00	165.536,68	89.039,00
B	236.608,00	18.787,00	231.774,51	114.112,50
Solidaritätszuschlag				
A	9.281,74	1.494,40	9.104,51	4.897,14
B	13.013,44	1.033,28	12.747,59	6.276,18
Gesamtbelastung	613.602,18	633.721,00	613.602,15	636.279,50

Tabelle 5: Vergleich der Steuerbelastungen bei niedrigeren Gehältern

5.7.4 Variation der Größe "langfristige Verbindlichkeiten"

Datenänderung: Langfristige Verbindlichkeiten = DM 3.000.000

Bei einer Variation der langfristigen Verbindlichkeiten ändert sich die Rangfolge der Vorteilhaftigkeit im Vergleich zum Grundfall nicht. Die dortige Begründung gilt entsprechend.

	OHG	GmbH	GmbH & Co. KG	Betriebs-aufspaltung
Ebene Gesellschaft				
Gewerbesteuer	198.440,00	147.760,00	198.440,00	
Besitzgesellschaft				10.100,00
Betriebsgesellschaft				121.660,00
Körperschaftsteuer		195.672,00	3.759,76	107.502,00
Kapitalertragsteuer		114.142,00	2.193,19	62.709,50
Solidaritätszuschlag		17.039,77	327,41	9.361,63
Ebene Gesellschafter				
Einkommensteuer				
A	166.399,00	65.647,40	164.017,82	127.483,40
B	233.104,00	76.487,60	229.532,24	171.813,10
Solidaritätszuschlag				
A	9.151,94	3.610,60	9.020,98	7.011,58
B	12.820,72	4.206,81	12.624,27	9.449,72
Gesamtbelastung	619.915,66	624.566,18	619.915,67	627.090,93

Tabelle 6: Vergleich der Steuerbelastungen bei höheren langfristigen Verbindlichkeiten

5.7.5 Variation der Größe "Anteil Gesellschafterdarlehen"

Datenänderung: Anteil Gesellschafterdarlehen = 20%

In diesem Fall wird davon ausgegangen, daß 20% der langfristigen Verbindlichkeiten aus einem Darlehen bestehen, daß der Gesellschafter B der Gesellschaft gegeben hat.

Damit steigt das Einkommen des Gesellschafters B um die Zinszahlungen auf dieses Darlehen, was zu einer höheren Gesamtsteuerbelastung bei allen Rechtsformen führt. Die Rangfolge der Vorteilhaftigkeit entspricht der des Grundfalls mit der entsprechenden Begründung. Zwar entsteht für die GmbH und die Betriebsaufspaltung ein Vorteil aufgrund der Tatsache, daß für sie die Gewerbesteuerbelastung gleich bleibt, während diese für die OHG und die GmbH & Co. KG steigt, dieser Vorteil wird aber weitgehend durch den Progressionseffekt auf die höheren Einkünfte kompensiert.

	OHG	GmbH	GmbH & Co. KG	Betriebs-aufspaltung
Ebene Gesellschaft				
Gewerbesteuer	186.440,00	135.260,00	186.440,00	10.600,00
Besitzgesellschaft				109.160,00
Betriebsgesellschaft				
Körperschaftsteuer		199.422,00	3.834,76	111.252,00
Kapitalertragsteuer		116.329,50	2.236,94	64.897,00
Solidaritätszuschlag		17.366,33	333,94	9688,19
Ebene Gesellschafter				
Einkommensteuer				
A	168.658,00	65.905,40	166.229,32	127.665,40
B	239.298,00	80.081,10	235.654,99	175.232,60
Solidaritätszuschlag				
A	9.276,19	3.624,79	9.142,61	7.021,59
B	13.161,39	4.404,46	12.961,02	9.637,79
Gesamtbelastung	616.833,58	622.393,58	616.833,58	625.154,57

Tabelle 7: Vergleich der Steuerbelastungen bei Gesellschafterdarlehen

5.7.6 Variation der Größe "Einheitswert der Betriebsgrundstücke"

Datenänderung: Einheitswert Betriebsgrundstücke = DM 1.000.000

	OHG	GmbH	GmbH & Co. KG	Betriebs-aufspaltung
Ebene Gesellschaft				
Gewerbesteuer	183.700,00	133.020,00	183.700,00	
Besitzgesellschaft				8.160,00
Betriebsgesellschaft				109.160,00
Körperschaftsteuer		200.094,00	3.851,87	111.252,00
Kapitalertragsteuer		116.721,50	2.246,93	64.897,00
Solidaritätszuschlag		17.424,85	335,43	9688,19
Ebene Gesellschafter				
Einkommensteuer				
A	169.165,00	65.966,80	166.725,48	128.122,40
B	237.268,00	76.980,70	233.608,71	172.828,60
Solidaritätszuschlag				
A	9.304,07	3.628,17	9.169,90	7.046,73
B	13.049,74	4.233,93	12.848,47	9.505,57
Gesamtbelastung	612.486,81	618.069,95	612.486,79	620.660,49

Tabelle 8: Vergleich der Steuerbelastungen bei höherem Einheitswert der Betriebs-grundstücke

Für alle Rechtsformen wird die Gesamtsteuerbelastung geringer, weil die Gewerbesteu-erzahllast aufgrund des höheren Abzugsbetrages fällt. Der Vorteil für die OHG und die GmbH & Co. KG wird etwas größer, weil die Minderung des gewerbesteuerlichen Entlastungseffekts bei Kapitalgesellschaften stärker ausfällt als bei Personengesellschaf-ten.

5.7.7 Variation der Ausschüttungspolitik

Datenänderung: Teilthesaurierung (50%) bzw. Vollthesaurierung

	OHG	GmbH	GmbH & Co. KG	Betriebs- aufspaltung
Ebene Gesellschaft				
Gewerbesteuer	185.940,00	135.260,00	185.940,00	
Besitzgesellschaft				10.100,00
Betriebsgesellschaft				109.160,00
Körperschaftsteuer		299.133,00	5.756,81	166.878,00
Kapitalertragsteuer		0,00	0,00	0,00
Solidaritätszuschlag		16.452,31	316,62	9.178,29
Ebene Gesellschafter				
Einkommensteuer				
A	168.759,00	54.515,00	166.348,00	119.714,00
B	236.608,00	62.550,00	233.004,00	159.974,00
Solidaritätszuschlag				
A	9.281,74	2.998,32	9.149,14	6.584,27
B	13.013,44	3.440,25	12.815,22	8.798,57
Gesamtbelastung	613.602,18	574.348,88	613.329,79	590.387,13

Tabelle 9: Vergleich der Steuerbelastungen bei Teilthesaurierung
(Thesaurierung = 0,5 × maximale Thesaurierung)

Die Gewinnverwendungsentscheidung hat bei der OHG keinen Einfluß auf die Gesamtsteuerbelastung, diese entspricht damit der Belastung im Grundfall. Für alle anderen Rechtsformen wird die Gesamtbelastung geringer, sie hängt monoton fallend vom Thesaurierungsbetrag ab. Bei der GmbH & Co. KG bleibt die Belastung konstant, sobald der (niedrige) Gewinnanteil der GmbH in voller Höhe in den gesamten Thesaurie rungsbetrag eingeht. Da der tarifliche Entlastungseffekt gegenüber der OHG auf den niedrigen GmbH-Anteil beschränkt ist, bleibt der Vorteil gering.

Je höher der Thesaurierungsbetrag, desto größer ist der tarifliche Entlastungseffekt, resultierend aus der Differenz zwischen dem Körperschaftsteuersatz auf thesaurierte Gewinne und dem maximalen Grenzsteuersatz auf gewerbliche Einkünfte, bei der GmbH und der Betriebsaufspaltung. Dabei ist der Vorteil bei der GmbH größer als der bei der Betriebsaufspaltung, da bei letzterer das Einkommen der Besitzpersonengesellschaft von der tariflichen Entlastung nicht profitiert. Ein leichter kompensatorischer Effekt kann dann auftreten, wenn die Werbungskostenpauschale und der Sparerfreibetrag bei der Ermittlung der Einkünfte aus Kapitalvermögen nicht mehr in voller Höhe ausgenutzt werden können bzw. wenn die Entlastung hierdurch aufgrund der Einkommensteuerprogression geringer wird.

	OHG	GmbH	GmbH & Co. KG	Betriebs- aufspaltung
Ebene Gesellschaft				
Gewerbesteuer	185.940,00	135.260,00	185.940,00	
Besitzgesellschaft				10.100,00
Betriebsgesellschaft				109.160,00
Körperschaftsteuer		249.277,50	5.756,81	161.107,50
Kapitalertragsteuer		58.164,75	0,00	6.732,25
Solidaritätszuschlag		16.909,32	316,62	9.231,18
Ebene Gesellschafter				
Einkommensteuer				
A	168.759,00	58.593,70	166.348,00	120.546,70
B	236.608,00	65.936,55	233.004,00	161.260,05
Solidaritätszuschlag				
A	9.281,74	3.222,65	9.149,14	6.630,06
B	13.013,44	3.626,51	12.815,22	8.869,30
Gesamtbelastung	613.602,18	590.990,98	613.329,79	593.637,04

Tabelle 10: Vergleich der Steuerbelastungen bei Vollthesaurierung

5.7.8 Variation der Größe "Andere Einkünfte"

Datenänderung: Niedrige (DM 100.000) bzw. hohe (DM 1.000.000) andere
Einkünfte aus Kapitalvermögen

Es wird unterstellt, daß der Gesellschafter B zusätzliche Einkünfte in Höhe von
DM 100.000 DM bzw. DM 1.000.000 als Einkünfte aus Kapitalvermögen bezieht.

	OHG	GmbH	GmbH & Co. KG	Betriebs-aufspaltung
Ebene Gesellschaft				
Gewerbesteuer	185.940,00	135.260,00	185.940,00	
Besitzgesellschaft				10.100,00
Betriebsgesellschaft				109.160,00
Körperschaftsteuer		199.422,00	3.837,87	111.252,00
Kapitalertragsteuer		116.329,50	2.238,76	64.897,00
Solidaritätszuschlag		17.366,33	334,21	9688,19
Ebene Gesellschafter				
Einkommensteuer				
A	168.759,00	65.905,40	166.328,35	127.766,40
B	282.872,00	129.879,10	279.226,01	218.734,60
Solidaritätszuschlag				
A	9.281,74	3.624,79	9.148,05	7.027,15
B	15.557,96	7.143,35	15.357,43	12.030,40
Gesamtbelastung	662.410,70	674.930,47	662.410,68	670.655,74

*Tabelle: 11: Vergleich der Steuerbelastungen bei (niedrigen) anderen Einkünften
(andere Einkünfte = DM 100.000)*

130

	OHG	GmbH	GmbH & Co. KG	Betriebs-aufspaltung
Ebene Gesellschaft				
Gewerbesteuer	185.940,00	135.260,00	185.940,00	
Besitzgesellschaft				10.100,00
Betriebsgesellschaft				109.160,00
Körperschaftsteuer		199.422,00	3.837,87	111.252,00
Kapitalertragsteuer		116.329,50	2.238,76	64.897,00
Solidaritätszuschlag		17.366,33	334,21	9688,19
Ebene Gesellschafter				
Einkommensteuer				
A	168.759,00	65.905,40	166.328,35	127.766,40
B	758.846,00	606.917,10	755.200,01	695.744,60
Solidaritätszuschlag				
A	9.281,74	3.624,79	9.148,05	7.027,15
B	41.736,53	33.380,44	41.536,00	38.267,60
Gesamtbelastung	1.164.563,27	1.178.205,56	1.164.563,25	1.173.932,94

Tabelle: 12: Vergleich der Steuerbelastungen bei (hohen) anderen Einkünften (andere Einkünfte = DM 1.000.000)

Die OHG und die GmbH & Co. KG bleiben mit der gleichen Begründung wie im Grundfall die besten Alternativen. Die Betriebsaufspaltung ist jetzt belastungsmäßig besser als die GmbH, da bei der ersteren Teile des Einkommens der Tarifkappung nach § 32c EStG unterliegen, der kompensatorische Effekt durch den Ansatz der Sparerfreibeträge aber wegfällt, da diese auch bei der Betriebsaufspaltung aufgrund der Tatsache, daß die anderen Einkünfte des B Einkünfte aus Kapitalvermögen sind, reduziert wird.

Die Abstände zwischen den Gesamtsteuerbelastungen der OHG und der GmbH & Co. KG einerseits und der Betriebsaufspaltung und der GmbH andererseits wachsen mit zunehmenden anderen Einkünften.

5.7.9 Variation der Größe "Anteilsverhältnisse"

Datenänderung: Verhältnis Eigenkapitalanteile = 3:2 mit einer entsprechenden Anpassung des Verhältnisses der Geschäftsführergehälter zueinander und des Gewinnverteilungsschlüssels

Die OHG und die GmbH & Co. KG bleiben die besten Alternativen. Ihre Gesamtsteuerbelastung steigt aber im Vergleich zum Grundfall, da jetzt ein höherer Gewinnanteil auf den ledigen Gesellschafter entfällt und damit der Splitting-Effekt schwächer wird. Die Betriebsaufspaltung ist besser als die GmbH, da sich die Tarifkappung nach § 32c EStG bei Gesellschafter A wesentlich stärker auswirkt.

	OHG	GmbH	GmbH & Co. KG	Betriebs- aufspaltung
Ebene Gesellschaft				
Gewerbesteuer	185.940,00	135.260,00	185.940,00	
Besitzgesellschaft				10.100,00
Betriebsgesellschaft				109.160,00
Körperschaftsteuer		199.422,00	3.837,87	111.252,00
Kapitalertragsteuer		116.329,50	2.238,76	64.897,00
Solidaritätszuschlag		17.366,33	334,21	9688,19
Ebene Gesellschafter				
Einkommensteuer				
A	264.086,00	115.632,10	260.440,01	203.354,60
B	141.330,00	27.205,40	138.899,35	92.892,40
Solidaritätszuschlag				
A	14.524,73	6.359,76	14.324,20	11.184,50
B	7.773,15	1.496,29	7.639,46	5.109,08
Gesamtbelastung	613.653,88	619.071,38	613.653,86	617.637,77

Tabelle 13: Vergleich der Steuerbelastungen bei Variation der Anteilsverhältnisse

5.8 Gesamtbeurteilung

5.8.1 Tabellarischer Überblick

	OHG	GmbH	GmbH & Co. KG	Betriebs- aufspaltung
Grundfall	613.602,18	619.072,44	613.602,16	621.560,86
Variationen:				
Gewinn = DM 2,4 Mio.	1.309.464,84	1.378.206,62	1.309.464,82	1.380.619,53
Gewinn = DM 0,4 Mio.	150.361,57	125.443,57	150.361,57	305.170,84
Gehälter = DM 600.000	613.602,18	604.380,56	613.602,17	606.905,36
Gehälter = DM 200.000	613.602,18	633.721,00	613.602,15	636.279,50
Verbindk. = DM 3 Mio.	619.915,66	624.566,18	619.915,67	629.535,86
Ges. Darl. = 20%	616.833,58	622.393,58	616.833,58	625.154,57
EW Grdst. = DM 1 Mio.	612.486,81	618.069,95	612.486,79	620.660,49
Vollthesaurierung	613.602,18	574.348,88	613.329,79	590.387,13
Teilthesaurierung	613.602,18	590.990,98	613.329,79	593.637,04
andere Einkünfte = DM 100.000	662.410,70	674.930,47	662.410,68	670.655,75
andere Einkünfte = DM 1 Mio.	1.164.563,27	1.178.205,56	1.164.563,25	1.173.932,94
Anteile = 3:2	613.653,88	619.071,38	613.653,86	617.637,77

Tabelle 14: Gegenüberstellung der Gesamtsteuerbelastungen

5.8.2 Beurteilung

Unter den hier genannten Annahmen ist die Gesamtsteuerbelastung für die OHG und die GmbH & Co. KG gleich, solange die Gewinne vollständig ausgeschüttet bzw. entnommen werden. Werden Teile des Gewinns thesauriert, treten geringfügige Unterschiede zugunsten der GmbH & Co. KG auf.

Die Betriebsaufspaltung ist nie die beste, aber häufig die schlechteste Alternative. Der Abstand bzgl. der Steuerbelastung zu den anderen Rechtsformen ist aber nur in einem Fall wesentlich: wenn der "Gewinn" niedrig ist, was faktisch das Entstehen eines steuerlichen Verlustes bedingt. Diese gravierende steuerliche Mehrbelastung reduziert sich jedoch zu einem reinen Zinseffekt, wenn der steuerliche Verlust in Folgeperioden ausgeglichen werden kann.

Im Vergleich von GmbH und GmbH & Co. KG ist keine eindeutige Aussage hinsichtlich der Vorteilhaftigkeit möglich. Gravierende Differenzen treten im Zusammenhang mit der Gewinnverwendungsentscheidung auf, wobei sich diese auch hier zu Zinseffekten reduzieren, wenn die thesaurierten Gewinne zu einem späteren Zeitpunkt ausgeschüttet werden. Bei einem niedrigeren Gewinn schneidet die GmbH aufgrund der stärkeren Wirkungen der Abzugsfähigkeit von Vergütungen wesentlich besser ab. Bei hohen Gehältern ist die GmbH besser, weil der Entlastungseffekt durch die Abzugsfähigkeit dieser Gehälter größer ist. Bei niedrigen Gehältern zehrt der Progressionseffekt diesen Vorteil auf. Bei hohen anderen Einkünften wird die GmbH aufgrund des Progressionseffekts schlechter.

Allgemein läßt sich sagen, daß in vielen Fällen keine gravierenden Unterschiede in der Höhe der Steuerbelastung bestehen. Nur bei bestimmten Konstellationen von Gewinn oder Gehältern kann es zu gravierenden Differenzen in der Belastung kommen, in anderen Fällen resultieren diese aus der statischen Betrachtungsweise und reduzieren sich zu reinen Zinseffekten.

6 Die steuerliche Belastung von Unternehmungsgründungen

Bei der Gründung einer Unternehmung tätigen die Beteiligten in der Regel Einlagen. Im Gegenzug werden ihnen Gesellschaftsanteile gewährt. Einlagen sind im Sinne von § 4 Abs. 1 Satz 5 EStG alle Wirtschaftsgüter, Bareinzahlungen und sonstige Wirtschaftsgüter, die der Steuerpflichtige dem Betrieb im laufenden Kalenderjahr zugeführt hat.[143]

Aus steuerlicher Sicht ergeben sich daraus drei mögliche Gründungsarten:
* die Bargründung,
* die Sachgründung
  - aus dem Privatvermögen,
  - aus dem Betriebsvermögen und
* die Einbringung eines Betriebs, Teilbetriebs oder Mitunternehmeranteils.[144]

Denkbar ist auch die Kombination der Bar- und Sachgründung, die sogenannte Mischgründung.

Während bei der Bargründung der Einzelunternehmer, die Gesellschafter einer Personengesellschaft oder die Gründer einer Kapitalgesellschaft ihre Einlage in Form von Bargeld oder anderen liquiden Mitteln erbringen, werden bei einer Sachgründung Sachmittel in die Unternehmung eingelegt.[145]

Die steuerlichen Folgen bei der Unternehmungsgründung sind nur von geringer Entscheidungsrelevanz, da es sich bei der Besteuerung der Gründung um einmalige Belastungen handelt, und es häufig mangels eines sogenannten Gründungsgewinns zu keinen ertragsteuerlichen und mangels eines verkehrsteuerlichen relevanten Tatbestandes auch zu keinen verkehrsteuerlichen Konsequenzen kommt.[146]

Bei Personengesellschaften und Einzelunternehmungen kommt es bei den Gesellschaftern in dem Zeitpunkt zu Einkünften aus diesem Gewerbebetrieb in einkommensteuerlicher Hinsicht, in dem begonnen wird, den Entschluß einer Unternehmungsgründung auch in die Tat umzusetzen. Das heißt, bereits vorbereitende und organisatorische Tätigkeiten sind steuerrelevante Tatbestände.[147] Bei der Gewerbesteuer sieht es anders aus. Die Gewerbesteuerpflicht einer Personengesellschaft oder einer Einzelunternehmung beginnt erst, wenn die Voraussetzungen des § 15 Abs. 2 EStG erfüllt sind, das heißt, wenn eine selbständige, nachhaltige Betätigung mit Gewinnerzielungsabsicht unter Beteiligung am allgemeinen wirtschaftlichen Verkehr vorliegt. Dazu gehört auch eine zunächst nur werbende Tätigkeit.[148]

---

[143] Vgl. Littmann/Bitz/Hellweg (1997), §§ 4, 5, Rz. 269-271.
[144] Vgl. Zimmermann/Reyher/Hottmann (1995), S. 455.
[145] Vgl. Littmann/Bitz/Hellweg (1997), §§ 4, 5, Rz. 269.
[146] Vgl. Wöhe/Bieg (1995), S. 207.
[147] Vgl. Littmann/Bitz/Hellweg (1997), § 15, Rz. 20.
[148] Vgl. BFH, 17.04.1986, BStBl. 1986 II, S. 527.

Bei der Gründung einer GmbH & Co. KG beginnt die Gewerbesteuerpflicht im Gegensatz dazu bereits, wenn eine Tätigkeit mit Gewinnerzielungsabsicht aufgenommen wird, auch wenn diese nicht gewerblich ist, da es sich hier um eine sogenannte gewerblich geprägte Personengesellschaft handelt.[149]

Die Steuerpflicht einer Kapitalgesellschaft beginnt bereits mit dem Abschluß des Gesellschaftsvertrages in notariell beurkundeter Form. Zum Entstehen einer Gewerbesteuerpflicht muß die Gesellschaft zusätzlich eine - über die verzinsliche Anlage der Einlagen hinausgehende - Geschäftätigkeit aufnehmen. Die Kapitalgesellschaft wird aber in jedem Fall durch die Eintragung in das Handelsregister gewerbesteuerpflichtig.[150]

Gründungskosten von Einzelunternehmungen und Personengesellschaften sind bei der Einkommensteuer abzugsfähig,[151] nicht jedoch bei der Gewerbesteuer, da die Gewerbesteuerpflicht erst zu einem späteren Zeitpunkt entsteht.[152]

Bei Kapitalgesellschaften sind Gründungskosten nur dann Betriebsausgaben, wenn in der Satzung der Kapitalgesellschaft bereits vereinbart wurde, daß diese zu Lasten der Gesellschaft gehen sollen. Anderenfalls handelt es sich um eine verdeckte Gewinnausschüttung.

6.1 Die Ertragsbesteuerung

Ertragsteuerliche Folgen bei der Unternehmungsgründung treten nur dann auf, wenn es durch den Vorgang der Einlage zu einer Aufdeckung stiller Reserven kommt. Bei der Bargründung ist dies nicht der Fall. Die Einlage ist sowohl für die Unternehmung als auch für den Einbringenden erfolgsneutral.[153] Lediglich die Einlage von Wirtschaftsgütern bei einer Sach- oder Mischgründung kann Steuerzahlungen hervorrufen.

Hierbei ist neben den steuerlichen Wirkungen bei der Unternehmung bzw. beim Einlegenden auch zwischen den verschiedenen Rechtsformen zu differenzieren. Des weiteren muß beachtet werden, daß eine Einlage aus einem Betriebsvermögen andere steuerliche Konsequenzen als eine Einlage aus einem Privatvermögen hervorruft. In jedem Fall ist zunächst zu klären, mit welchem Wert das eingebrachte Wirtschaftsgut bei der Unternehmung anzusetzen ist.[154]

---

[149] Vgl. Abschn. 21 Abs. 1 Satz 5 GewStR; BFH, 22.11.1994, BStBL. 1995 II, S. 900.
[150] Vgl. Brönner (1988), S. 810-811 und S. 817.
[151] Vgl. Biergans (1992), S. 271-279.
[152] Vgl. Dötsch et al. (1997), Anhang 3 zu § 8 KStG, S. 216/20/36-37; vgl. auch Abschn. 21 Abs. 2 GewStR.
[153] Vgl. Zimmermann/Reyher/Hottmann (1995), S. 455-457; vgl. auch Brönner (1988), S. 812.
[154] Vgl. Zimmermann/Reyher/Hottmann (1995), S. 458.

136

6.1.1 Die Sacheinlage in eine Einzelunternehmung oder eine Personengesellschaft

Bei der Einlage von Wirtschaftsgütern aus dem *Privatvermögen* in eine Personengesellschaft oder in eine Einzelunternehmung erfolgt die Bewertung nach den Regeln des § 6
Abs. 1 Nr. 6 i.V.m. Nr. 5 EStG, das heißt, die Einlage erfolgt grundsätzlich zum Teilwert, welcher in der Regel dem gemeinen Wert bzw. dem Marktwert entspricht.[155]

Während die Einbringung von Wirtschaftsgütern aus dem Betriebsvermögen einen
tauschähnlichen Vorgang darstellt[156] und dem Einbringenden damit ein Wahlrecht
hinsichtlich einer Bewertung zum Buchwert, Zwischenwert oder Teilwert zusteht, ist
bezüglich der Einlage aus dem Privatvermögen noch keine höchstrichterliche Entscheidung gefallen. Es ist somit strittig, ob es sich um eine Einlage im Sinne von § 4 Abs. 1
EStG handelt, wie es von den Finanzbehörden gehandhabt wird, oder um einen tauschähnlichen Vorgang.[157]

Kommt es bei der Bewertung der Wirtschaftsgüter zu Unterschieden zwischen den
handelsrechtlichen und steuerlichen Wertansätzen, so ist ein Ausgleich über Ergänzungsbilanzen der betroffenen Gesellschafter vorzunehmen.[158]

Zu berücksichtigen ist außerdem, daß bei der Einbringung von Wirtschaftsgütern
aus dem Privatvermögen innerhalb von 3 Jahren nach der Anschaffung oder Herstellung diese höchstens mit ihren gegebenenfalls um planmäßige Abschreibungen gekürz-
ten Anschaffungs- oder Herstellungskosten angesetzt werden dürfen und somit unter
Umständen ein Wertansatz unter dem Teilwert erfolgt (§ 6 Abs. 1 Nr. 5 Satz 1 Buchst. a
EStG).[159] Eine Aufdeckung der auf den Wirtschaftsgütern weiterhin ruhenden stillen
Reserven durch eine spätere Veräußerung derselben wird somit nicht nur einkommensteuerlich wirksam,[160] sondern auch gewerbesteuerlich.[161] Dies gilt ebenfalls, wenn es
sich bei dem eingelegten Wirtschaftsgut um eine wesentliche Beteiligung im Sinne des
§ 17 EStG handelt (§ 6 Abs. 1 Nr. 5 Satz 1 Buchst. b EStG).[162] Auf diese Weise wird
gewährleistet, daß auch die Besteuerung von Veräußerungsgewinnen im Sinne von § 17
nicht durch eine Einlage in ein Betriebsvermögen umgangen werden kann.[163]

Wird ein Wirtschaftsgut aus dem *Betriebsvermögen* des Einlegenden in die gegründete Personengesellschaft oder die gegründete Einzelunternehmung überführt und
bleibt die Erfassung der stillen Reserven gewährleistet, liegt auf der Seite des Einlegenden keine Entnahme im eigentlichen Sinne vor. Eine Überführung des Wirtschaftsguts
zum Buchwert ist möglich. Auch die steuerwirksame Entnahme mit anschließender

---

[155] Vgl. BMF-Schreiben vom 20.12.1977, BStBl. 1978 I, S. 8, Tz. 49.
[156] Vgl. BMF-Schreiben vom 20.12.1977, BStBl. 1978 I, S. 8, Tz. 57.
[157] Vgl. Zimmermann/Reyher/Hottmann (1995), S. 458-459.
[158] Bgl. Biergans (1992), S. 656-661.
[159] Vgl. Littmann/Bitz/Hellweg (1997), § 6, Rz. 375-376; Herrmann/Heuer/Raupach (1997), § 6 EStG,
     Anm. 1226.
[160] Vgl. Littmann/Bitz/Hellweg (1997), § 6, Rz. 375.
[161] Vgl. Abschn. 62b Abs. 1 Satz 7 und 8 GewStR.
[162] Vgl. Littmann/Bitz/Hellweg (1997), § 6, Rz. 377-379; Herrmann/Heuer/Raupach (1997), § 6 EStG,
     Anm. 1228.
[163] Vgl. Biergans (1992), S. 605-606.

Einlage zum Teilwert ist zulässig.[164] Bei der Einbringung eines Wirtschaftsgutes aus dem Betriebsvermögen in eine Einzelunternehmung oder eine Personengesellschaft gegen Gewährung von Gesellschaftsrechten handelt es sich um einen tauschähnlichen Vorgang, bei dem durch das Urteil des BFH den Betroffenen das Wahlrecht eines Ansatzes zum Buch-, Zwischen- oder Teilwert zugestanden wird.[165]

Setzt der Einzelunternehmer bzw. die Gesellschafter der Personengesellschaft die Sacheinlage mit einem über dem Buchwert liegenden Wert an, entsteht im Betriebsvermögen des einbringenden Gesellschafters ein Gewinn, der sowohl der ungemilderten Einkommensteuer als auch der Gewerbesteuer unterliegt. Die Vergünstigungen der §§ 16 und 34 EStG kommen nur bei Einbringung eines Betriebs oder Teilbetriebs in Betracht.[166] Ist dies nicht der Fall, besteht jedoch die Möglichkeit einer Rücklage im Sinne von § 6b EStG. Eine Übertragung der stillen Reserven auf andere Wirtschaftsgüter erfolgt auf diese Weise im Betriebsvermögen des Einbringenden.[167]

Auf Ebene der Unternehmung kommt es in der Personengesellschaft oder in einer Einzelunternehmung unabhängig von der Art der Einlage zu keinen ertragsteuerlichen Auswirkungen. Die Einlagen erfolgen sämtlich erfolgsneutral. Lediglich im laufenden Geschäftsbetrieb kann es durch die Auflösung der auf den eingelegten Wirtschaftsgütern ruhenden stillen Reserven zu ertragsteuerlichen Konsequenzen kommen.

6.1.2 Die Sacheinlage in eine Kapitalgesellschaft

Auf Ebene der Kapitalgesellschaft führt die Sacheinlage im Gründungszeitpunkt zu keinen ertragsteuerlichen Wirkungen.[168] Sie stellt eine steuerlich unbeachtliche Vermögensmehrung dar und damit einen rein gesellschaftsrechtlichen Vorgang.[169] Die Einlage ist im Sinne von § 8 Abs. 1 KStG i.V.m. § 6 Abs. 1 Nr. 5 EStG mit dem Teilwert anzusetzen.[170] Die Ausnahmeregelungen des § 6 Abs. 1 Nr. 5 Satz 1 Buchst. a und b sind auf Kapitalgesellschaften nicht anzuwenden.[171]

Es sind dennoch drei Ausnahmen denkbar, bei denen vom Teilwertansatz abgewichen werden kann:[172]

---

[164] Vgl. R 14 Abs. 2 Satz 2 EStR; vgl. auch Littmann/Bitz/Hellweg (1997), §§ 4, 5, Rz. 205.

[165] Vgl. BFH, 06.11.1985, BStBl. 1986 II, S. 333.

[166] Vgl. dazu Kapitel 7.4.

[167] Vgl. Widmann/Mayer (1997), UmwStG 95/Kurzkommentierung, Rz. S67; vgl. auch Zimmermann/Reyher/Hottmann (1995), S. 472-473.

[168] Vgl. Schneeloch (1994), S. 216; Brönner (1988), S. 812.

[169] Vgl. Herrmann/Heuer/Raupach (1997), § 8 KStG, Anm. 19; Dötsch et al. (1997), vor § 8, Rz. 29; Brönner (1988), S. 812.

[170] Vgl. Littmann/Bitz/Hellweg (1997), § 6, Rz. 372; Dötsch et al. (1997), § 8, Rz. 53; Brönner (1988), S. 813.

[171] Vgl. Herrmann/Heuer/Raupach (1997), § 8 KStG, Anm. 19; Dötsch et al. (1997), § 8, Rz. 53a.

[172] Vgl. Dötsch et al. (1997), § 8, Rz. 53a.

1. Werden Anteile an einer Kapitalgesellschaft eingelegt und sind die dafür gewährten Anteile an der zu gründenden Kapitalgesellschaft wirtschaftlich identisch, das heißt wert-, art- und funktionsgleich mit den eingelegten Anteilen, ist eine erfolgsneutrale Einbringung in Anwendung des Tauschgutachtens unter bestimmten Voraussetzungen möglich.[173]
2. Im Falle einer Betriebsaufspaltung kann die Aufdeckung von stillen Reserven durch einen Ansatz der Wirtschaftsgüter zum Buchwert vermieden werden.[174]
3. Die dritte Möglichkeit besteht bei Einbringungen im Sinne von § 20 UmwStG. Auf diese Möglichkeit wird in Kapitel 7.3 ausführlich eingegangen.[175]

Die Sacheinlage in eine Kapitalgesellschaft gegen Gewährung von Gesellschaftsrechten stellt auf Ebene des Gesellschafters einen tauschähnlichen Vorgang dar,[176] das heißt, sie wird der Veräußerung gleichgestellt. Damit kommt es regelmäßig zur Auflösung ruhender stiller Reserven. Erfolgt eine Einlage aus dem Privatvermögen, so sind derartige Wertsteigerungen in der Regel steuerlich unbeachtlich. Liegt jedoch ein Spekulationsgeschäft im Sinne von § 23 EStG oder auch eine Veräußerung einer wesentlichen Beteiligung im Sinne von § 17 EStG vor, so erfolgt die einkommensteuerliche Erfassung der stillen Reserven beim Einbringenden.

Als Anschaffungskosten für die Anteile an der gegründeten Kapitalgesellschaft hat der Einbringende, unabhängig davon, mit welchem Wert die Kapitalgesellschaft die Einlage verbucht hat, grundsätzlich den gemeinen Wert der eingebrachten Wirtschaftsgüter anzusetzen, der für ihn als Veräußerungspreis gilt.[177] Bei einer Einlage aus dem Betriebsvermögen sowie bei Einlagen, die unter §§ 17 EStG oder 23 EStG fallen, ergibt sich aus der Differenz zwischen dem gemeinen Wert der eingelegten Wirtschaftsgüter und deren Anschaffungskosten bzw. Buchwert der steuerpflichtige Gewinn.

6.2 Die Verkehrsbesteuerung

Als Verkehrsteuern kommen bei einer Unternehmungsgründung die Umsatzsteuer und die Grunderwerbsteuer in Frage.

Betrachtet man zunächst die Umsatzsteuer, ist zu klären, ob es sich beim betrachteten Gründungsvorgang überhaupt um einen steuerbaren Tatbestand handelt und wenn ja, ob dieser Tatbestand gegebenenfalls umsatzsteuerfrei ist.

Bei der Gründung einer Einzelunternehmung kommt es zu keinen umsatzsteuerlichen Auswirkungen. Da sich die umsatzsteuerliche Unternehmereigenschaft auf alle Betriebe eines Unternehmers erstreckt, handelt es sich bei der Einlage aus einem bereits bestehenden Betrieb des Unternehmers um einen nicht steuerbaren Innenumsatz. Auch

---

[173] Vgl. BFH, 16.12.1958, BStBl. 1959 III, S. 30; Dötsch et al. (1997), § 8, Rz. 53d.
[174] Vgl. Kapitel 4.4; vgl. außerdem Dötsch et al. (1997), § 8, Rz. 53c.
[175] Vgl. Dötsch et al. (1997), § 8, Rz. 53d.
[176] Vgl. Littmann/Bitz/Hellweg (1997), §§ 4,5, Rz. 279.
[177] Vgl. Dötsch et al (1997), § 8, Rz. 53e.

bei einer Einlage aus dem Privatvermögen fehlt das wesentliche Element eines Leistungsaustausches, der zwischen dem Unternehmer und einer anderen Person stattfinden muß.

Bei Gründung einer Personen- oder Kapitalgesellschaft ist im Gegensatz zur Einzelunternehmung zwischen der Gesellschaft und ihren Gesellschaftern zu unterscheiden, die jeweils Unternehmer im Sinne des Umsatzsteuergesetzes sein können, wenn sie die Voraussetzungen des § 2 UStG erfüllen.

Ein Leistungsaustausch liegt insofern vor, als die Gesellschaft durch die Gewährung von Gesellschaftsanteilen an die Gesellschafter eine steuerbare sonstige Leistung erbringt, wobei das Entgelt in der Einlage der Gesellschafter besteht.[178] Die Gewährung von Gesellschaftsrechten ist jedoch nach § 4 Nr. 8f UStG steuerfrei. Folglich fällt auf Seiten der Gesellschaft keine Umsatzsteuer an. Auch ein Vorsteuerabzug der von den Gesellschaftern unter Umständen in Rechnung gestellten Vorsteuer ist gemäß § 15 Abs. 2 UStG grundsätzlich nicht zulässig. Nur wenn die Gesellschaft bzw. deren Mitunternehmer auf die Steuerbefreiung des § 4 Nr. 8f UStG gemäß § 9 UStG verzichten, kann der Ausschluß vom Vorsteuerabzug vermieden werden. Dies ist allerdings nur möglich, wenn der Gesellschaftsanteil einem Unternehmer für dessen Unternehmen gewährt wird.[179]

Bei den Gesellschaftern ist zwischen der Geldeinlage und der Sacheinlage zu trennen.

Die Geldeinlage bei der Gründung einer Gesellschaft stellt keine Leistung im Sinne des § 3 UStG dar. Es handelt sich hierbei folglich grundsätzlich nicht um einen steuerbaren Umsatz.[180]

Bei einer Sacheinlage ist hingegen zwischen solchen aus dem nichtunternehmerischen und solchen aus dem unternehmerischen Bereich zu trennen. Legt ein Gesellschafter ein Wirtschaftsgut aus seinem nichtunternehmerischen Bereich ein, ist dieser Vorgang im Sinne von § 1 Abs. 1 Nr. 1 UStG nicht steuerbar, weil die Einlage nicht im Rahmen seines Unternehmens erbracht wird.[181]

Nur wenn der Gesellschafter die Sacheinlage aus seinem unternehmerischen Bereich erbringt, liegt ein steuerbarer Umsatz vor. Es handelt sich um einen tauschähnlichen Umsatz im Sinne des § 3 Abs. 12 Satz 2 UStG.[182] Als Bruttobemessungsgrundlage ist gemäß § 10 Abs. 2 Satz 2 UStG der gemeine Wert des für die Einlage erhaltenen Gesellschaftsanteils (Gegenleistung) anzusetzen.[183] In der Regel besteht Wertgleichheit zwischen der erbrachten Sacheinlage und dem erhaltenen Gesellschaftsanteil.[184] Je nach Art der Sacheinlage kann der Umsatz steuerpflichtig oder gemäß § 4 UStG steuerbefreit sein.

---

[178] Vgl. Abschn. 6 Abs. 2 UStR.
[179] Vgl. Zimmermann/Reyher/Hottmann (1995), S. 548-549.
[180] Vgl. Zimmermann/Reyher/Hottmann (1995), S. 550.
[181] Vgl. Zimmermann/Reyher/Hottmann (1995), S. 550-551; Brönner (1988), S. 819.
[182] Vgl. Hartmann/Metzenmacher (1997), § 3 Abs. 12, E 60-61; Brönner (1988), S. 819.
[183] Vgl. Hartmann/Metzenmacher (1997), § 3 Abs. 12, E 64; BFH, 12.11.1987, BStBl. 1988 II, S. 156; Zimmermann/Reyher/Hottmann (1995), S. 553.
[184] Vgl. Zimmermann/Reyher/Hottmann (1995), S. 551.

Bei der Gründung einer Unternehmung ist des weiteren zu prüfen, ob es durch die Einlage von Grundstücken zu grunderwerbsteuerlichen Folgen kommt.

Wird als Sacheinlage ein Grundstück in eine Kapitalgesellschaft eingelegt, so fällt Grunderwerbsteuer an. Die Einbringung eines Grundstücks in eine Kapitalgesellschaft ist gemäß § 1 Abs. 1 Nr. 1 GrEStG steuerbar. Eine Steuerbefreiung gemäß § 5 Abs. 2 GrEStG kommt nicht in Betracht, weil eine Kapitalgesellschaft als juristische Person ein eigenes Gesellschaftsvermögen besitzt.[185]

Die Grunderwerbsteuer könnte dadurch vermieden werden, daß statt der Einlage des Grundstücks dieses lediglich zur Nutzung überlassen wird, ohne das Eigentum zu übertragen. Diese Gestaltungsvariante führt aber unter Umständen zum Konstrukt einer Betriebsaufspaltung mit den bereits erläuterten ertragsteuerlichen Konsequenzen.

Wird ein Grundstück in das Gesamthandsvermögen einer Personengesellschaft eingebracht, ist dieser Vorgang gemäß § 1 Abs. 1 Nr. 1 GrEStG steuerbar, aber gemäß § 5 Abs. 2 GrEStG in Höhe der Beteiligungsquote des Einbringenden an der Personengesellschaft steuerbefreit.[186] Erfolgt hingegen eine Einlage in das Sonderbetriebsvermögen, handelt es sich nicht um einen grunderwerbsteuerbaren Vorgang, da sich die Eigentumsverhältnisse nicht verändert haben.

Die Einlage eines Grundstücks in eine Einzelunternehmung ist gemäß § 1 Abs. 1 GrEStG nicht steuerbar, weil kein Übergang des Eigentums stattfindet.

Im Falle einer Steuerpflicht ist die Bemessungsgrundlage gemäß § 9 Abs. 1 Nr. 2 i.V.m. § 8 GrEStG der gemeine Wert der Gesellschaftsanteile, die der Einbringende für die Einlage des Grundstücks erhält.

Zu einer Doppelbelastung der Einlage eines Grundstücks mit Umsatz- und Grunderwerbsteuer kommt es in der Regel aufgrund der Befreiungvorschrift des § 4 Nr. 9a UStG nicht.[187] Eine Ausnahme von diesem Grundsatz liegt jedoch vor, wenn auf die Umsatzsteuerbefreiung gemäß § 9 UStG verzichtet wird.[188]

---

[185] Vgl. Brönner (1988), S. 820.
[186] Vgl. Zimmermann/Reyher/Hottmann (1995), S. 562.
[187] Vgl. Zimmermann/Reyher/Hottmann (1995), S. 563.
[188] Zu den grunderwerbsteuerlichen Folgen dieses Sonderfalls vgl. z.B. Zimmermann/Reyher/Hottmann (1995), S. 563-564.

Literaturhinweise

Brönner, Herbert (1988): Die Besteuerung der Gesellschaften, des Gesellschafterwechsels und der Umwandlungen, Stuttgart 1988.

Heinhold, Michael (1996): Unternehmensbesteuerung, Band 1, Stuttgart 1996.

Schneeloch, Dieter (1994): Besteuerung und Betriebliche Steuerpolitik, Band 2, München 1994.

Wagner, Franz W., Dirrigl, Hans (1980): Die Steuerplanung der Unternehmung, Stuttgart 1980.

Wöhe, Günter (1990): Betriebswirtschaftliche Steuerlehre, 5., neubearbeitete Auflage, Band 2, 1. Halbband, Berlin 1990.

Wöhe, Günter, Bieg, Hartmut (1995): Grundzüge der betriebswirtschaftlichen Steuerlehre, 4., neubearbeitete Auflage, München 1995.

Zimmermann, Reimar, Reyher, Ulrich, Hottmann, Jürgen (1995): Die Personengesellschaft im Steuerrecht, 5. Auflage, Achim 1995.

7 Die steuerliche Belastung von Umwandlungen

Die Novellierung des Umwandlungsrechts durch das zum 1.1.1995 in Kraft getretene Umwandlungsgesetz und die damit einhergehende Reform des Umwandlungssteuergesetzes beendeten eine jahrelange Diskussion.[189] Viele Umwandlungsformen waren bis dahin gesetzlich nicht geregelt und eine erfolgsneutrale Veränderung der Rechtsform, die steuerliche Effekte vermeiden sollte, war weitestgehend ausgeschlossen. Das Umwandlungssteuergesetz bietet nun eine gesicherte Basis für die steuerlichen Folgen von Umstrukturierungsmaßnahmen, ohne die eine von Unternehmen angestrebte Reorganisation wesentlich erschwert würde.[190] Die Option, derartige Umstrukturierungen erfolgsneutral durchführen zu können, verhindert, daß Steuerbelastungen, die durch eine Umwandlung ausgelöst werden, nicht zum unter Umständen entscheidenden Argument gegen eine ansonsten ökonomisch sinnvolle Umstrukturierung werden können. Dies ist aus allokativer Sicht begrüßenswert.

Das Umwandlungssteuergesetz erlaubt es, darüber zu entscheiden, ob stille Reserven im Umwandlungszeitpunkt aufgedeckt und besteuert werden oder ob sie auf den übernehmenden Rechtsträger erfolsneutral übertragen werden. Dieses Wahlrecht zwischen Buchwertansatz und einem höheren Wertansatz der bei der Umwandlung übergehenden Wirtschaftsgüter erfordert eine detaillierte Analyse der steuerlichen Folgen der jeweiligen Alternative. Eine Entscheidung mit dem Ziel der Maximierung des Endvermögens der Gesellschafter bzw. des Gesellschafters der Unternehmung und dem damit einhergehenden Subziel der Minimierung des Barwertes der Steuerzahlungen ist nur möglich, wenn alle durch die Umwandlung hervorgerufenen steuerlichen Effekte berücksichtigt werden. So sind in Abhängigkeit von der Rechtsform der betroffenen Rechtsträger auch individuelle Tatbestände der Gesellschafter, wie z.B. deren Einkommensteuerprogression, von Bedeutung. Auch die erwartete Gewinnentwicklung sowie die zukünftige Ausschüttungspolitik können mit ihren steuerlichen Folgen die Vorteilhaftigkeit einer Wertansatzalternative im Umwandlungszeitpunkt beeinflussen. Gesucht ist die für den Einzelfall optimale zeitliche Struktur der Auflösung der stillen Reserven unter Beachtung von Progressions-, Liquiditäts- und Zinseffekten und der Möglichkeiten etwaiger steuerlicher Vergünstigungen (z.B. §§ 16 Abs. 4 EStG, 34 EStG).

Die im folgenden dargestellten steuerlichen Vorschriften und Wahlmöglichkeiten bei Umwandlungsvorgängen bieten lediglichen einen Überblick über die Regelungsvielfalt des Umwandlungssteuergesetzes. Um in diesem Teil des Buches eine knappe, übersichtliche Darstellung zu gewährleisten, können nicht alle Einzelregelungen behan-

---

[189] Einen umfassenden Überblick über das Umwandlungssteuerrecht bieten z.B: Dötsch (1996); Ott (1996); vgl. auch Schwedhelm (1996). Eine knappe Übersicht über die steuerlichen Folgen von Umwandlungen liefert Wiesch (1996), S. 418-426. Einen Überblick über die Umwandlungsmöglichkeiten von mittelständischen Unternehmen bietet Schneeloch (1997), S. 243-307. Ausführliche Kommentierungen zum Umwandlungsrecht finden sich z.B. bei Dehmer (1996) und Widmann/Mayer (1997).

[190] Die Rechtssicherheit, die das Umwandlungssteuergesetz liefern soll, wurde allerdings durch rückwirkende Änderungen des Gesetzes für bereits vor Bekanntwerden dieser Änderungen durchgeführte Umwandlungen konterkariert. Vgl. Blumers/Beinert (1997a), S. 1880-1881.

delt werden. Im konkreten praktischen Anwendungsfall ist daher die angegebene Literatur zu Rate zu ziehen. Nicht ohne Grund wird das überaus komplexe Umwandlungssteuergesetz „zum Schwierigsten, was das Steuerrecht „zu bieten hat" (gezählt)"[191].

Die weiteren Ausführungen erlauben es dem Leser, die Struktur des Umwandlungsrechts und damit die zulässigen Gestaltungsmöglichkeiten und deren steuerliche Folgen zu erkennen sowie Standardfälle zu lösen.

7.1 Überblick über die Umwandlungsmöglichkeiten nach dem Umwandlungsgesetz

Das Umwandlungsgesetz regelt als zivilrechtliche Grundlage die verschiedenen Umwandlungsmöglichkeiten.

Neben dem Umwandlungsgesetz besteht das Umwandlungsrecht aus dem Umwandlungssteuergesetz und in anderen Gesetzen angesiedelten Einzelregelungen (z.B. Körperschaftsteuergesetz):

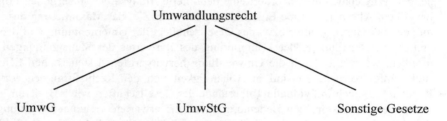

Abbildung 4: Das Umwandlungsrecht

Handelsgesellschaften, Genossenschaften, sowie Versicherungsvereine auf Gegenseitigkeit und eingetragene Vereine können nach diesem Gesetz ihre Unternehmensstruktur ändern.[192] Für die im folgenden ausschließlich betrachteten Handelsgesellschaften kann die Umstrukturierung durch eine Verschmelzung (§§ 2-122 UmwG), eine Spaltung (§§ 123-173 UmwG), eine Vermögenübertragung (§§ 174-189 UmwG) oder einen Formwechsel (§§ 190-304 UmwG) vorgenommen werden. Für BGB-Gesellschaften finden die Regelungen des Umwandlungsgesetzes keine Anwendung.[193]

---

[191] Dötsch (1996), Anh. UmwStG, Tz. 4
[192] Vgl. Widmann/Mayer (1997), § 2 UmwG, Rz. 4-8; Schaumburg/Rödder (1995), § 2 UmwG, Rz. 5.
[193] Eine knappe graphische Darstellung der Umwandlungsmöglichkeiten nach dem Umwandlungsgesetz findet sich bei Widmann/Mayer (1997), Einf UmwG, Rz. 4.2.2.3.

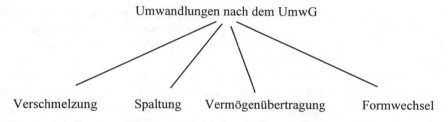

Abbildung 5: Umwandlungen nach dem Umwandlungsgesetz

Der Begriff *Verschmelzung* bezeichnet die Übertragung des gesamten Vermögens eines oder mehrerer Rechtsträger auf einen anderen, schon bestehenden (Verschmelzung durch Aufnahme) oder neu gegründeten (Verschmelzung durch Neugründung) Rechtsträger im Wege der Gesamtrechtsnachfolge unter Auflösung ohne Abwicklung. Den Anteilsinhabern des übertragenden Rechtsträgers wird im Wege des Anteilstausches eine Beteiligung am übernehmenden Rechtsträger gewährt. An einer Verschmelzung sind mindestens zwei Rechtsträger beteiligt.[194]

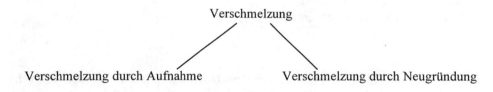

Abbildung 6: Arten der Verschmelzung

Aus steuerlicher Sicht wird zwischen Verschmelzung und Einbringungsvorgängen unterschieden. Die Einbringung eines Betriebs, Teilbetriebs, eines Mitunternehmeranteils oder einer Beteiligung an einer Kapitalgesellschaft wird durch das Umwandlungssteuergesetz separat geregelt und umfaßt sowohl Einbringungen im Wege der Gesamtrechtsnachfolge als auch der Einzelrechtsnachfolge. Das Umwandlungsgesetz subsummiert diesen Vorgang unter Verschmelzungen

Schon an dieser Stelle wird deutlich, daß der Regelungsbereich von Umwandlungsgesetz einerseits und Umwandlungssteuergesetz andererseits nicht deckungsgleich sind.

---

[194] Vgl.Widmann/Mayer (1997), § 2 UmwG, Rz. 11-11.1.5; Schwedhelm (1996), S. 33.

Es gibt sowohl Umstrukturierungen, die im Umwandlungsgesetz und im Umwandlungsteuergesetz geregelt sind, aber auch Fälle, die nur im Umwandlungsgesetz oder nur im Umwandlungssteuergesetz behandelt werden. Diese Diskrepanzen sollen hier jedoch nicht weiter vertieft werden.[195]

Die *Spaltung* ist in drei Formen zulässig: die Aufspaltung, die Abspaltung und die Ausgliederung. Bei der Spaltung, im Steuerrecht z.T. auch als Realteilung bezeichnet,[196] wird das Vermögen im Wege der Sonderrechtsnachfolge ("teilweise Gesamtrechtsnachfolge") übertragen. Auch bei der Spaltung kennt man den Vermögensübergang zur Aufnahme durch einen oder mehrere bestehende Rechtsträger (§§ 126 ff. UmwG), der auch als Teilverschmelzung bezeichnet wird, und den Vermögensübergang zur Neugründung (§§ 135 ff. UmwG).[197]

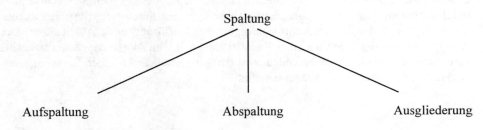

Abbildung 7: Formen der Spaltung

Die *Aufspaltung* ist das Gegenstück der Verschmelzung. Hierbei überträgt ein Rechtsträger sein Vermögen ohne Abwicklung auf mindestens zwei schon bestehende oder neu gegründete Rechtsträger im Wege der Sonderrechtsnachfolge. Der übertragende Rechtsträger selbst geht nach der Spaltung unter. Die Beteiligung an den übernehmenden Rechtsträgern fällt den Anteilseignern des sich spaltenden Rechtsträgers als Gegenleistung zu.[198]

Bei der *Abspaltung* bleibt der übertragende Rechtsträger bestehen und überträgt nur einen Teil seines Vermögens, in der Regel einen Betrieb oder mehrere Betriebe, auf einen oder mehrere bereits bestehende oder neu gegründete Rechtsträger. Wiederum

---

[195] Eine schematische Darstellung mit Beispielen hilft dem interessierten Leser hier weiter. Diese findet sich bei Widmann/Mayer (1997), UmwStG 1995/Kurzkommentierung, Rz. S0 und S12.
[196] Vgl. z.B. Klein (1994), S. 3653.
[197] Vgl. Widmann/Mayer (1997), § 126 UmwG, Rz. 2-7; ebenda, Einf UmwG, Rz. 4.2.2.3; vgl. auch Schaumburg/Rödder (1995), § 123 UmwG, Rz. 2-16.
[198] Vgl. Widmann/Mayer (1997), Einf UmwG, Rz. 11; Schaumburg/Rödder (1995), § 123 UmwG, Rz. 10 und 11.

erhalten die Anteilseigner des übertragenden Rechtsträgers Gesellschaftsrechte an der oder den übernehmenden Gesellschaft(en).[199]

Wie bei der Abspaltung bleibt auch bei der *Ausgliederung* der übertragende Rechtsträger bestehen und überträgt einen oder mehrere Teile seines Vermögens auf einen oder mehrere übernehmende oder neu gegründete Rechtsträger. Der Unterschied zur Abspaltung besteht darin, daß die Anteile der übernehmenden oder neuen Rechtsträger in das Vermögen des übertragenden Rechtsträgers übergehen und nicht den Anteilsinhabern des übertragenden Rechtsträgers gewährt werden. Der übertragende Rechtsträger, und nicht der dahinterstehende Anteilsinhaber, wird also Gesellschafter des übernehmenden oder des neu gegründeten Rechtsträgers.[200]

Die *Vermögensübertragung* ist eine Spezialform der Umwandlung von Unternehmungen, an denen öffentlich-rechtliche Rechtsträger beteiligt sind. Sie entspricht bei der sogenannten Vollübertragung der Verschmelzung und bei der Teilübertragung der Spaltung, mit dem Unterschied, daß es wegen der Struktur der beteiligten Rechtsträger nicht zu einem Umtausch von Anteilen kommt.[201] Die Vermögensübertragung ist nur möglich, wenn es sich beim übertragenden Rechtsträger um eine Kapitalgesellschaft handelt, die ihr Vermögen auf die öffentliche Hand überträgt sowie bei der Vermögensübertragung zwischen Versicherungsunternehmungen.[202] Da diese Unternehmungen hier nicht weiter betrachtet werden, wird auf die Vermögensübertragung im weiteren nicht mehr eingegangen.

Beim *Formwechsel* findet anders als bei den vorgenannten Umwandlungsvorgängen kein Übertragungsvorgang statt. Es ändert sich lediglich die Rechtsform eines Rechtsträgers unter Wahrung seiner wirtschaftlichen Identität, und zwar grundsätzlich auch unter Beibehaltung des bisherigen Kreises der Anteilsinhaber.[203] So wird beispielsweise aus einer Unternehmung in der Rechtsform einer GmbH eine (identische) Unternehmung in der Rechtsform einer OHG, wobei die GmbH-Gesellschafter die Mitunternehmer der OHG werden. Eine Übertragung der Vermögensgegenstände im Wege der Einzelrechtsnachfolge ist nicht erforderlich.

Die folgenden Kapitel konzentrieren sich auf das Umwandlungsteuergesetz. Eine verkürzte Darstellung der Umwandlungsformen des Umwandlungssteuergesetz soll die Orientierung erleichtern:[204]

---

[199] Vgl. Widmann/Mayer (1997), Einf UmwG, Rz. 12; Schaumburg/Rödder (1995), § 123 UmwG, Rz. 12 und 13.

[200] Vgl. Widmann/Mayer (1997), Einf UmwG, Rz. 13; Schaumburg/Rödder (1995), § 123 UmwG, Rz. 14 und 15.

[201] Vgl. Schaumburg/Rödder (1995), Viertes Buch UmwG, Rz. 1 bis § 174, Rz. 9.

[202] Vgl. § 175 UmwG.

[203] Vgl. Widmann/Mayer (1997), § 190 UmwG, Rz. 23.

[204] Eine ausführliche graphische Darstellung der Regelungsbereiche und Umwandlungsformen von Umwandlungsgesetz und Umwandlungssteuergesetz bietet Dötsch (1996), Anh. UmwStG, Tz. 6.

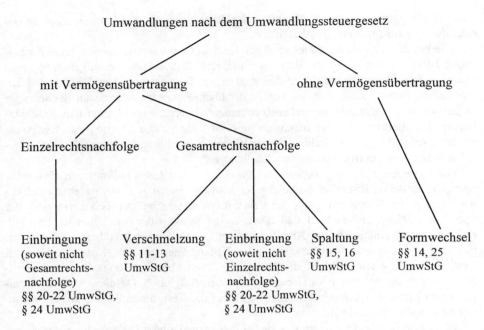

Abbildung 8: Umwandlungen nach dem Umwandlungssteuergesetz

7.2 Die Verschmelzung

Nur wenn eine Umwandlung im Sinne des § 1 UmwG vorliegt, können die Vorschriften des Umwandlungssteuergesetzes, die einen erfolgsneutralen Vermögensübergang ermöglichen, in Anspruch genommen werden (§ 1 UmwStG). Außerdem muß das Vermögen im Wege der Gesamtrechtsnachfolge übergehen.

Seit dem 1.1.1994 sind alle Arten der Verschmelzung nicht umsatzsteuerbar. Durch die Einführung des § 1 Abs. 1a UStG wurde die Steuerbarkeit aufgehoben, sofern der übernehmende Rechtsträger ein Unternehmer im Sinne des Umsatzsteuergesetzes ist.[205] Das Recht zum Vorsteuerabzug für im Zusammenhang mit der Verschmelzung gezahlte Umsatzsteuer bleibt jedoch erhalten.[206]

---

[205] Vgl. Husmann (1994), S 333-336; Götz (1996), S. 2708.
[206] Vgl. Schwarz (1994), S. 185-187.

148

Gehen bei der Verschmelzung Grundstücke vom übertragenden Rechtsträger auf den übernehmenden Rechtsträger über, so stellt dies einen grunderwerbsteuerpflichtigen Vorfall dar. Als Bemessungsgrundlage wird der Wert des Grundbesitzes im Sinne von § 138 Abs. 2 bzw. Abs. 3 BewG angesetzt (§ 8 Abs. 2 Nr. 2 GrEStG).[207] Haben sich beispielsweise über Jahrzehnte stille Reserven auf den zu übertragenden Grundstücken angehäuft, so kann die Grunderwerbsteuerbelastung durchaus zu erheblichen Liquiditätsabflüssen und damit auch -engpässen führen.[208]

7.2.1 Die Verschmelzung einer Kapitalgesellschaft auf eine Personengesellschaft

Die ertragsteuerlichen Folgen der Verschmelzung einer Kapitalgesellschaft als übertragender Rechtsträger auf eine Personengesellschaft als übernehmender Rechtsträger sind in den §§ 3-10 UmwStG geregelt.[209]

Die übertragende Kapitalgesellschaft geht bei einer Verschmelzung dadurch unter, daß das gesamte Vermögen auf die Personengesellschaft übergeht. Von der Verschmelzung zu unterscheiden ist die Beteiligung einer Kapitalgesellschaft an einer Personengesellschaft durch Einbringung eines Betriebs, Teilbetriebs oder Mitunternehmeranteils in eine Personengesellschaft (Kapitel 7.4). Bei einer Einbringung bleibt die Kapitalgesellschaft bestehen und beteiligt sich an der Personengesellschaft in Form einer Sacheinlage. Die steuerlichen Regelungen zu dieser Umwandlungsform finden sich in § 24 UmwStG.[210]

Bei der Verschmelzung einer Kapitalgesellschaft auf eine Personengesellschaft überträgt die Kapitalgesellschaft ihr gesamtes Vermögen im Wege der Gesamtrechtsnachfolge unter Auflösung ohne Abwicklung. Alle Rechte gehen auf die übernehmende Gesellschaft über. Die übertragende Gesellschaft geht unter, ohne daß eine Liquidation der Kapitalgesellschaft durchgeführt wird. Die Anteilsinhaber der übertragenden Kapitalgesellschaft erhalten für ihre Gesellschaftsanteile oder Aktien eine Beteiligung an der übernehmenden Personengesellschaft.

Sind im Vermögen der Personengesellschaft Anteile an der Kapitalgesellschaft vorhanden oder werden Anteile in die Personengesellschaft eingebracht, so tritt an diese Stelle das übergegangene Vermögen aus der Kapitalgesellschaft.

Auch die Verschmelzung einer Kapitalgesellschaft mit dem Vermögen ihres Alleingesellschafters ist denkbar, jedoch nur als Verschmelzung durch Aufnahme möglich.

---

[207] Vgl. Götz (1996), S. 2713 und S. 2715; vgl. auch Grotherr (1994), S. 1980-1981.
[208] Vgl. Grotherr (1994), S. 1970; vgl. auch Brezing (1987), S. 206.
[209] Einen kritischen Überblick über das 1994 novellierte Umwandlungssteuergesetz im Zusammenhang mit Verschmelzungen liefert Maiterth (1995), S. 1980-1986; vgl. auch Schulze zur Wiesche (1995), S. 658-663; Knopf/Söffing (1995a), S. 850-857.
[210] Siehe dazu Kapitel 7.4.

7.2.1.1 Ertragsteuerliche Auswirkungen auf der Ebene der übertragenden Kapitalgesellschaft

Das Umwandlungssteuergesetz ermöglicht es, den Vermögensübergang von einer Kapitalgesellschaft auf eine Personengesellschaft erfolgsneutral durchzuführen, indem die Buchwerte der Wirtschaftsgüter der übertragenden und damit untergehenden Kapitalgesellschaft von der übernehmenden Personengesellschaft fortgeführt werden können. Damit ist es auf Ebene der Kapitalgesellschaft nicht zwingend erforderlich, stille Reserven aufzulösen, sondern es steht der Kapitalgesellschaft ein Bewertungswahlrecht zu. Wird auf der Ebene der Kapitalgesellschaft ein Ansatz über dem Buchwert der Wirtschaftsgüter beschlossen, kommt es, soweit keine Verlustvorträge im Sinne von § 10d EStG bzw. § 10a GewStG bestehen, zu einem ertragsteuerpflichtigen *Übertragungsgewinn*.

Der steuerliche Übertragungsstichtag stimmt mit dem Zeitpunkt überein, auf den die Kapitalgesellschaft die handelsrechtliche Schlußbilanz erstellt. Mit Ablauf dieses Stichtags gehen das Vermögen und die Schulden der Kapitalgesellschaft mit steuerlicher Wirkung auf die Personengesellschaft über. Folglich sind Geschäftsvorfälle bei der Kapitalgesellschaft nach diesem Zeitpunkt steuerlich der Personengesellschaft zuzurechnen (§ 2 UmwStG).

Aus steuerlicher Sicht ist es erforderlich, auf den steuerlichen Übertragungsstichtag eine steuerliche Erfolgsbilanz aufzustellen. Die Bilanzierung dem Grunde und der Höhe nach richtet sich nach § 3 UmwStG. Danach können die Wirtschaftsgüter in der steuerlichen Schlußbilanz mit dem Buchwert, einem Zwischenwert oder mit dem Teilwert angesetzt werden.

Wird eine erfolgsneutrale Verschmelzung durchgeführt, das heißt, werden die Buchwerte vom aufnehmenden Rechtsträger übernommen, so wird die spätere Besteuerung der stillen Reserven bei den Gesellschaftern der übernehmenden Personengesellschaft dann sichergestellt, wenn das Vermögen der übertragenden Kapitalgesellschaft Betriebsvermögen der übernehmenden Personengesellschaft wird (§ 3 Satz 1 UmwStG). Anderenfalls liegt eine Aufgabe des Gewerbebetriebs vor, was bedeutet, daß die auf den Wirtschaftsgütern lastenden stillen Reserven gemäß § 16 Abs. 3 Satz 4 EStG in der steuerlichen Schlußbilanz der Kapitalgesellschaft aufzulösen und unter Beachtung von § 34 EStG zu versteuern sind.

Die Regelung des § 3 Satz 2 UmwStG erlaubt, daß die Wirtschaftsgüter in ihrer steuerlichen Schlußbilanz auch dann mit dem Buchwert angesetzt werden dürfen, wenn in der Handelsbilanz höhere Werte angesetzt wurden. Die Personengesellschaft hat den Wertansatz der Kapitalgesellschaft zu übernehmen (§ 4 Abs. 1 UmwStG).

Der Maßgeblichkeitsgrundsatz des § 5 Abs. 1 EStG wirft bei einer Umwandlung Probleme auf, da das Umwandlungsgesetz und damit die handelsrechtliche Gesetzesgrundlage den Buchwertansatz vorsieht (§ 17 Abs. 2 S. 2 UmwG). Steuerlich müßte man bei Anwendung des Maßgeblichkeitsgrundsatzes die handelsrechtlich gebotene Buchwertfortführung übernehmen, was das Wahlrecht des § 3 UmwStG ins Leere laufen ließe. Bei Umwandlungsvorgängen kann daher die handels- und steuerrechtliche

Aufdeckung stiller Reserven voneinander abweichen. Die Maßgeblichkeit wird in diesem Fall durchbrochen.[211] Zur Ausübung des Bewertungswahlrechts im Steuerrecht ist hier auch die umgekehrte Maßgeblichkeit nicht zu beachten.

Bei Ansatz mit einem Zwischenwert oder mit dem Teilwert unterliegt der resultierende Übertragungsgewinn der Körperschaftsteuer und gemäß § 18 Abs. 1 UmwStG auch der Gewerbesteuer. Der körper- und gewerbesteuerliche Gewinn kann mit Verlustvorträgen im Sinne von § 10d EStG in Verbindung mit § 8 Abs. 1 KStG bzw. § 10a GewStG verrechnet werden.

7.2.1.2 Ertragsteuerliche Auswirkungen auf der Ebene der übernehmenden Personengesellschaft bzw. der Gesellschafter

Ist die übernehmende Personengesellschaft an der übertragenden Kapitalgesellschaft beteiligt, so entsteht in der Personengesellschaft nur dann ein *Übernahmegewinn*, wenn der Wert der übernommenen Wirtschaftsgüter über dem Buchwert der Beteiligung an der Kapitalgesellschaft liegt. In der Regel ist dies dann der Fall, wenn die Kapitalgesellschaft für die Wirtschaftsgüter einen Ansatz über dem Buchwert wählt. Die Personengesellschaft hat diese Wertansätze gemäß § 4 Abs. 1 UmwStG zu übernehmen. Ein Übernahmegewinn oder ein Übernahmeverlust ergibt sich gemäß § 4 Abs. 4 UmwStG aus dem Unterschiedsbetrag zwischen dem Buchwert der Anteile an der übertragenden Kapitalgesellschaft und dem Wertansatz der übernommenen Wirtschaftsgüter.[212] Die Personengesellschaft, die zuvor Gesellschafterin der Kapitalgesellschaft war, bucht die Beteiligung an der Kapitalgesellschaft aus und das übergegangene Vermögen ein. Der Übernahmegewinn ist gemäß § 4 Abs. 5 UmwStG um die nach § 10 Abs. 1 UmwStG anzurechnende Körperschaftsteuer[213] zu erhöhen und unterliegt der ungemilderten Einkommensteuer,[214] auch wenn die übernehmende Personengesellschaft zu 100% an der übertragenden Kapitalgesellschaft beteiligt ist. Das heißt, es handelt sich hierbei nicht um laufende Einkünfte aus dem Gewerbetrieb, die nach § 32c EStG in den Genuß der Tarifkappung kommen.[215] Der Gewinn ist gemäß § 18 Abs. 2 UmwStG nicht der Gewerbesteuer zu unterwerfen. Die Hinzurechnung der Körperschaftsteuer erfolgt außerhalb der Bilanz.[216]

Die Anrechnung der Körperschaftsteuer, die auf dem verwendbaren Eigenkapital der Kapitalgesellschaft lastet, wird durch § 10 UmwStG geregelt, welcher eine Doppelbelastung der von der Kapitalgesellschaft erwirtschafteten Erträge vermeidet. Die The-

---

[211] Vgl. auch Herzig (1996), S. 34; Weber-Grellet (1997), S. 655-657, insbes. S. 655.
[212] Zu den Besonderheiten bei der Berechnung des Übernahmegewinns oder Übernahmeverlusts, die hier nicht angesprochen werden, vgl. z.B. Haritz (1996), S. 1409-1414; Knopf/Söffing (1995a), S. 851-852.
[213] Vgl. Haritz/Benkert (1996), § 10, Anm. 15-19.
[214] Vgl. Widmann/Mayer (1997), UmwStG 1995/Kurzkommentierung, Rz. S235-237 und S257; Gosch (1995), S. 1271-1272.
[215] Vgl. Wochinger/Dötsch (1994), S. 7.
[216] Vgl. Dötsch (1996), § 36 EStG, Tz. 96; Haritz/Benkert (1996), § 4, Anm. 86-91.

saurierung des Übertragungsgewinnes würde anderenfalls dazu führen, daß der Übertragungsgewinn als Mehrvermögen auf die Personengesellschaft übergehe und bei dieser den Übernahmegewinn erhöhte. Ohne die Möglichkeit der Anrechnung der Körperschaftsteuer würden Übertragungs- bzw. Übernahmegewinne sowohl mit Körperschaftsteuer als auch mit Einkommensteuer belastet werden. Auf die vorherige Herstellung der Ausschüttungsbelastung in der Kapitalgesellschaft wird verzichtet. Ein Übernahmegewinn erhöht sich und ein Übernahmeverlust vermindert sich gemäß § 4 Abs. 5 UmwStG um die anrechenbare Körperschaftsteuer.[217]

Die anzurechnende Körperschaftsteuer wird im Fall der Verschmelzung durch Neugründung im Verhältnis der Beteiligung am Nennkapital und bei Verschmelzung durch Aufnahme im Verhältnis des Gewinnverteilungsschlüssels den Mitunternehmern der Personengesellschaft zugerechnet.[218]

Insgesamt führen die Regelungen des Umwandlungssteuergesetzes dazu, daß der Gewinn bei den Gesellschaftern der übernehmenden Personengesellschaft unter Anrechnung der Körperschaftsteuer versteuert wird und Gewerbesteuer durch die Kapitalgesellschaft abgeführt werden muß. Eine Doppelbelastung mit Einkommen- und Körperschaftsteuer ist auf diese Weise systemkonform ausgeschlossen.

Durch die Vereinigung von wechselseitigen Forderungen und Verbindlichkeiten in unterschiedlicher Höhe der an der Umwandlung beteiligten Rechtsträger oder auch durch die Auflösung von Rückstellungen, die eine Gesellschaft wegen einer ungewissen Verpflichtung gegenüber der anderen Gesellschaft gebildet hat und der keine entsprechende Forderung gegenübersteht, kann ein *Übernahmefolgegewinn* entstehen. Dieser erhöht den laufenden Gewinn der übernehmenden Personengesellschaft. Allerdings hat die Personengesellschaft die Möglichkeit, eine den steuerlichen Gewinn mindernde Rücklage zu bilden (§ 6 Abs. 1 UmwStG), die in den folgenden 3 Jahren gewinnerhöhend aufzulösen ist. Der Übernahmefolgegewinn ist damit im Gegensatz zum Übernahmegewinn auch gewerbesteuerpflichtig und kommt auch in den Genuß der Tarifkappung des § 32c EStG bei der Einkommensteuer.[219]

Als steuerliche Besonderheiten zu beachten sind die folgenden Aspekte:

- *Der Buchwert der Beteiligung ist niedriger als der Buchwert des übergehenden Vermögens*
  Liegt der Buchwert der Beteiligung der Personengesellschaft an der Kapitalgesellschaft unter dem Buchwert des Vermögens der übertragenden Gesellschaft, so ist eine erfolgsneutrale Verschmelzung nicht möglich. Auch ohne die Auflösung der stillen Reserven auf der Ebene der Kapitalgesellschaft entsteht ein Übernahmegewinn.

---

[217] Vgl. Dötsch (1996), § 36 EStG, Tz. 88-101; Haritz/Benkert (1996), § 10, Anm. 1.
[218] Vgl. Haritz/Benkert (1996), § 10, Anm. 17.
[219] Vgl. Dötsch (1996), Anh. UmwStG, Tz. 116-120a., Schulze zur Wiesche (1995), S. 661.

- *Übernahmeverlust*

  Wenn der Buchwert der Anteile an der Kapitalgesellschaft bei der Personengesell-schaft den Wert des übernommenen Vermögens übersteigt, entsteht ein Über-nahmeverlust im Sinne des § 4 Abs. 4 UmwStG. Gemäß § 4 Abs. 5 Satz 1 UmwStG bleibt ein Übernahmeverlust außer Ansatz, soweit das übergehende Vermögen einen negativen Wert annimmt.[220] Liegt ein Übernahmeverlust vor, so ist dieser gemäß § 4 Abs. 5 UmwStG um die anzurechnende Körperschaftsteuer im Sinne des § 10 Abs. 1 UmwStG zuzüglich eines Sperrbetrags im Sinne des § 50c EStG zu min-dern.[221] Ein verbleibender Übernahmeverlust kann dadurch verringert werden, daß die Wirtschaftsgüter in der Personengesellschaft bis zum Teilwert aufgestockt wer-den. Ein darüber hinausgehender Betrag ist gemäß § 4 Abs. 6 UmwStG als Anschaf-fungskosten für übernommene, von der übertragenden Kapitalgesellschaft selbstge-schaffene, immaterielle Wirtschaftsgüter zu aktivieren.[222] Verbleibt dann noch ein Übernahmeverlust, so mindert dieser nicht den laufenden Gewinn der übernehmen-den Personengesellschaft, sondern ist zu aktivieren und über 15 Jahre abzuschrei-ben. Durch die Zustimmung des Bundesrates am 5.9.1997 zu einer entsprechenden Gesetzesänderung wurde das Umwandlungssteuergesetz korrigiert.[223] Hierbei ist je-doch die Beschränkung des § 15a EStG unter Umständen zu beachten.[224]

  Des weiteren zu berücksichtigen ist, daß die Finanzverwaltung die Aufstockung der Wertansätze der Wirtschaftsgüter bei der übernehmenden Personengesellschaft in Folge eines Übernahmeverlusts für Zwecke der Gewerbesteuer nicht anerkennt.[225] Die Konsequenz ist, daß sich die erhöhten Abschreibungen nicht mindernd auf die Gewerbesteuerlast auswirken.

- *Abschreibungen*

  Die Personengesellschaft tritt entsprechend dem Grundsatz der Gesamtrechts-nachfolge, insbesondere hinsichtlich der Abschreibungen, in die Rechtsstellung der übertragenden Kapitalgesellschaft ein.[226] Lediglich im Fall eines Übernahmeverlu-stes dürfen bei der Personengesellschaft Wertaufstockungen bis zum Teilwert der Wirtschaftsgüter vorgenommen werden. Die übergegangenen Wirtschaftsgüter gel-ten für die Personengesellschaft steuerrechtlich, im Gegensatz zum Handelsrecht, nicht als angeschafft.[227] Wird von einer Buchwertverknüpfung ausgegangen, so er-

---

[220] Vgl. Dötsch (1997), S. 2090; Haritz (1997), S. 783.

[221] Vgl. Dötsch (1997), S. 2090.

[222] Vgl. Widmann/Mayer (1997), UmwStG 1995/Kurzkommentierung, Rz. S252, 1. Absatz; Dötsch (1996), Anh. UmwStG, Tz. 75-79; Maiterth (1995), S. 1983.

[223] Vgl. Gesetz zur Fortsetzung der Unternehmenssteuerreform, 29.10.1997, BStBl. 1997 I, S. 928; vgl. auch. Blumers/Beinert (1997a), S. 1880; Dötsch (1997), S. 2091; Haritz (1997), S. 783-784. Zuvor min-derte ein verbleibender Übernahmeverlust den laufenden Gewinn der Personengesellschaft. Vgl. zur al-ten Rechtslage z.B. Widmann/Mayer UmwStG 1995/Kurzkommentierung, Rz. S252, 1. Absatz.

[224] Vgl. Diers (1997), S. 1871; Krebs (1997a), S. 2026.

[225] Vgl. Blumers/Beinert (1997b), S. 1637; Diers (1997), S. 1870 mit kritischen Anmerkungen zu dieser Gesetzesauslegung.

[226] Vgl. Widmann/Mayer (1997), UmwStG 1995/Kurzkommentierung, Rz. S290.

[227] Vgl. Widmann/Mayer (1997), UmwStG 1995/Kurzkommentierung, Rz. S288.

folgen die Abschreibungen in der Personengesellschaft wie zuvor bei der Kapitalgesellschaft. Bei einem höheren Ansatz wegen Wertaufstockung aufgrund eines Übernahmeverlustes oder wegen der Auflösung stiller Reserven in der Kapitalgesellschaft gelten die folgenden Regeln:[228]

– Bei beweglichen, abnutzbaren Wirtschaftsgütern gilt als Bemessungsgrundlage ihr Wertansatz in der Schlußbilanz der Kapitalgesellschaft, also der Buchwert zuzüglich aufgedeckter stiller Reserven. Für die Berechnung des jährlichen Abschreibungsbetrages für diese Wirtschaftsgüter wird deren Restnutzungsdauer zugrunde gelegt. Die aufgedeckten stillen Reserven haben damit auf die AfA die gleichen Auswirkungen wie nachträgliche Anschaffungskosten.[229]

– Bei Gebäuden, die nach § 7 Abs. 4 EStG abgeschrieben werden, wird dieser erneut angewendet. Die Bemessungsgrundlage setzt sich zusammen aus den Anschaffungs- oder Herstellungskosten vermehrt um aufgedeckte stille Reserven. Wird in den Fällen des § 7 Abs. 4 Satz 1 EStG die volle Absetzung innerhalb der tatsächlichen Nutzungsdauer nicht erreicht, kann die Abschreibung nach der Restnutzungsdauer der Gebäude bemessen werden.[230]

– Wurde ein Gebäude bei der Kapitalgesellschaft nach § 7 Abs. 5 EStG abgeschrieben, so wird diese Abschreibung beim übernehmenden Rechtsträger unverändert fortgesetzt.[231]

Das Charakteristikum der Gesamtrechtsnachfolge erlangt außerdem etwa im Zusammenhang mit Investitionszulagen, 6b-Rücklage und Sonderabschreibungen Bedeutung, wenn es um die Ermittlung von Besitzzeiten geht.[232]

• *Pensionsrückstellungen*
In der Kapitalgesellschaft gebildete Pensionsrückstellungen dürfen von der Personengesellschaft übernommen werden. Neuzuführungen zu Pensionsrückstellungen sind jedoch nicht mehr zulässig.

• *Steuerlicher Verlustvortrag in der übertragenden Kapitalgesellschaft*
Ein der Kapitalgesellschaft zustehender steuerlicher Verlustvortrag im Sinne von § 8 Abs. 1 KStG i.V.m. § 10d EStG sowie § 10a GewStG kann gemäß § 4 Abs. 2 UmwStG nicht von der Personengesellschaft übernommen werden. Er kann unter Umständen durch die Aufstockung stiller Reserven in entsprechender Höhe in der Schlußbilanz der Kapitalgesellschaft ausgeglichen werden.[233] Da die Personengesellschaft den Wertansatz der Kapitalgesellschaft übernehmen muß, entsteht in der Personengesellschaft in der Regel ein Übernahmegewinn als Folge der Auflösung

---

[228] Vgl. Dötsch (1996), Anh. UmwStG, Tz. 92a; Wochinger/Dötsch (1994), S. 7.

[229] Vgl. Widmann/Mayer (1997), UmwStG 1995/Kurzkommentierung, Rz. S296; vgl. zu nachträglichen Anschaffungskosten Biergans (1992), S. 452; R 44 Abs. 11 EStR.

[230] Gemäß R 44 Abs. 11 EStR; vgl. auch Widmann/Mayer (1997), UmwStG 1995/Kurzkommentierung, Rz. S292-S293.

[231] Vgl. Widmann/Mayer (1997), UmwStG 1995/Kurzkommentierung, Rz. S294.

[232] Vgl. Haritz/Benkert (1996), § 4, Anm. 66; Wochinger/Dötsch (1994), S. 7.

[233] Vgl. Wochinger/Dötsch (1994), S. 7-8.

stiller Reserven beim übertragenden Rechtsträger. Der höhere Wertansatz bei der Personengesellschaft wirkt sich in den folgenden Perioden allerdings gegebenenfalls durch höhere Abschreibungsbeträge gewinnmindernd aus.[234]

Außerdem ist zu beachten, daß bei der übertragenden Kapitalgesellschaft in der Regel der gewerbesteuerliche Verlustvortrag vom körperschaftsteuerlichen abweicht, so daß bei einem erhöhten Wertansatz, der gerade den körperschaftsteuerlichen Verlust ausgleicht, auf Ebene der Gewerbesteuer ein Differenzbetrag entsteht, der sich steuerlich nachteilig auswirken kann und unter Umständen die augenscheinliche Vorteilhaftigkeit eines Zwischen- oder Teilwertansatzes in Frage stellt.[235]

Erwähnenswert sind auch die folgenden steuerlichen Spezifika in Abhängigkeit von der Art der Beteiligung an der übertragenden Kapitalgesellschaft:[236]

- *Anteile im Betriebsvermögen eines Gesellschafters*
  Wurden Anteile innerhalb der letzten 5 Jahre in das Betriebsvermögen der Personengesellschaft eingelegt, so sind die Anteile mit ihren Anschaffungskosten anzusetzen, falls diese den Buchwert unterschreiten. Auf die Weise werden Wertsteigerungen seit der Anschaffung dieser Anteile mit in den Übernahmegewinn einbezogen.[237] Es wird verhindert, daß Anteile unmittelbar vor der Umwandlung zum Teilwert in ein Betriebsvermögen eingelegt werden, und somit die offenen und stillen Reserven der Besteuerung entzogen werden.[238]

- *Wesentliche Beteiligung im Privatvermögen (§ 17 EStG)*
  Besteht eine wesentliche Beteiligung an der übertragenden Kapitalgesellschaft im Sinne des § 17 EStG, die von einem Mitunternehmer der übernehmenden Personengesellschaft im Privatvermögen gehalten wird, gilt diese gemäß § 5 Abs. 2 UmwStG als mit den historischen Anschaffungskosten eingelegt.[239] Wie im zuvor beschriebenen Fall wird so die spätere Besteuerung der bis zum Übertragungsstichtag bei der Kapitalgesellschaft aufgelaufenen stillen Reserven bei Buchwertansatz im Falle einer späteren Veräußerung des Anteils gewährleistet. Eine erfolgsneutrale Umwandlung ist hier zulässig. Sollte jedoch bei einer späteren Veräußerung ein Veräußerungsverlust realisiert werden, so ist dieser nicht berücksichtigungsfähig (§ 5 Abs. 2

---

[234] Vgl. auch Müller-Gatermann (1993), S. 724; Dötsch (1996), Anh. UmwStG, Tz. 82-82a.

[235] Vgl. Schaumburg/Rödder (1995), § 3 UmwStG, Rz. 18.

[236] Eine besonders gute Übersicht über die verschiedenen steuerlichen Folgen der Verschmelzung einer Kapitalgesellschaft auf eine Personengesellschaft, die auch die im folgenden beschriebenen Besonderheiten mit berücksichtigt, findet sich bei Dötsch (1996), Anh. UmwStG, Tz. 97.

[237] Vgl. Widmann/Mayer (1997), UmwStG 1995/Kurzkommentierung, Rz. S241, Maiterth (1995), S. 1985.

[238] Vgl. § 5 Abs. 3 UmwStG; Dötsch, Anh. UmwStG, Tz. 102-104, vgl. vor allem die Übersicht über die Mißbrauchsvorschriften des § 5 Abs. 3 UmwStG, ebenda, Tz. 103/1.

[239] Vgl. § 6 Abs. 1 Nr. 5 Satz 1 Buchst. b EStG; Widmann/Mayer (1997), UmwStG 1995/Kurzkommentierung, Rz. S241; vgl. auch Maiterth (1995), S. 1985.

UmwStG i.V.m. § 17 Abs. 2 Satz 4 EStG).[240] Durch das Gesetz zur Fortsetzung der Unternehmenssteuerreform wurde allerdings § 5 Abs. 2 UmwStG um Satz 2 erweitert, der nur solche Beteiligungen als Anteile im Sinne des § 17 EStG anerkennt, bei denen die Berücksichtigung eines Verlustes gemäß § 17 Abs. 2 Satz 4 EStG möglich wäre.[241] Kann die Einlagefiktion nicht vorgenommen werden, so wird auch eine wesentliche Beteiligung steuerlich wie eine unwesentliche Beteiligung behandelt.[242]

- *Einbringungsgeborene Anteile*
  Einbringungsgeborene Anteile im Sinne des § 21 UmwStG, also durch Sacheinlage in die Kapitalgesellschaft unter Teilwert erworbene Anteile, gelten gemäß § 5 Abs. 4 UmwStG als zu historischen Anschaffungskosten in das Betriebsvermögen eingelegt. In diesem Fall gelten auch Anteile nicht wesentlich beteiligter Anteilseigner ausnahmsweise zum Übertragungsstichtag als eingelegt.[243] Die Besteuerung erfolgt damit auf der Ebene der Personengesellschaft, das heißt, genauer bei deren Mitunternehmern und nicht wie sonst üblich beim Anteilseigner der Kapitalgesellschaft.[244]

- *Unwesentliche Beteiligung im Privatvermögen*
  Befinden sich nicht alle Anteile der übertragenden Kapitalgesellschaft im Betriebsvermögen der Personengesellschaft, bleibt bei der Ermittlung des Übernahmegewinns oder -verlustes der Wert der übergegangenen Wirtschaftsgüter, der auf diese Anteile im Privatvermögen, die eine unwesentliche Beteiligung darstellen, entfällt, außer Ansatz. Somit entsteht kein Übernahmegewinn bei Anteilen, die ein nicht wesentlich beteiligter Anteilseigner im Privatvermögen hält.[245]
  Jedoch werden die aufgelösten stillen Reserven auch in diesem Fall steuerlich erfaßt, indem die Umwandlung bei den nicht wesentlich beteiligten Gesellschaftern einer Ausschüttung des anteiligen verwendbaren Eigenkapitals gleichgestellt wird. Der Gesellschafter hat seine Einkünfte nach § 7 UmwStG zu ermitteln. Er erzielt Einkünfte aus Kapitalvermögen entsprechend seiner Beteiligung am verwendbaren Eigenkapital. Das verwendbare Eigenkapital erhöht sich aufgrund eines Wertansatzes über dem Buchwert um die aufgelösten stillen Reserven nach Berücksichtigung der Körperschaftsteuer. Das verwendbare Eigenkapital wird so behandelt als sei es ausgeschüttet worden. Die Einkünfte des Gesellschafters setzen sich gemäß § 7 UmwStG aus dem anteiligen verwendbaren Eigenkapital mit Ausnahme des Fonds EK04 der Kapitalgesellschaft und der ihm nach § 10 UmwStG anzurechnenden

---

[240] Vgl. Blumers/Beinert (1997a), S. 1880; Dötsch (1997), S. 2093.
[241] Vgl. hierzu genauer Füger/Rieger (1997), S. 1439-1440; Förster (1997), S. 1786-1790; Krebs (1997a), S. 2028.
[242] Vgl. Dötsch (1996), Anh. UmwStG, Tz. 105; vgl. auch ausführlich zu einbringungsgeborenen Anteilen Crezelius (1996), S. 79-92.
[243] Vgl. Haritz/Benkert (1996), § 5, Anm. 70 und 110; Maiterth (1995), S. 1985.
[244] Vgl. Widmann/Mayer (1997), UmwStG 1995/Kurzkommentierung, Rz. S270.
[245] Vgl. Dötsch (1996), Anh. UmwStG, Tz. 110-112b, vgl. vor allem die Übersicht ebenda, Tz. 112a; vgl. auch Haritz/Benkert (1996), § 4, Anm. 190; Wochinger/Dötsch (1994), S. 7.

156

Körperschaftsteuer zusammen. Gewerbesteuer fällt in der Regel nicht an (§ 18 Abs. 2 UmwStG).[246]

Wird ein Wertansatz unter dem Teilwert gewählt, so führt dies dazu, daß die im Zeitpunkt der Verschmelzung in den Anteilen ruhenden stillen Reserven bei einer späteren Realisierung bei der Personengesellschaft bei den Mitunternehmern zu versteuern sind. In diesem Fall wird eine Vermögensmehrung, die unter Umständen im Privatbereich stattgefunden hat und damit an sich steuerfrei ist, der Besteuerung unterworfen.[247]

Da die ursprünglichen Anschaffungskosten der Anteile an der übertragenden Kapitalgesellschaft bei unwesentlich Beteiligten steuerlich unberücksichtig bleiben, kann es zu einer Doppelbesteuerung kommen. Hat der unwesentlich Beteiligte bei der Anschaffung der Anteile bereits für stille oder offene Reserven bezahlt und wurden diese beim Veräußerer besteuert, so werden die einmal versteuerten stillen Reserven im Zuge der Umwandlung erneut steuerlich erfaßt.[248]

Ein verdeutlichendes Anwendungsbeispiel zu den steuerlichen Folgen von Anteilen an der untergehenden Kapitalgesellschaft im Betriebsvermögen oder im Privatvermögen findet sich z.B. bei Dötsch.[249]

7.2.1.3 Ertragsteuerliche Vorteilhaftigkeits- und Gestaltungsüberlegungen bei der Verschmelzung einer Kapitalgesellschaft auf eine Personengesellschaft

Will man am Umwandlungsstichtag den Wertansatz der zu übertragenden Wirtschaftsgüter so wählen, daß der Barwert der resultierenden Steuerlast möglichst gering ist, so darf nicht nur der Umwandlungszeitpunkt selbst, sondern muß ein längerer Zeithorizont betrachtet werden. Das Bewertungswahlrecht ermöglicht es, stille Reserven im Umwandlungszeitpunkt ganz oder teilweise aufzulösen und auf diese Weise ein zukünftiges Aufwandspotential durch höhere Abschreibungen zu schaffen oder aber die Besteuerung der stillen Reserven aufzuschieben.[250] Die Entscheidung über den Bewertungsansatz erfolgt mit dem Ziel, den End- oder Barwert der durch die Umwandlung oder Einbringung sowie in den Folgeperioden ausgelösten Steuerzahlungen zu minimieren. Eine derartige Steuerminimierung läßt sich jedoch auf diese Weise nur dann durchführen, wenn alle nichtsteuerlichen Einzahlungen und Auszahlungen bekannt und sicher sind.[251] Da dies in der Realität meistens nicht der Fall ist, kommt es durch die unsichere

---

[246] Vgl. Haritz/Benkert (1996), § 7, Anm. 12-13. Eine Ausnahme besteht im Fall von § 18 Abs. 4 UmwStG.
[247] Vgl. Widmann/Mayer (1997), UmwStG 1995/Kurzkommentierung, Rz. S271-S272, S333-S334 m.w.N; Haritz/Benkert (1996), § 7, Anm. 30-31. Zu Sonderfällen der Besteuerung bei unwesentlicher Beteiligung vgl. Haritz (1996), S. 1413-1414.
[248] Vgl. Haritz (1996), S. 1413-1414.
[249] Vgl. Dötsch (1996), Anh. UmwStG, Tz. 115.
[250] Vgl. Schaum (1994), S. 2; Wochinger/Dötsch (1994), S. 11.
[251] Vgl. Wagner/Dirrigl (1980), S 24-26.

Entwicklung der zukünftigen Zahlungsströme zu Ungenauigkeiten, die die Aussage-kraft eines Vorteilhaftigkeitsvergleichs reduzieren oder zumindest relativieren.[252]

Die Beurteilung der Vorteilhaftigkeit bestimmter steuerlicher Gestaltungsmaßnah-men entspricht dem Problem der Beurteilung von Investitionsalternativen, das mit Hilfe des Kapitalwertkriteriums unter bestimmen Annahmen gelöst werden kann. Als Alter-nativen gilt es, die sofortige Auflösung der stillen Reserven gegenüber der Verlagerung der Besteuerung in die Zukunft mit allen steuerlichen Folgewirkungen gegeneinander abzuwägen.[253] Dabei werden in den Kalkül die durch die betreffende Gestaltungsmaß-nahme ausgelösten Steuermehr- und -minderzahlungen einbezogen.

Konzentriert man sich auf die steuerlichen Aspekte der Umwandlung, so muß bei der Betrachtung des Barwertes der hervorgerufenen Steuerzahlungen zusätzlich die Interessenidentität der Steuerpflichtigen unterstellt werden. Auf diese Weise wird die Verteilung der Steuerzahlungen auf die einzelnen Steuerpflichtigen aus der Analyse ausgeblendet und so von den individuellen Präferenzen abstrahiert. Auf die Problematik der Anwendung eines geeigneten Kalkulationszinsfußes und damit zusammenhängend des richtigen Grenzsteuersatzes wurde bereits in Kapitel 3 hingewiesen. Inbesondere dann, wenn davon ausgegangen wird, daß Gewinne ausgeschüttet werden, kann sich die Vorteilhaftigkeitsanalyse nur noch auf die Gesamtsteuerbelastung konzentrieren. Es müßte hierzu geklärt werden, aus wessen Sicht der Barwert der Steuerzahlungen mini-miert werden soll, was ohne Berücksichtigung der Entscheidungsstrukturen und Mehr-heitsverhältnisse in der Regel nicht möglich ist.

Für die Berechnungen ist es erforderlich, einen Planungshorizont ex ante festzule-gen. Dadurch werden jedoch die steuerlichen Auswirkungen nach dem zeitlichen Pla-nungshorizont aus der Betrachtung ausgeklammert. Diese Vereinfachung relativiert die Aussagekraft etwaiger Handlungsempfehlungen.

Die folgenden Faktoren können einen Einfluß auf die Entscheidung über den Wertansatz und damit über die ertragsteuerliche Bemessungsgrundlage haben:
– Die individuelle Einkommensteuerprogression, die durch subjektive Tatbestände, wie Gewinnentwicklung oder Einkünfte aus anderen Quellen hervorgerufen wird.
– Die zukünftige Gewinnentwicklung.
– Das Ausschüttungsverhalten während des Planungshorizontes.
– Die Möglichkeit eines Verlustabzuges.
– Die zukünftige Entwicklung von Zinsen, Steuersätzen, -tarifen.

Um einen Eindruck über mögliche ertragsteuerliche Gestaltungen und den resultieren-den Auswirkungen zu liefern, werden hier und in den folgenden Kapiteln exemplarisch einige Szenarien aufgezeigt, bei denen das Umwandlungssteuerrecht eine Senkung der Ertragsteuerbelastung durch Gestaltungsmaßnahmen gestattet.

---

[252] Zu den verschiedenen Vorteilhaftigkeitskriterien bei Rechtsform- bzw. Bewertungsentscheidungen vgl. z.B. Schneeloch (1994), S. 44-46, insbesondere das Schaubild auf S. 45.
[253] Vgl. Schaum (1994), S. 122-142, insbesondere S. 122-123.

Wird eine Kapitalgesellschaft auf eine Personengesellschaft verschmolzen, besteht für die Kapitalgesellschaft gemäß § 3 UmwStG die Möglichkeit, die übergehenden Wirtschaftsgüter mit dem Buchwert, Zwischenwert oder Teilwert anzusetzen und so gegebenenfalls stille Reserven in ihrem Betriebsvermögen aufzulösen. Eine Aufstockung der Werte der Wirtschaftsgüter in der Kapitalgesellschaft beeinflußt sowohl den Übertragungsgewinn oder -verlust bei der Kapitalgesellschaft als auch den Übernahmegewinn oder -verlust bei der Personengesellschaft.

Grundsätzlich ist der Buchwertansatz empfehlenswert, da so die Besteuerung der stillen Reserven in die Zukunft verlagert wird und auf diese Weise ein Zinsvorteil entsteht. Außerdem werden später realisierte stille Reserven als laufende Einkünfte dem gemilderten Einkommensteuertarif nach § 32c EStG unterworfen während ein Übernahmegewinn der Einkommensteuer nach § 32a EStG unterliegt.[254] Stehen dem Zinsvorteil keine anderen Effekte entgegen (z.B. Progressionseffekte), ist im Regelfall der Buchwertansatz vorteilhaft.

Anders könnte es aussehen, wenn in der Kapitalgesellschaft ein Verlustabzug im Sinne des § 10d EStG verbleibt oder wenn Anteile an der Kapitalgesellschaft im Privatvermögen gehalten werden.[255] Auf welche Weise hier die steuerliche Belastung minimiert werden kann, wird im folgenden gezeigt.

- *Verbleibender Verlustabzug im Sinne des § 10d EStG bei der Kapitalgesellschaft:*
  Da ein verbleibender steuerlicher Verlustabzug im Sinne des § 10d Abs. 3 Satz 2 und 3 EStG bei der übertragenden Kapitalgesellschaft gemäß § 4 Abs. 2 Satz 2 UmwStG nicht von der Personengesellschaft übernommen werden kann, gilt es abzuwägen, ob eine Aufstockung der Werte bei der Kapitalgesellschaft vorteilhaft ist.[256] Der dadurch entstehende Übertragungsgewinn bei der Kapitalgesellschaft könnte dann mit dem Verlustabzug verrechnet werden und diesen so entweder vollkommen kompensieren oder zumindest reduzieren.

  Bei der übernehmenden Personengesellschaft würde dieses Vorgehen zu einem höheren Übernahmegewinn auf der einen Seite und zu höheren Abschreibungen in den Folgeperioden auf der anderen Seite führen. Damit wäre im Umwandlungszeitpunkt eine größere Steuerlast zu tragen, der Steuerentlastungen in den Folgeperioden gegenüberstehen.[257] Die Höhe der abschreibungsbedingten Steuerersparnisse hängt neben dem Steuersatz auch von der Struktur des übernommenen Betriebsvermögens ab. Die Aufteilung der aufgelösten stillen Reserven auf abnutzbare und nicht abnutzbare Wirtschaftsgüter ist hier entscheidend. Der Barwert dieser beiden steuerlichen Effekte gibt Auskunft über die tatsächlichen steuerlichen Folgen der Wertaufstockung. In der Regel wird die Steuerbelastung der aufgedeckten stillen Reserven im Rahmen des Übernahmegewinns den Barwert der Steuerersparnisse

---

254 Vgl. Knopf/Söffing (1995b), S. 3411.
255 Vgl. Knopf/Söffing (1995b), S. 3411-3413.
256 Vgl. Maiterth (1995), S. 1983; Knopf/Söffing (1995a), S. 853-854.
257 Vgl. Knopf/Söffing (1995b), S. 3411-3412.

beim laufenden Gewinn der folgenden Perioden übersteigen.[258] Der Übernahmegewinn wird mit dem Tarif des § 32a EStG besteuert, unterliegt jedoch nicht der Gewerbesteuer (§ 18 Abs. 2 UmwStG), während laufende Gewinne nach § 32c EStG besteuert werden und so in den Genuß der Tarifkappung für gewerbliche Einkünfte kommen, andererseits jedoch der Gewerbesteuer unterworfen werden. Da die steuerliche Belastung, die sich aus der Summe von gemilderter Einkommensteuer und Gewerbesteuer ergibt, höher liegt als die ungemilderte Einkommensteuer, der der Übernahmegewinn unterliegt, führt die Aufstockung der stillen Reserven bei der Kapitalgesellschaft zur Verrechnung des Verlustabzuges ungeachtet von Zinseffekten letztlich zu keinen steuerlichen Vorteilen.

Bezieht man allerdings Zinseffekte mit in die Betrachtung ein, was angesichts der voneinander abweichenden Zeitpunkte der Besteuerung der aufgedeckten stillen Reserven bei der Buchwertfortführung einerseits und bei der Buchwertaufstockung andererseits erforderlich ist, so kommt es zu gegenläufigen Effekten. Dem Zinsvorteil der späteren Besteuerung bei Buchwertansatz steht der tarifliche Nachteil gegenüber. Allgemeingültige Aussagen lassen sich ohne Kenntnis der Zeitpunkte der Auflösung der stillen Reserven und ohne Angaben zum relevanten Kalkulationszinssatz nicht machen.

Eine Kompensation des untergehenden verbleibenden Verlustabzugs bei der Kapitalgesellschaft durch Wertaufstockung ist jedoch normalerweise nicht möglich.[259]

Für nicht wesentlich Beteiligte Gesellschafter besteht jedoch in der Aufdeckung der stillen Reserven die einzige Möglichkeit, den anteiligen Verlustvortrag der Kapitalgesellschaft steuerlich zu nutzen, da die Anteile nicht wesentlich Beteiligter nicht in die Ermittlung des Übernahmegewinns einbezogen werden. Wird der Buchwertansatz gewählt, so geht der Verlustvortrag für diese Gesellschafter unwiederbringlich verloren,[260] während sie bei einem höheren Wertansatz zumindest in den Genuß der steuerlichen Vorteile erhöhter Abschreibungen in der übernehmenden Personengesellschaft kommen.

Im Zusammenhang mit der fehlenden Übertragbarkeit eines Verlustabzuges auf die übernehmende Personengesellschaft stellt sich jedoch die Frage, ob eine Übertragung nicht bereits mittelbar erfolgt ist. Der Verlust hat sich bereits bei seiner Entstehung in der Kapitalgesellschaft mindernd auf das Vermögen ausgewirkt. Dieses reduzierte Vermögen geht durch die Umwandlung auf die Personengesellschaft über und führt somit bereits zu einem niedrigerem Übernahmegewinn.[261] Auf diese Weise wirkt sich der Verlustabzug der Kapitalgesellschaft mittelbar auch ohne ge-

---

[258] Ausnahme: Progressionseffekte bei der zukünftigen Besteuerung zehren den Zinsvorteil der späteren Besteuerung auf.

[259] Vgl. Knopf/Söffing (1995b), S. 3412; Maiterth (1995), S. 1984-1985. Hingewiesen sei auch auf die möglichen steuerlichen Folgen einer Abweichung des körperschaftsteuerlichen Verlustvortrages vom gewerbesteuerlichen.

[260] Vgl. Knopf/Söffing (1995a), S. 854.

[261] Vgl Dötsch (1996), Anh. UmwStG, Tz. 82.; Maiterth (1995), S. 1983-1984; Müller-Gatermann (1993), S. 725.

stalterische Maßnahmen auf den Übernahmegewinn bzw. -verlust der Personengesellschaft aus.

- *Im Privatvermögen gehaltene Anteile der übertragenden Kapitalgesellschaft:*
Werden die Anteile an der übertragenden Kapitalgesellschaft im Privatvermögen gehalten, so hängen die steuerlichen Konsequenzen davon ab, ob die Beteiligung eine wesentliche im Sinne von § 17 EStG ist oder aber unwesentlich ist.[262]

– *Wesentliche Beteiligung gemäß § 17 EStG i.V.m. § 5 Abs. 2 Satz 2 UmwStG*
Die Folge der Einlagefiktion des § 5 Abs. 2 UmwStG ist es, daß im Privatvermögen gehaltene Anteile im Sinne des § 17 EStG an der Kapitalgesellschaft so behandelt werden, als wären sie in das Betriebsvermögen der übernehmenden Personengesellschaft eingelegt worden. Die auf diesen Anteilen ruhenden stillen Reserven werden bei Teilwertansatz somit in vollem Umfang als Übernahmegewinn erfaßt, der ohne jede Vergünstigung[263] der Einkommensteuer unterliegt.[264]

Veräußern die Anteilseigner ihre wesentliche Beteiligung vor dem steuerlichen Übertragungsstichtag zum Teilwert an die übernehmende Personengesellschaft, so kann eine geringere steuerliche Belastung erreicht werden.[265] Der bei der Veräußerung einer wesentlichen Beteiligung entstehende Veräußerungsgewinn ist durch den Freibetrag des § 17 Abs. 3 EStG und die Tarifermäßigung des § 34 EStG begünstigt.[266] Diese Veräußerung ist von einer Einlage der Beteiligung in das Betriebsvermögen der Personengesellschaft zu unterscheiden.[267] Bei letzterer Gestaltung, bei der der Einlegende Mitunternehmer der übernehmenden Personengesellschaft wird, greift die Mißbrauchsvorschrift des § 5 Abs. 3 Satz 2 UmwStG, die lediglich die Einlage zu historischen Anschaffungskosten zuläßt. Bei der Veräußerung verzichtet der Veräußerer hingen auf seine Gesellschafterrechte.

Entscheidet man sich in der Kapitalgesellschaft für den Teilwertansatz, entsteht insoweit bei der übernehmenden Personengesellschaft kein Übernahmegewinn, da die erworbenen Anteile bereits mit dem Teilwert angesetzt wurden. Wählt die Kapitalgesellschaft den Buchwertansatz, so hat dies eine Verringerung des Übernahmegewinns oder die Erhöhung bzw. das Entstehen eines Übernahmeverlustes bei der Personengesellschaft zur Folge, da der Wert der Anteile im Betriebsvermögen der Personengsellschaft durch die Aufdeckung der in der wesentlichen Beteiligung ruhenden stillen Reserven höher ist als der Wert der übernommenen Wirtschaftsgüter, deren stille Reserven im Gegensatz dazu nicht auf-

---

[262] Vgl. abermals die Übersicht von Dötsch (1996), Anh. UmwStG, Tz. 97.
[263] §§ 17 Abs. 3 EStG und 34 EStG sind nicht anwendbar.
[264] Vgl. Maiterth (1995), S. 1985.
[265] Vgl. Dötsch (1996), Anh. UmwStG, Tz. 70b, 97, 101-101a.
[266] Vgl. Dötsch (1996), Anh. UmwStG, Tz. 104.
[267] Vgl. Widmann/Mayer (1997), UmwStG 1995/Kurzkommentierung, Rz. 241.

gedeckt werden. Verbleibt nach Berücksichtigung der anzurechnenden Körperschaftsteuer ein Übernahmeverlust, sind gemäß § 4 Abs. 6 UmwStG bei der Personengesellschaft die Wertansätze der übergegangenen Wirtschaftsgüter soweit aufzustocken, daß die steuerliche Bemessungsgrundlage gerade den Wert Null annimmt. Dies führt durch eine höhere Abschreibungsbasis in den Folgeperioden zu Steuerersparnissen.

Mit Hilfe einer Bareinlage können die ehemaligen Anteilseigner der untergegangenen Kapitalgesellschaft den Status eines Mitunternehmers zu einem späteren Zeitpunkt ohne steuerliche Konsequenzen wieder erhalten. Im Zusammenhang mit der Veräußerung der Beteiligung darf jedoch keine Verpflichtung der übernehmenden Personengesellschaft vertraglich festgelegt werden, den betreffenden Anteilseigner zu einem späteren Zeitpunkt erneut in entsprechendem Umfang zu beteiligen. Dies würde durch die Finanzverwaltung als Gestaltungsmißbrauch im Sinne von § 42 AO qualifiziert werden. Ebenso würde eine Stundung des Kaufpreises für die Anteile durch den Anteilseigner als Gestaltungsmißbrauch interpretiert werden. Die Veräußerung der Anteile setzt somit eine entsprechende Liquidität der Übernehmerin voraus.[268] Zu Unklarheiten im Zusammenhang mit einem Gestaltungsmißbrauch im Sinne von § 42 AO ist es durch den Entwurf des Einführungsschreiben zum Umwandlungsteuergesetz 1995 gekommen.[269]

– *Unwesentliche Beteiligung:*
Die Fiktion des § 5 Abs. 2 UmwStG der Einlage in das Betriebsvermögen der Personengesellschaft gilt nicht für unwesentliche Beteiligungen. Daher bleibt der Wert der übergegangenen Wirtschaftsgüter bei der Ermittlung des Übernahmegewinns bei der Personengesellschaft gemäß § 4 Abs. 4 Satz 3 UmwStG außer Ansatz, soweit er auf diese Anteile entfällt. Für diese Anteile entsteht aus diesem Grund kein Übernahmegewinn. Die Besteuerung nach § 7 UmwStG. Die in den Anteilen ruhenden stillen Reserven werden erst bei der Auflösung in der übernehmenden Personengesellschaft steuerlich erfaßt.

Wählt die Kapitalgesellschaft für die übergehenden Wirtschaftsgüter einen über dem Buchwert liegenden Wertansatz, so entsteht bei ihr ein Übertragungsgewinn. Durch die Aufdeckung der stillen Reserven des Betriebsvermögens der Kapitalgesellschaft erhöhen sich die offenen Rücklagen und damit auch das verwendbare Eigenkapital und somit gemäß § 7 UmwStG auch die Einkünfte aus Kapitalvermögen der nicht wesentlich beteiligten Anteilseigner. Wird hingegen der Buchwertansatz gewählt, so fallen weder ein Übertragungsgewinn noch ein Übernahmegewinn an. Eine Besteuerung der stillen Reserven erfolgt dann bei deren späterer Auflösung in der Personengesellschaft. Hierbei handelt es sich dann allerdings um die Besteuerung von Einkünften aus Gewerbebetrieb.

---

[268] Vgl. Dötsch (1996), Anh. UmwStG, Tz. 104 und 112b; Rödder (1995), S. 1990.
[269] Vgl. dazu im einzelnen Hörger (1996), S. 240-242; Herzig/Förster (1997), S. 602 einerseits und Diers (1997), S. 1872 hinsichtlich der Interpretation der Finanzverwaltung.

Anders als bei wesentlich Beteiligten kann bei nicht wesentlich beteiligten Gesellschaftern der Besteuerung durch die Veräußerung der betreffenden Anteile an die Übernehmerin oder durch die Veräußerung an wesentlich beteiligte Gesellschafter vor dem steuerlichen Übertragungsstichtag nicht ausgewichen werden. Im Gegensatz zur Vorabveräußerung einer wesentlichen Beteiligung kann die Besteuerung aufgedeckter stiller Reserven auf diese Weise nicht gänzlich vermieden werden, obwohl nun die Wertsteigerung im Privatvermögen nach den Grundsätzen des Einkommensteuergesetzes einkommensteuerfrei ist.[270] Zu einer Besteuerung des Veräußerungsgewinns der nicht wesentlich Beteiligten kann es folgerichtig nur kommen, wenn der Spekulationstatbestand des § 23 EStG erfüllt ist.[271] Die Veräußerung führt jedoch bei der Wahl des Teilwertansatzes dazu, daß der Übernahmegewinn bei der übernehmenden Personengesellschaft nicht nur die nicht durch einen Vorabverkauf aufgelösten stillen Reserven enthält. Auch die ursprünglich auf den Anteilen nicht wesentlich Beteiligter ruhenden Reserven müssen gemäß § 50c Abs. 11 EStG i.V.m. § 4 Abs. 5 UmwStG in den Übernahmegewinn einbezogen werden. Der Übernahmegewinn ist um den Sperrbetrag im Sinne des § 50c Abs. 4 EStG zu erhöhen.[272] Ein Vorabverkauf bei Teilwertansatz dürfte damit in der Regel steuerlich ungünstiger sein als ein Buchwertansatz ohne vorherige Anteilsveräußerung. Durch den Buchwertansatz wird die Besteuerung der stillen Reserven zeitlich in die Zukunft verlagert.

7.2.2 Die Verschmelzung zweier oder mehrerer Kapitalgesellschaften

Die übertragende Kapitalgesellschaft geht mit dem Vermögensübergang auf die übernehmende Kapitalgesellschaft unter. Die im Vermögen der übernehmenden Kapitalgesellschaft vorhandenen Anteile an der übertragenden Kapitalgesellschaft werden ausgebucht. An ihre Stelle tritt das übergegangene Vermögen.

Von dieser Art der Verschmelzung ist wiederum die Beteiligung einer Kapitalgesellschaft an einer anderen Kapitalgesellschaft durch Einbringung eines Betriebs, Teilbetriebs oder Mitunternehmeranteils in die andere Kapitalgesellschaft zu unterscheiden. Steuerrechtlich wird dieser Fall durch die §§ 20-23 UmwStG geregelt.

Wie im vorbeschriebenen Fall geht auch bei der Verschmelzung einer (oder mehrerer) Kapitalgesellschaft(en) auf eine andere das Vermögen der übertragenden Kapitalgesellschaft auf eine bereits bestehende oder neu gegründete Kapitalgesellschaft unter Auflösung ohne Abwicklung im Wege der Gesamtrechtsnachfolge über. Die Anteilsinhaber der übertragenden Kapitalgesellschaft(en) erhalten für ihre Anteile eine Beteiligung an der übernehmenden Kapitalgesellschaft.[273]

---

[270] Vgl. Dötsch (1996), Anh. UmwStG, Tz. 70b und 112a.
[271] Vgl. Dötsch (1996), Anh. UmwStG, Tz. 99.
[272] Vgl. Dötsch (1997a), S. 2090-2091.
[273] Vgl. Widmann/Mayer (1997), vor §§ 46-49 UmwG, Rz. 11-14.

Die übernehmende Gesellschaft übernimmt das Vermögen der übertragenden Gesellschaft und tauscht die Gesellschaftsanteile oder Aktien der Gesellschafter oder Aktionäre der übertragenden Kapitalgesellschaft gegen solche der übernehmenden Gesellschaft ein. Da nur in den seltensten Fällen der Wertansatz des übernommenen Vermögens genau dem Buchwert der Gegenleistung oder dem Buchwert der dafür entfallenden Beteiligung entspricht, kommt es zu Verschmelzungsdifferenzen in Form eines Verschmelzungsgewinns oder -verlustes.[274]

7.2.2.1 Ertragsteuerliche Auswirkungen auf der Ebene der übertragenden Kapitalgesellschaft

Die steuerrechtlichen Grundlagen der Verschmelzung von Kapitalgesellschaften regeln die §§ 11-13 UmwStG.[275]

Gemäß § 11 Abs. 1 UmwStG können die Wirtschaftsgüter der übertragenden Kapitalgesellschaft in ihrer steuerlichen Schlußbilanz ungeachtet des handelsrechtlichen Ansatzes und damit des Maßgeblichkeitsgrundsatzes mit dem Buchwert, Zwischenwert oder Teilwert angesetzt werden, wobei der Teilwert die Höchstgrenze darstellt.[276] Das Wahlrecht steht der übertragenden Kapitalgesellschaft zu.[277] Voraussetzung für die Ausübung des Bewertungswahlrechtes ist, daß die spätere Besteuerung der stillen Reserven bei der übernehmenden Kapitalgesellschaft sichergestellt ist und keine Gegenleistung gewährt wird oder diese nur in Gesellschaftsrechten besteht (§ 11 Abs. 1 Satz 1 Nr. 1 und 2 UmwStG).[278] Anderenfalls sind die Wirtschaftsgüter mit dem Wert der Gegenleistung oder, wenn eine Gegenleistung nicht gewährt wird, mit dem Teilwert anzusetzen.[279] Die Folge ist ein körperschaft- und gewerbesteuerpflichtiger[280] Gewinn, der das verwendbare Eigenkapital der übertragenden Kapitalgesellschaft entsprechend erhöht.[281] Eine Ausschüttungsbelastung muß für den Vermögensübergang nicht hergestellt werden.[282]

Da die übertragenen Wirtschaftsgüter auch nach der Umwandlung im Bereich des Körperschaftsteuergesetzes bleiben, kann die Sicherstellung der Besteuerung der gege-

---

[274] Zu den handelsrechtlichen Grundlagen dieser Verschmelzungsart vgl. vor allem §§ 49-78 UmwG. Siehe ausführlich dazu Schaumburg/Rödder (1995), §§ 46-78 UmwG, vgl. ebenda auch die schematischen Darstellungen.

[275] Vgl. auch Schulze zur Wiesche (1995), S. 663-667.

[276] Vgl. z.B. Weber-Grellet (1997), S. 655-657; Widmann/Mayer (1997), UmwStG 1995/Kurzkommentierung, Rz. S374; Herzig (1996), S. 324.

[277] Vgl. Haritz/Benkert (1996), § 11, Anm. 9.

[278] Vgl. Dötsch (1996), Anh. UmwStG, Tz. 137; Fischer (1995), S. 488, Fußnote 32

[279] Vgl. Widmann/Mayer (1997), UmwStG 1995/Kurzkommentierung, Rz. S372.

[280] Vgl. § 19 UmwStG.

[281] Vgl. Widmann/Mayer (1997), UmwStG 1995/Kurzkommentierung, Rz. S375; Dötsch (1996), Anh. UmwStG, Tz. 132 und 135.

[282] Vgl. Dötsch (1996), Anh. UmwStG, Tz. 135 mit einer Übersicht der steuerlichen Folgen auch auf Ebene des verwendbaren Eigenkapitals.

benenfalls übertragenen stillen Reserven auf andere Art und Weise erfolgen als bei der zuvor beschriebenen Verschmelzungsvariante.

Sind die Voraussetzungen des § 11 Abs. 1 Satz 1 Nr. 1 und 2 UmwStG erfüllt, kann durch die Buchwertfortführung ein Übertragungsgewinn vermieden werden.

Die Möglichkeit der Ausübung des Bewertungswahlrechtes hängt neben der Sicherstellung der Besteuerung der stillen Reserven[283] auch von der Art der Gegenleistung ab, die den Anteilseignern der untergehenden Kapitalgesellschaft gewährt wird. Besteht die Gegenleistung ausschließlich aus Gesellschaftsrechten, so ist die spätere Besteuerung stiller Reserven sichergestellt. Dies ist nicht der Fall, wenn zusätzlich zu den Gesellschaftsrechten noch weitere Leistungen, wie z.B. Barleistungen, als Spitzenausgleich erbracht werden oder wenn widersprechende Gesellschafter eine Barabfindung erhalten. Somit können in Abhängigkeit von der Art der Gegenleistung die folgenden Fälle eintreten:

1. Es wird keine Gegenleistung gewährt.
2. Die Gegenleistung besteht aus Gesellschaftsrechten.
3. Die Gegenleistung besteht nicht aus Gesellschaftsrechten.
4. Die Gegenleistung besteht sowohl aus Gesellschaftsrechten als auch aus weiteren Leistungen.

Es liegt ein Vermögensübergang ohne Gewährung einer Gegenleistung vor, wenn die übernehmende Kapitalgesellschaft bereits vor der Verschmelzung zu 100% an der übertragenden Kapitalgesellschaft beteiligt war.[284] Der übertragenden Gesellschaft steht in diesem Fall das Bewertungswahlrecht zu, wobei beim Teilwertansatz ein originärer Firmenwert und nicht entgeltlich erworbene immaterielle Wirtschaftsgüter nicht angesetzt werden dürfen.[285] Die Auflösung der stillen Reserven kann vollkommen vermieden werden, indem die Wirtschaftsgüter mit dem Buchwert ansetzt werden.[286]

Hält die übernehmende Kapitalgesellschaft keine Beteiligung an der übertragenden Kapitalgesellschaft und gewährt sie den Anteilseignern der untergehenden Gesellschaft als Gegenleistung für die Vermögensübertragung ausschließlich Gesellschaftsrechte, so kann das Wahlrecht auch hier uneingeschränkt ausgeübt werden. Die Gewährung von Gesellschaftsrechten kann bei einer Verschmelzung durch Aufnahme in Form von alten Anteilen, die sich im Besitz der übernehmenden Gesellschaft befinden, erfolgen. Auch der Weg, über eine Kapitalerhöhung neue Anteile zu gewähren, steht offen. Bei einer Verschmelzung durch Neugründung ist naturgemäß nur die zweite Variante durchführbar.[287]

---

[283] Vgl. Haritz/Benkert (1996), § 11, Anm. 15.
[284] Vgl. Haritz/Benkert (1996), § 11, Anm. 31.
[285] Vgl. Dötsch (1996), Anh. UmwStG, Tz. 140j; Haritz/Benkert (1996), § 11, Anm. 42 und 43.
[286] Vgl. § 11 Abs. 1 UmwStG; Dötsch (1996), Anh. UmwStG, Tz. 140j.
[287] Vgl. Widmann/Mayer (1997), § 5 UmwG, Rz. 80-82.

Sind die Voraussetzungen des § 11 Abs. 1 UmwStG nicht erfüllt, so sind die Wirtschaftsgüter mit dem Wert der Gegenleistung anzusetzen,[288] wobei dieser der gemeine Wert im Sinne von § 9 BewG ist.[289]

Von praktischer Relevanz ist der Mischfall,[290] der wie folgt charakterisiert ist:

a) Die übernehmende Gesellschaft ist teilweise an der übertragenden Gesellschaft beteiligt. Insoweit wird keine Gegenleistung gewährt.

b) Die übrigen Anteilseigner der Überträgerin werden zum einen mit Anteilen der Übernehmerin abgefunden, das heißt, die Gegenleistung besteht in Gesellschaftsrechten, und erhalten zum anderen darüber hinaus eine Barzahlung als Spitzenausgleich, das heißt, die Gegenleistung besteht insoweit nicht in Gesellschaftsrechten.

Die auf den übertragenen Wirtschaftsgütern ruhenden stillen Reserven sind damit soweit aufzulösen, wie die für die Vermögensübertragung gewährte Gegenleistung nicht in Gesellschaftsrechten besteht. Dies könnte z.B. eine Barzuzahlung an die Anteilseigner der Überträgerin als Spitzenausgleich sein. Die einzelnen Wirtschaftsgüter sind insoweit mit dem auf sie entfallenden Teil der Gegenleistung anzusetzen.[291]

Wird eine möglichst niedrige Bewertung angestrebt und sind die Voraussetzungen des § 11 Abs. 1 Nr. 1 UmwStG erfüllt, ist ein Wirtschaftsgut mit seinem Buchwert und den anteilig aufgelösten stillen Reserven anzusetzen.

Der Wert der einzelnen Wirtschaftsgüter im Mischfall läßt sich folgendermaßen bestimmen:[292]

Zum Buchwert des Wirtschaftsgutes sind die anteiligen durch die Gegenleistung aufgelösten stillen Reserven hinzuzurechnen. Dieser Anteil ergibt sich aus dem Verhältnis von der nicht in Gesellschaftsrechten bestehenden Gegenleistung zur Gesamtgegenleistung multipliziert mit den auf dem betrachteten Wirtschaftsgut ruhenden stillen Reserven einschließlich anteiliger immaterieller originärer Wirtschatsgüter:

$$
\begin{aligned}
& \text{Buchwert des Wirtschaftsgutes} \\[1em]
+\ & \frac{\text{nicht in Gesellschaftsrechten bestehende Gegenleistung}}{\text{Gesamtgegenleistung}} \\[0.5em]
& \times (\text{ Teilwert des Wirtschaftsguts ./. Buchwert des Wirtschaftsguts }) \\[1em]
\hline
=\ & \text{Wertansatz des Wirtschaftsgutes}
\end{aligned}
$$

Der Mischfall kann graphisch folgendermaßen veranschaulicht werden:

---

[288] Vgl. § 11 Abs. 2 UmwStG

[289] Vgl. Haritz/Benkert (1996), § 11, Anm. 40 m.w.N; Widmann/Mayer (1997), § 14 UmwStG 77, Rz. 5837.

[290] Vgl. Haritz/Benkert (1996), § 11, Anm. 34 und 40.

[291] Vgl. Dötsch (1996), Anh. UmwStG, Tz. 140g; Haritz/Benkert (1996), § 11, Anm. 35 m.w.N.

[292] Vgl. Haritz/Benkert (1996), § 11, Anm. 35; Widmann/Mayer (1997), § 14 UmwG 77, Rz. 5887-5889.1.

übertragende Kapitalgesellschaft:

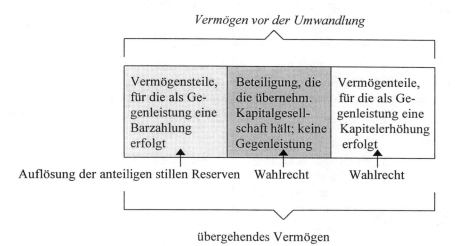

Vermögen vor der Umwandlung

| Vermögensteile, für die als Gegenleistung eine Barzahlung erfolgt | Beteiligung, die die übernehm. Kapitalgesellschaft hält; keine Gegenleistung | Vermögenteile, für die als Gegenleistung eine Kapitelerhöhung erfolgt |

Auflösung der anteiligen stillen Reserven   Wahlrecht   Wahlrecht

übergehendes Vermögen

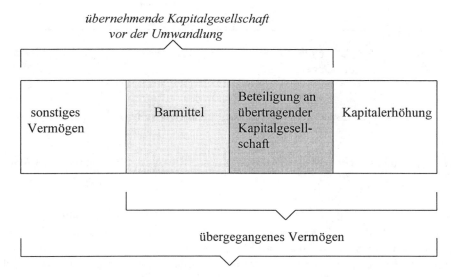

übernehmende Kapitalgesellschaft
vor der Umwandlung

| sonstiges Vermögen | Barmittel | Beteiligung an übertragender Kapitalgesellschaft | Kapitalerhöhung |

übergegangenes Vermögen

übernehmende Kapitalgesellschaft nach der Umwandlung

Abbildung 9: Der Mischfall bei der Verschmelzung zweier Kapitalgesellschaften

167

Die folgende Übersicht faßt die Möglichkeiten der Ausübung eines Wahlrechts in Abhängigkeit von der Art der Gegenleistung nochmals zusammen:

keine Gegenleistung, das heißt, bereits vorher zu 100% an der übertragenden Kapitalgesellschaft beteiligt	Wahlrecht
Gegenleistung = Gesellschaftsrechte, das heißt, übernehmende Kapitalgesellschaft ist nicht beteiligt, gewährt den Anteilseignern der übertragenden Kapitalgesellschaft Anteile z.B. durch Kapitalerhöhung	Wahlrecht
Gegenleistung ≠ Gesellschaftsrechte, z.B. Barzuzahlung	Wert der Gegenleistung wird angesetzt, das heißt, stille Reserven werden aufgelöst

Abbildung 10:   *Möglichkeiten der Ausübung des Wahlrechts in Abhängigkeit von der Art der Gegenleistung*

In jedem Fall wird die Besteuerung der stillen Reserven sichergestellt.

7.2.2.2   Ertragsteuerliche Auswirkungen auf der Ebene der übernehmenden Kapitalgesellschaft

Der Verschmelzungsvorgang stellt bei der übernehmenden Kapitalgesellschaft einen laufenden Geschäftsvorfall dar, der keiner Bilanzierung bedarf. Es besteht somit weder eine Verpflichtung zur Erstellung einer handelsrechtlichen als auch zur Erstellung einer steuerrechtlichen Übernahmebilanz. Von diesem Grundsatz muß bei einer Verschmelzung durch Neugründung abgewichen werden.[293]

Die übernehmende Kapitalgesellschaft ist nach § 12 Abs. 1 i.V.m. § 4 Abs. 1 UmwStG an die Wertansätze in der steuerlichen Schlußbilanz der übertragenden Kapi-

---

[293]   Vgl. Haritz/Benkert (1996), § 12, Anm. 15; Dötsch (1996), Anh. UmwStG, Tz. 141b.

talgesellschaft gebunden. Das steuerliche Bewertungswahlrecht steht somit der übertragenden Gesellschaft zu.[294]

Gemäß § 12 Abs. 2 UmwStG ist ein Übernahmegewinn oder -verlust in Höhe des Unterschiedsbetrags zwischen dem Buchwert der Anteile an der übertragenden Kapitalgesellschaft und dem Wertansatz der übernommenen Wirtschaftsgüter bei der Gewinnermittlung der übernehmenden Gesellschaft zu eliminieren.[295] Dies setzt allerdings eine Beteiligung der übernehmenden Kapitalgesellschaft am übertragenden Rechtsträger voraus.[296] Erfolgsneutralität liegt auf der Seite der übernehmenden Kapitalgesellschaft vor, soweit eine Beteiligung an der übertragenden Kapitalgesellschaft besteht.[297] Auf diese Weise wird die steuerliche Doppelerfassung aufgedeckter stiller Reserven bei der übertragenden Kapitalgesellschaft einerseits und bei der übernehmenden Kapitalgesellschaft andererseits vermieden. Ein Übernahmegewinn in diesem Sinne unterliegt gemäß § 19 Abs. 1 UmwStG auch nicht der Gewerbesteuer. Auf diese Weise wird verhindert, daß neben der Besteuerung des Übertragungsgewinns außerdem die Besteuerung der in den untergehenden Anteilen ruhenden stillen Reserven erfolgt.[298] Ein Übernahmeverlust wird entsprechend auf der Seite der übernehmenden Kapitalgesellschaft ebenfalls steuerlich nicht berücksichtigt.

Eine Ausnahme von der Steuerfreiheit des Übernahmegewinns regelt § 12 Abs. 2 Satz 2 UmwStG. Übersteigen die tatsächlichen Anschaffungskosten der Anteile an der übertragenden Gesellschaft infolge einer Teilwertabschreibung oder einer Übertragung gemäß § 6b EStG deren Buchwert, ist der Unterschiedsbetrag dem laufenden Gewinn der übernehmenden Gesellschaft hinzuzurechnen und damit sowohl körperschaftsteuer- als auch gewerbesteuerpflichtig.[299] Hierdurch sollen Teilwertabschreibungen auf die Beteiligung rückgängig gemacht werden, soweit ein Übernahmegewinn durch über den tatsächlichen Anschaffungskosten liegende Werte des übernommenen Vermögens entsteht. Der Zuschreibungsbetrag wird als *Beteiligungskorrekturgewinn* bezeichnet und darf gemäß § 12 Abs. 2 Satz 4 UmwStG die Höhe der aufgedeckten stillen Reserven übersteigen.[300] Nach § 12 Abs. 2 Satz 3 UmwStG unterbleibt eine Hinzurechnung, sofern die Teilwertabschreibung nach § 50c EStG, das heißt, bei Erwerb des Anteils von einem nichtanrechnungsberechtigten Gesellschafter, nicht anerkannt worden ist. Damit wird durch § 12 Abs. 2 UmwStG die früher erfolgte Gewinnminderung infolge der Teilwertabschreibung auf die Beteiligung an der übertragenden Kapitalgesellschaft nur in dem Maße wieder rückgängig gemacht, als sie ihre Berechtigung verloren hat.[301] Buchhalterisch ist der Beteiligungskorrekturgewinn außerhalb der Bilanz als erfolgs-

---

[294] Vgl. Widmann/Mayer (1997), UmwStG 1995/Kurzkommentierung, Rz. S377; Haritz/Benkert (1996), § 12, Anm. 16.

[295] Vgl. Haritz/Benkert (1996), § 12, Anm. 19.

[296] Vgl. Haritz/Benkert (1996), § 12, Anm. 21; Dehmer (1996), § 12 UmwStG, Rz. 22 und 23.

[297] Vgl. Widmann/Mayer (1997), UmwStG 1995/Kurzkommentierung, Rz. S379.

[298] Vgl. Dötsch (1996), Anh. UmwStG, Tz. 142a.

[299] Vgl. Widmann/Mayer (1997), UmwStG 1995/Kurzkommentierung, Rz. S380.

[300] Vgl. Blumers/Beinert (1997a), S. 1880; Dötsch (1997a), S. 2093.

[301] Vgl. Dötsch (1996), Anh. UmwStG, Tz. 142c.

wirksame Zuschreibung zur Beteiligung zu erfassen.[302] Eine Korrektur innerhalb der Bilanz würde eine Aufstockung der Werte der übernommenen Wirtschaftsgüter notwendig machen. Auf diese Weise bleiben die Buchwerte der übernommenen Wirtschaftsgüter unberührt.[303]

Für einen *Übernahmefolgegewinn*, der durch die Vereinigung von Forderungen und Verbindlichkeiten entstehen kann, hat die übernehmende Kapitalgesellschaft die Möglichkeit, gemäß § 12 Abs. 4 Satz 2 UmwStG eine den steuerlichen Gewinn mindernde Rücklage im Sinne des § 6 UmwStG zu bilden.[304]

Abweichend von der Verschmelzung einer Kapitalgesellschaft auf eine Personengesellschaft kann gemäß § 12 Abs. 3 Satz 2 UmwStG ein der übertragenden Kapitalgesellschaft zustehender steuerlicher Verlustvortrag im Sinne des § 10d Abs. 3 Satz 2 EStG übernommen werden, sofern die übertragende Kapitalgesellschaft ihren Geschäftsbetrieb im Zeitpunkt der Eintragung des Vermögensübergangs im Handelsregister noch nicht eingestellt hat[305] und die aufnehmende Kapitalgesellschaft mit dem übernommenen Betriebsteil, der ursprünglich in der übertragenden Kapitalgesellschaft die Verluste verursacht hat, mindestens noch 5 Jahre wirtschaftlich aktiv ist.[306] Durch diese Bedingung soll verhindert werden, daß Verschmelzungen lediglich zum Zwecke einer Verlustübernahme vorgenommen werden. Verlustabzüge sollen nur noch bei tatsächlicher Sanierungsabsicht übernommen werden dürfen.[307] Für den Fall, daß der Verlustabzug nicht übertragen werden kann, weil die entsprechenden Voraussetzungen nicht erfüllt sind, kann auf die Gestaltungsempfehlungen im Zusammenhang mit der Verschmelzung einer Kapitalgesellschaft auf eine Personengesellschaft verwiesen werden.

Die übernehmende Kapitalgesellschaft tritt entsprechend dem Grundsatz der Gesamtrechtsnachfolge in die Rechtsstellung der übertragenden Kapitalgesellschaft ein.[308] Wurden durch Aufstockung stille Reserven aufgelöst, ist der erhöhte Wertansatz Bemessungsgrundlage für die weiteren steuerlichen Abschreibungen. Eine Neufestsetzung der betriebsgewöhnlichen Nutzungsdauer ist nicht erforderlich. Bei Gebäuden entspricht die Bemessungsgrundlage der bisherigen, also den Anschaffungs- oder Herstellungskosten, vermehrt um die aufgedeckten stillen Reserven, und bei allen anderen Wirtschaftsgütern ihrem Wertansatz in der Schlußbilanz. Für die Berechnung des jährlichen Abschreibungsbetrags wird deren Restnutzungsdauer zugrunde gelegt. Wird in den Fällen des § 7 Abs. 4 Satz 1 EStG die volle Absetzung innerhalb der tatsächlichen

---

[302] Vgl. Widmann/Mayer (1997), UmwStG 1995/Kurzkommentierung, Rz. S377; Dötsch (1996), Anh. UmwStG, Tz. 142c

[303] Durch Gestaltungsmaßnahmen kann ein Beteiligungskorrekturgewinn vermieden werden. Vgl. dazu die z.T. widersprüchlichen Ansichten von Dötsch (1996), Anh. UmwStG, Tz. 147; Dreissig (1995), S. 216-217.

[304] Vgl. Dötsch (1996), Anh. UmwStG, Tz. 150; Haritz/Benkert (1996), § 12, Anm. 64.

[305] Vgl. Haritz/Benkert (1996), § 12, Anm. 52; Wochinger/Dötsch (1994), S. 16. Vgl. hierzu sowie zur Behandlung gewerbesteuerlicher Verlustvorträge Haritz (1997), S. 784.

[306] Vgl. Goutier/Müller (1997), S. 2247; Blumers/Beinert (1997a), S. 1880.

[307] Vgl. Dötsch (1997b), S. 2144-2146.

[308] Vgl. Dötsch (1996), Anh. UmwStG, Tz. 146 i.V.m. Tz 92a; Haritz/Benkert (1996), § 12, Anm. 41 und 42; Schulze zur Wiesche (1995), S. 665.

170

Nutzungsdauer nicht erreicht, kann auch hier die Abschreibung nach der Restnutzungsdauer der Gebäude bemessen werden. Wie im Falle der Verschmelzung einer Kapitalgesellschaft auf eine Personengesellschaft wirkt eine Aufstockung der Buchwerte hinsichtlich der Abschreibungen wie nachträgliche Anschaffungskosten.

Werden bei einer Verschmelzung durch Neugründung oder im Zuge einer Kapitalerhöhung bei einer Verschmelzung durch Aufnahme als Gegenleistung neue eigene Anteile durch die übernehmende Kapitalgesellschaft an die Anteilseigner der untergehenden Gesellschaft gewährt und ist deren Nennwert geringer als der Wert, mit dem die übergegangenen Wirtschaftsgüter anzusetzen sind, so handelt es sich bei dem Mehrbetrag um eine ergebnisneutrale Einlage. Dieser steuerfreie Agiogewinn ist der Kapitalrücklage zuzuführen und nicht Bestandteil des steuerfreien Übernahmegewinns.[309]

Für die Auswirkungen einer Verschmelzung auf die Höhe des verwendbaren Eigenkapitals der beteiligten Kapitalgesellschaften gelten die Regelungen des Körperschaftsteuerrechts und dabei insbesondere § 38 KStG, der die §§ 11-13 UmwStG ergänzt.

Werden durch die Wahl eines Wertansatzes über dem Buchwert bei der übertragenden Kapitalgesellschaft stille Reserven realisiert, entsteht ein steuerpflichtiger Übertragungsgewinn, der sich seinerseits auf das verwendbare Eigenkapital auswirkt. Die auf dem verwendbaren Eigenkapital lastende Körperschaftsteuer geht mit dem Vermögensübergang auf die übernehmende Kapitalgesellschaft über. § 38 KStG verlangt, daß der Vermögensübergang im Wege der Gesamtrechtsnachfolge grundsätzlich zu einer Zusammenrechnung des verwendbaren Eigenkapitals der übertragenden und übernehmenden Kapitalgesellschaft bei der übernehmenden Gesellschaft führt.[310]

7.2.2.3 Ertragsteuerliche Auswirkungen bei den Anteilseignern der übertragenden Kapitalgesellschaft

Die Besteuerung auf Ebene der Anteilseigner hängt insbesondere von der Form der Gegenleistung und der Art der Anteile ab und ist in § 13 UmwStG geregelt.[311]

Bei den Anteilseignern der übertragenden Kapitalgesellschaft, die als Gegenleistung für ihre Beteiligung an der untergehenden Gesellschaft Anteile an der übernehmenden Gesellschaft erhalten, kann es in vier Fällen zu ertragsteuerlichen Konsequenzen kommen:

1. Beteiligung an der übertragenden Gesellschaft im Betriebsvermögen.
2. Wesentliche Beteiligung im Sinne des § 17 EStG im Privatvermögen.
3. Einbringungsgeborene Anteile im Sinne des § 21 UmwStG.
4. Spekulationsgeschäft im Sinne von § 23 EStG.

---

[309] Vgl. Dötsch (1996), Anh. UmwStG, Tz. 143-145.
[310] Vgl. Dötsch (1996), Anh. UmwStG, Tz. 141a; vgl. im Detail ebenda, § 38 KStG, Tz. 18-71; Widmann/Mayer (1997), UmwStG 1995/Kurzkommentierung, Rz. S387-407, mit anschaulichen Beispielen, ebenda Rz. S388-S394.
[311] Vgl. Haritz/Benkert (1996), § 13, Anm. 2; Dötsch (1996), Anh. UmwStG, Tz. 155.

Werden als Gegenleistung Anteile der übernehmenden Gesellschaft an die Gesellschafter der übertragenden Gesellschaft ausgegeben, ist es unerheblich, ob neue oder alte Anteile als Gegenleistung für das übergegangene Vermögen gewährt werden. Die in den untergehenden Anteilen an der übertragenden Kapitalgesellschaft ruhenden stillen Reserven werden nicht realisiert, sondern auf die für sie gewährten Anteile an der übernehmenden Gesellschaft übertragen. Damit unterbleibt eine Gewinnrealisation. Dies ist unabhängig davon der Fall, ob die Wirtschaftsgüter in der Schlußbilanz der übertragenden Kapitalgesellschaft mit dem Buch-, Zwischen- oder Teilwert angesetzt wurden. Auch bei Aufdeckung der stillen Reserven auf Gesellschaftsebene kommt es zu keinen steuerlichen Auswirkungen für die Anteilseigner.[312]

Gehören Anteile an der übertragenden Kapitalgesellschaft zu einem *Betriebsvermögen*, gelten diese als zum Buchwert veräußert. Die an ihre Stelle tretenden Anteile an der übernehmenden Gesellschaft gelten damit als mit diesem Wert angeschafft (§ 13 Abs. 1 UmwStG).[313] Der Vorgang ist damit immer dann erfolgsneutral, wenn als Gegenleistung ausschließlich Gesellschaftsanteile gewährt werden.

Hält ein Gesellschafter der übertragenden Kapitalgesellschaft seine Anteile im *Privatvermögen* und sind am Umwandlungsstichtag die Voraussetzungen des *§ 17 EStG* erfüllt, sind die Anschaffungskosten des Anteils anstelle eines Buchwertes anzusetzen. Auf diese Weise wird erreicht, daß kein steuerpflichtiger Veräußerungsgewinn entsteht. Die von der übernehmenden Gesellschaft gewährten Anteile gelten gemäß § 13 Abs. 2 Satz 2 UmwStG, unabhängig von der Höhe des auf sie entfallenden Anteils am gezeichneten Kapital dieser Gesellschaft, weiterhin als wesentliche Beteiligung im Sinne von § 17 EStG.[314]

Gemäß § 13 Abs. 3 UmwStG sind auch *einbringungsgeborene Anteile* im Sinne des § 21 UmwStG und ebenso Anteile, für die die Voraussetzungen des *§ 23 EStG* erfüllt sind, mit ihren Anschaffungskosten anzusetzen. Die Besteuerung wird damit aufgeschoben.[315] Die im Rahmen der Verschmelzung als Gegenleistung für einbringungsgeborene Anteile gewährten Anteile gelten auch weiterhin als Anteile im Sinne von § 21 UmwStG.[316] Analog zu dieser Regelung läuft für Anteile im Sinne von § 23 EStG die Spekulationsfrist unbeeinträchtigt durch die Umwandlung weiter.[317]

Werden als Abfindung neben den Anteilen an der übernehmenden Gesellschaft *zusätzlich Barzuzahlungen* gewährt, so ist der Gewinn in einen entgeltlichen und einen

---

[312] Vgl. Dötsch (1996), Anh. UmwStG, Tz. 155; Widmann/Mayer (1997), UmwStG 1995/Kurzkommentierung, Rz. S414.

[313] Vgl. Dötsch (1996), Anh. UmwStG, Tz. 155b.

[314] Vgl. Widmann/Mayer (1997), UmwStG 1995/Kurzkommentierung, Rz. S414; Dötsch (1996), Anh. UmwStG, Tz. 156-158; Wochinger/Dötsch (1994), S. 17

[315] Vgl. Dötsch (1996), Anh. UmwStG, Tz. 159; Schaumburg/Rödder (1995), § 13 UmwStG, Rz. 4; Wochinger/Dötsch (1994), S. 17; vgl. auch ausführlich Crezelius (1996), S. 79-92.

[316] Vgl. Dötsch (1996), Anh. UmwStG, Tz. 160; Wochinger/Dötsch (1994), S. 17.

[317] Vgl. Dötsch (1996), Anh. UmwStG, Tz. 159.

unentgeltlichen Anteil aufzuteilen.[318] Von der Barzuzahlung ist nur der Teil zu versteuern, der den anteiligen stillen Reserven entspricht.

Scheidet ein Gesellschafter der übertragenden Gesellschaft anläßlich der Verschmelzung gegen eine *Barabfindung* aus, und hat dieser seine Beteiligung bisher im Betriebsvermögen gehalten, kann auf einen durch die Umwandlung entstehenden Veräußerungsgewinn § 6b EStG angewendet werden und dessen sofortige Besteuerung auf diese Weise vermieden werden (§ 17 UmwStG).[319] Das gleiche gilt für neben Gesellschaftsrechten von der Übernehmerin gewährte Barzuzahlungen.[320]

7.2.2.4 Ertragsteuerliche Vorteilhaftigkeits- und Gestaltungsüberlegungen beim Vermögensübergang von einer Kapitalgesellschaft auf eine andere Kapitalgesellschaft

Das Umwandlungssteuergesetz ermöglicht einen erfolgsneutralen Vermögensübergang von einer Kapitalgesellschaft auf eine andere Kapitalgesellschaft, soweit für die Vermögensübertragung keine oder nur eine in Gesellschaftsrechten bestehende Gegenleistung gewährt wird. Alternativ können im Umwandlungszeitpunkt die vorhandenen stillen Reserven vollständig oder teilweise durch Ansatz des Betriebsvermögens mit Werten über dem Buchwert aufgelöst werden. Die übernehmende Gesellschaft tritt hinsichtlich der Abschreibungen und eines Verlustabzuges, sofern dieser vorhanden ist, in die Rechtsstellung der übertragenden Gesellschaft ein (§ 12 Abs. 3 UmwStG).

Das folgende Beispiel soll den Gang der Entscheidungsfindung hinsichtlich des steuerlich günstigsten Wertansatzes im Umwandlungszeitpunkt verdeutlichen:

Beispiel

Annahmen:
- Verschmelzung einer Kapitalgesellschaft auf eine andere Kapitalgesellschaft.
- Die Voraussetzungen für einen erfolgsneutralen Vermögensübergang gemäß § 11 Abs. 1 UmwStG liegen vor.
- Die übernehmende Kapitalgesellschaft ist an der übertragenden Kapitalgesellschaft zu 100% beteiligt. Eine Gegenleistung wird daher nicht gewährt.
- Alle Wirtschaftsgüter der übertragenden Kapitalgesellschaft sind abnutzbar mit einer Restnutzungsdauer von 2 Jahren im Umwandlungszeitpunkt t_u.
- Nachsteuerlicher Kalkulationszins $i_s = 0,0385$.
- Thesaurierung aller Gewinne in $t < t_u$.

---

[318] Vgl. Widmann/Mayer (1997), UmwStG 1995/Kurzkommentierung, Rz. S 416.1; Dötsch (1996), Anh. UmwStG, Tz. 155a; Haritz/Benkert (1996), § 13, Anm. 14.

[319] Vgl. Haritz/Benkert (1996), § 17, Anm. 20-34.

[320] Vgl. Haritz/Benkert (1996), § 17, Anm. 21.

– Verschrottung der übergegangenen Wirtschaftsgüter am Ende der Nutzungsdauer zum Buchwert.
– Von gewerbesteuerlichen Belastungen soll zur Vereinfachung abstrahiert werden.
– Alle Angaben erfolgen in TDM.

Es gilt außerdem:

	Wertansatz in t_u	lineare AfA in t_{u+1}	lineare AfA in t_{u+2}
Buchwertansatz:	1.000	500	500
Teilwertansatz:	1.200	600	600

Ermittlung der Steuerbarwertdifferenz zwischen Buchwert- und Teilwertansatz:

	Steuern beim Buchwertansatz:	Steuern beim Teilwertansatz	Differenz
t_u:	0	$0{,}45 \times 200 = 90$	-90
t_{u+1}:	$0{,}45 \times (-500) = -225$	$0{,}45 \times (-600) = -270$	+45
t_{u+2}:	$0{,}45 \times (-500) = -225$	$0{,}45 \times (-600) = -270$	+45

Daraus ergibt sich als Saldo der Barwert der einzelnen Steuerzahlungen:

beim Buchwertansatz:		beim Teilwertansatz	Differenz
-425,29	./.	-420,34	= -4,95

Der Teilwertansatz ist steuerlich ungünstiger als der Buchwertansatz. Die Ursache hierfür ist, daß die im Vergleich zum Buchwertansatz höheren abdiskontierten abschreibungsbedingten Steuerersparnisse die im Gegensatz zum Buchwertansatz positive Steuerzahlung in t_u nicht kompensieren können. Eine derartige Überkompensation wäre dann denkbar, wenn die Gewinne des aufnehmenden Rechtsträgers ausgeschüttet würden und damit beim Anteilseigner zu Einkünften aus Kapitalvermögen führten. Es sind dann Konstellationen denkbar, bei denen der Zinsnachteil durch Progressionseffekte, hervorgerufen durch Einkünfte aus dem laufenden Geschäftsbetrieb oder durch Einkünfte aus anderen Quellen, überkompensiert und sich der Teilwertansatz als vorteilhaft herausstellen würde. Dies wäre im hier betrachteten Beispiel bei einem relevanten Einkommensteuersatz von 53% in den Zeitpunkten t_{u+1} und t_{u+2} der Fall bei unveränderten 45% Körperschaftsteuersatz im Umwandlungszeitpunkt:

Ermittlung der Steuerbarwertdifferenz zwischen Buchwert- und Teilwertansatz:

	Steuern beim Buchwertansatz:	Steuern beim Teilwertansatz	Differenz
t_u:	0	$0,45 \times 200 = 90$	-90
t_{u+1}:	$0,53 \times (-500) = -265$	$0,53 \times (-600) = -318$	+53
t_{u+2}:	$0,45 \times (-500) = -265$	$0,53 \times (-600) = -318$	+53

Daraus ergibt sich als Saldo der Barwert der einzelnen Steuerzahlungen:

beim Buchwertansatz:		beim Teilwertansatz	Differenz
-500,89	./.	-512,11	= +11,22

Offensichtlich ist, daß bei Thesaurierung die durch eine Verschmelzung ausgelöste, gesamte Ertragsteuerbelastung regelmäßig im Falle der Buchwertfortführung am geringsten ist. Die Auflösung stiller Reserven würde im Gegensatz dazu bei der übertragenden Gesellschaft zu einem Übertragungsgewinn führen, der der Körperschaftsteuer und der Gewerbesteuer zu unterwerfen ist. Diesen steuerlichen Belastungen stünden zukünftige Gewerbesteuer- und Körperschaftsteuer-Ersparnisse aufgrund erhöhter Abschreibungen bei der übernehmenden Gesellschaft gegenüber, deren Barwert aufgrund der zeitlichen Struktur niedriger wäre als die Steuerbelastung des Übertragungsgewinns. In diesem Zusammenhang ist zu bedenken, daß die Auflösung der stillen Reserven auch zur Wertaufstockung nicht abnutzbarer Wirtschaftsgüter führt, für die zukünftig keine Abschreibungsvorteile in Frage kommen. Der Barwert der durch einen Teilwertansatz ausgelösten Ertragsteuerzahlungsänderungen im Vergleich zur Buchwertfortführung ist somit immer niedriger.

7.3 Die Einbringung eines Betriebs, Teilbetriebs oder eines Mitunternehmeranteils in eine Kapitalgesellschaft

Ist bei einer Verschmelzung im Sinne des Umwandlungsgesetzes der übertragende Rechtsträger eine Personengesellschaft, so handelt es sich unter bestimmten Voraussetzungen[321] steuerrechtlich um die Einbringung eines Mitunternehmeranteils. Neben dieser Form der Einbringung ist auch die Einbringung eines Betriebs oder eines Teilbetriebs[322] denkbar.

---

[321] Vgl. hierzu Kapitel 7.3.1, vgl. auch Schwedhelm (1996), Rz. 231.
[322] Zum Begriff des Teilbetriebs vgl. z.B. Blumers (1995), S. 496-497; Blumers/Wochinger (1996), S. 45-65.

Bei einer Einbringung muß es sich nicht um eine Umwandlung in Sinne von § 1 UmwG handeln. Das heißt, der Vermögensübergang kann sowohl im Wege der Gesamtrechtsnachfolge als auch der Einzelrechtsnachfolge erfolgen.[323] Die §§ 20-23 UmwStG regeln die steuerlichen Folgen der Einbringung in eine Kapitalgesellschaft. Gemäß § 20 Abs. 1 Satz 2 UmwStG ist ein Bewertungswahlrecht neben Fällen der Einbringung eines Betriebs, Teilbetriebs oder Mitunternehmeranteils auch dann zu gewähren, wenn Anteile an einer Kapitalgesellschaft eingebracht werden und die übernehmende Kapitalgesellschaft aufgrund ihrer Beteiligung einschließlich der übernommenen Anteile nachweisbar unmittelbar die Mehrheit der Stimmrechte an der Gesellschaft hat, deren Anteile eingebracht werden.

Im einzelnen werden die folgenden Einbringungsfälle geregelt:

– Einbringungen im Wege der Einzelrechtsfolge treten auf, wenn eine Kapitalgesellschaft durch Sacheinlage gegründet wird und hierzu ein Einzelunternehmer, eine Personengesellschaft oder eine Kapitalgesellschaft Betriebsvermögen im Sinne des § 20 Abs. 1 UmwStG auf die Kapitalgesellschaft überträgt. Auch eine Sacheinlage in eine Kapitalgesellschaft im Rahmen einer Kapitalerhöhung kann einen Einbringungsvorgang darstellen.[324]

– Die Verschmelzung einer Personengesellschaft im Sinne von § 2 UmwG auf eine Kapitalgesellschaft[325] stellt eine Einbringung im Wege der Gesamtrechtsnachfolge dar, wenn dabei neue Anteile gewährt werden.[326] Hierzu überträgt die Personengesellschaft ihr gesamtes Vermögen, das heißt, ihren gesamten Betrieb auf eine bereits bestehende oder neugegründete Kapitalgesellschaft im Wege der Gesamtrechtsnachfolge unter Auflösung ohne Abwicklung, wobei den Gesellschaftern der Personengesellschaft Gesellschaftsrechte oder Aktien an der übernehmenden Kapitalgesellschaft gewährt werden.

Umsatzsteuerlich gelten für die Einbringung eines Betriebs oder Teilbetriebs die Ausführungen zur Verschmelzung entsprechend. § 1 Abs. 1a UStG ist einschlägig, somit liegt keine Umsatzsteuerbarkeit vor. Die Einbringung eines Mitunternehmeranteils oder von Anteilen an einer Kapitalgesellschaft sind zwar umsatzsteuerbar, jedoch durch § 4 Nr. 8 Buchstabe e bzw. f steuerbefreit. Folglich führen Einbringungsvorgänge grundsätzlich nicht zu Belastungen mit Umsatzsteuer, es sei denn, bei den beiden zuletzt genannten Fällen wird die Option des § 9 UStG in Anspruch genommen.[327]

Wie bei der Verschmelzung ist auch bei Einbringungen im Sinne von § 20 UmwStG die Überführung von Grundstücken grunderwerbsteuerpflichtig nach § 1 Abs. 1 Nr. 1 GrEStG.[328]

---

[323] Vgl. Widmann/Mayer (1997), UmwStG 1995/Kurzkommentierung, Rz. S0, S81; außerdem ebenda vor 8. Teil UmwStG, Rz. 6779.1; Dötsch (1996), Anh. UmwStG, Tz. 176.

[324] Vgl. Widmann/Mayer (1997), vor 8. Teil UmwStG, Rz. 6779.2.

[325] Vgl. Widmann/Mayer (1997), § 2 UmwG, Rz. 10.2 und 11.

[326] Vgl. Widmann/Mayer (1997), vor 8. Teil UmwStG, Rz. 6779.6; ebenda § 20 UmwStG, Rz. 6913.

[327] Vgl. Widmann/Mayer (1997), § 20 UmwStG, Rz. 6807.7; vgl. hierzu auch Götz (1996), S. 2711.

[328] Vgl. Widmann/Mayer (1997), § 20 UmwStG, Rz. 6807.7; Grotherr (1994), S. 1975.

7.3.1 Ertragsteuerliche Auswirkungen der Einbringung bei der übernehmenden Kapitalgesellschaft

Eine Einbringung im Sinne von § 20 UmwStG hat, soweit für das eingebrachte Betriebsvermögen neue Anteile gewährt werden, keine Auswirkungen auf den Gewinn der übernehmenden Kapitalgesellschaft im Umwandlungszeitpunkt, da es lediglich zu einer steuerlich unbeachtlichen Vermögensmehrung kommt.[329] Jedoch ist die Berücksichtigung eines vortragsfähigen Verlustes im Sinne von § 10d EStG sowie eines vortragsfähigen Gewerbeverlustes im Sinne von § 10a GewStG des Einbringenden bei der Kapitalgesellschaft ausgeschlossen.[330]

Um eine Einbringung nach § 20 UmwStG durchführen zu können und um damit unter anderem in den Genuß des Bewertungswahlrechtes zu kommen, müssen die folgenden Voraussetzungen erfüllt sein (§ 20 Abs. 1 UmwStG):[331]

- Die Kapitalgesellschaft, in die eingebracht wird, muß unbeschränkt steuerpflichtig sein.[332]

- Bei der Sacheinlage muß es sich um einen Betrieb, Teilbetrieb oder Mitunternehmeranteil handeln. Es müssen alle wesentlichen Betriebsgrundlagen eingebracht werden. Handelt es sich beim Einbringenden um eine Mitunternehmerschaft, so sind auch in diesem Sinne wesentliche Wirtschaftsgüter des Sonderbetriebsvermögens einzubringen, um insgesamt in den Genuß der Vergünstigungen der §§ 20-22 UmwStG zu kommen.[333] Gemäß § 20 Abs. 1 Satz 2 UmwStG gilt auch die Einbringung von Anteilen an einer Kapitalgesellschaft als Sacheinlage im Sinne des § 20 Abs. 1 Satz 1 UmwStG, wenn die übernehmende Kapitalgesellschaft aufgrund ihrer Beteiligung einschließlich ihrer übernommenen Anteile nachweislich unmittelbar die Mehrheit der Stimmrechte an der Kapitalgesellschaft hat, deren Anteile eingebracht werden.[334] Als Sacheinlage gemäß § 20 Abs. 1 UmwStG gelten auch Einbringungen nach § 23 UmwStG innerhalb der Europäischen Union.[335]

- Dem Einbringenden müssen durch die Kapitalgesellschaft als Gegenleistung neue Anteile gewährt werden.[336]

---

[329] Vgl. Widmann/Mayer (1997), § 20 UmwStG, Rz. 6913.

[330] Vgl. § 22 Abs. 4 UmwStG; Haritz/Benkert (1996), § 22, Anm. 20; Dötsch (1996), Anh. UmwStG, Tz. 205 und 218.

[331] Vgl. Dötsch (1996), Anh. UmwStG, Tz. 181.

[332] Vgl. § 20 Abs. 1 Satz 1 UmwStG; vgl. auch Widmann/Mayer (1997), UmwStG 1995/Kurzkommentierung, Rz. S96; Haritz/Benkert (1996), § 20, Anm. 6. Zu Ausnahmen von diesem Grundsatz vgl. Widmann/Mayer (1997), UmwStG 1995/Kurzkommentierung, Rz. S98.

[333] Vgl. Widmann/Mayer (1997), § 20 UmwStG, Rz. 6800; ebenda UmwStG 1995/Kurzkommentierung, Rz. S89. Vgl. vertiefend auch BFH, 26.01.1994, BStBl. 1994 II, S. 458; BFH, 16.02.1996, BStBl. 1996 II, S. 342 und vgl. dazu Gschrei/Büchele (1997), S. 1972-1079; Wacker (1997), S. 105-110; Wacker (1996), S. 2224-2231.

[334] Vgl. Haritz/Benkert (1996), § 20, Anm. 82-89.

[335] Vgl. z.B. Haritz/Benkert (1996), § 23, Anm. 6-8; Wochinger/Dötsch (1994), S. 33.

[336] Vgl. Widmann/Mayer (1997), § 20 UmwStG, Rz. 6913; ebenda UmwStG 1995/Kurzkommentierung, Rz. S92.

Gewährt die Kapitalgesellschaft dem Einbringenden neben den neuen Anteilen auch andere Wirtschaftsgüter, also Geld- oder Sachwerte, als Gegenleistung, so führt dies zur Aufdeckung stiller Reserven und damit zu ertragsteuerlichen Folgen. Werden neben neuen auch alte eigene Anteile gewährt, so liegt insoweit eine Gegenleistung im Form anderer Wirtschaftsgüter vor.[337]

Sind die Voraussetzungen des § 20 Abs. 1 UmwStG erfüllt, steht in diesem Fall, im Gegensatz zur Verschmelzung, der aufnehmenden Kapitalgesellschaft das Bewertungswahlrecht zu. Hier wird entschieden, ob das eingebrachte Betriebsvermögen mit dem Buchwert, dem Teilwert oder einem Zwischenwert angesetzt wird.[338] Da hier nicht eine Personengesellschaft insgesamt, sondern die Mitunternehmer jeweils als Einbringende betrachtet werden, kann die übernehmende Kapitalgesellschaft das Bewertungswahlrecht für jeden Einbringenden unterschiedlich ausüben.[339] In bestimmten Fällen unterliegt das Wahlrecht jedoch Einschränkungen:

1. Ist die Summe der Passivposten des eingebrachten Betriebsvermögens größer als die der Aktivposten, liegt ein negatives Kapitalkonto vor. In diesem Fall müssen die Aktivposten gemäß § 20 Abs. 2 Satz 4 UmwStG mindestens in der Höhe angesetzt werden, so daß sie die Passivposten ausgleichen. Bei diesem Ausgleich ist das Eigenkapital nicht zu berücksichtigen. Die Sacheinlage darf keinen negativen Vermögenswert aufweisen. Es sind damit mindestens in Höhe des negativen Eigenkapitals stille Reserven aufzulösen. Der Buchwertansatz ist in diesem Fall nicht zulässig.[340]

2. Werden dem Einbringenden neben neuen Gesellschaftsanteilen an der übernehmenden Kapitalgesellschaft andere Wirtschaftsgüter überlassen, ist das eingebrachte Betriebsvermögen gemäß § 20 Abs. 2 Satz 5 UmwStG mindestens mit dem gemeinen Wert der anderen Wirtschaftsgüter anzusetzen, sofern dieser über dem Buchwert des eingebrachten Betriebsvermögens liegt.[341]

3. Ist eine Besteuerung der auf den neuen Anteilen ruhenden stillen Reserven in der Zukunft nicht gesichert, so ist der Teilwertansatz zwingend. Dies ist der Fall, wenn das Besteuerungsrecht der Bundesrepublik Deutschland hinsichtlich des Gewinns aus der Veräußerung der dem Einbringenden gewährten Anteile im Zeitpunkt der Sacheinlage ausgeschlossen ist.[342]

---

[337] Vgl. Widmann/Mayer (1997), § 20 UmwStG, Rz. 6919. Zu den Folgen einer Überpari-Emission vgl. Widmann/Mayer (1997), § 20 UmwStG, Rz. 6926-6929.1; Schwedhelm (1996), Rz. 236-240.

[338] Vgl. Dötsch (1996), Anh. UmwStG, Tz. 183.

[339] Vgl. Dötsch (1996), Anh. UmwStG, Tz. 191.

[340] Vgl. Widmann/Mayer (1997), UmwStG 1995/Kurzkommentierung, Rz. S118; Dötsch (1996), Anh. UmwStG, Tz. 183; Schwarz (1995), S. 209.

[341] Vgl. Widmann/Mayer (1997), § 20 UmwStG, Rz. 7180; Dötsch (1996), Anh. UmwStG, Tz. 184 und 187;

[342] Vgl. Widmann/Mayer (1997), UmwStG 1995/Kurzkommentierung, Rz. S116; Dötsch (1996), Anh. UmwStG, Tz. 183 und 186a.

Liegt keiner dieser Fälle vor, so ist die übernehmende Kapitalgesellschaft hinsichtlich der Ausübung des Bewertungswahlrechts für das eingebrachte Betriebsvermögen nicht eingeschränkt und kann es mit dem Buchwert, einem Zwischenwert oder dem Teilwert ansetzen.[343] Zur Beurteilung der Wahlrechtseinschränkungen ist das Kapitalkonto des jeweiligen Einbringenden heranzuziehen.[344] Der Wertansatz ist ausschlaggebend für die Abschreibungen in den Folgeperioden und beeinflußt auf diese Weise die zukünftige Besteuerung.

- *Buchwertansatz*
  Bei einem Buchwertansatz dürfen vom Einbringenden selbstgeschaffene immaterielle Wirtschaftsgüter bei der Kapitalgesellschaft nicht angesetzt werden. Die Kapitalgesellschaft tritt gemäß § 22 Abs. 1 in Verbindung mit § 12 Abs. 3 UmwStG in die Rechtsstellung des Einbringenden ein. Damit hat die Kapitalgesellschaft die Abschreibungen des Einbringenden fortzuführen. Einen Verlustabzug im Sinne des § 10d Abs. 3 Satz 2 EStG sowie § 10a GewStG kann die Kapitalgesellschaft jedoch nicht übernehmen.[345]

  Der Ansatz mit dem Buchwert ist gemäß § 20 Abs. 2 Satz 2 UmwStG auch zulässig, wenn das eingebrachte Betriebsvermögen in der Handelsbilanz mit einem höheren Wert angesetzt werden muß. Damit wird die Maßgeblichkeit der Handelsbilanz für die Steuerbilanz durchbrochen.[346]

- *Zwischenwertansatz*
  Die bei einem Zwischenwertansatz aufgedeckten stillen Reserven sind gleichmäßig bei allen eingebrachten Wirtschaftsgütern aufzustocken,[347] wobei sich die Aufstockung auf die Wirtschaftsgüter des Anlagevermögens beschränken kann.[348] Originäre immaterielle Wirtschaftsgüter sind erst anzusetzen, wenn die Buchwerte der übrigen Wirtschaftsgüter bereits bis zu deren Teilwerten aufgestockt worden sind.[349]

  Für die Abschreibungen hat der Zwischenwertansatz gemäß § 22 Abs. 2 UmwStG folgende Auswirkungen:[350]

  Die Kapitalgesellschaft tritt in die Rechtsstellung des Einbringenden im Sinne des § 12 Abs. 3 Satz 1 UmwStG ein.[351] Damit handelt es sich nicht um ein Anschaffungsgeschäft. Durch die Aufstockung der Buchwerte erhöht sich das Abschreibungsvolumen. Die betriebsgewöhnliche Nutzungsdauer und damit der Abschreibungssatz sowie die Abschreibungsmethode müssen von der Kapitalgesellschaft

---

[343] Vgl. Haritz/Benkert (1996), § 20, Anm. 108-109.
[344] Vgl. Dötsch (1996), Anh. UmwStG, Tz. 191.
[345] Vgl. Dötsch (1996), Anh. UmwStG, Tz. 205 und 218.
[346] Vgl. Weber-Grellet (1997), S. 655 und S. 657; Dötsch (1996), Anh. UmwStG, Tz. 190.
[347] Vgl. Schwarz (1995), S. 208
[348] Vgl. Schwedhelm (1996), Rz. 253.
[349] Vgl. Widmann/Mayer (1997), § 20 UmwStG, Rz. 7205-7207.
[350] Vgl. Haritz/Benkert (1996), § 22, Anm. 37-40.
[351] Vgl. Haritz/Benkert (1996), § 22, Anm. 36.

fortgeführt werden,[352] so daß der Aufstockungsbetrag nicht über die Restlaufzeit verteilt abgeschrieben wird. Am Ende der Nutzungsdauer ist eine Teilwertabschreibung vorzunehmen. Die Aufstockung hat damit nicht die gleichen Auswirkungen auf die Abschreibungen wie im Fall des Vermögensübergangs von einer Personengesellschaft auf eine Kapitalgesellschaft im Wege der Verschmelzung. Die Abschreibung nach § 7 Abs. 1, 4 und 5 EStG berechnet sich vom Zeitpunkt der Einbringung an wie folgt (§ 22 Abs. 2 Nr. 1 UmwStG):[353]

> historische Anschaffungs- oder Herstellungskosten des Einbringenden
> (das heißt, vor Abzug von planmäßigen und außerplanmäßigen
> Abschreibungen)
>
> + aufgedeckte stille Reserven
>
> = neue Ausgangsgröße für die Abschreibungen($\neq$ Zwischenwert)

Bei degressiver AfA nach § 7 Abs. 2 EStG ist der bisherige AfA-Satz auf den Zwischenwert als neuen Buchwert anzuwenden (§ 22 Abs. 2 Nr. 2 UmwStG).[354]

- *Teilwertansatz*

Wird das eingebrachte Betriebsvermögens mit dem Teilwert angesetzt, so sind auch alle originären immateriellen Wirtschaftsgüter mit ihrem Teilwert zu aktivieren.[355]

Bei Einbringung im Wege der Einzelrechtsnachfolge kann die Kapitalgesellschaft die Abschreibung im Rahmen des § 7 EStG frei wählen, da die Wirtschaftsgüter als angeschafft gelten (§ 22 Abs. 3 Satz 1 erster Halbsatz UmwStG).[356] Sie kann Wirtschaftsgüter, die beim Einbringenden linear abgeschrieben wurden, auch nach § 7 Abs. 2 EStG degressiv abschreiben. Bleibt die Kapitalgesellschaft bei der linearen Abschreibungsmethode, muß der Abschreibung die betriebsgewöhnliche (Rest-) Nutzungsdauer zu Grunde gelegt werden.

Erfolgt die Einbringung des Betriebsvermögens im Wege der Gesamtrechtsnachfolge, sind die Abschreibungsbeträge wie bei einem Zwischenwertansatz zu ermitteln.

Die Unterschiede hinsichtlich der Abschreibungen zwischen Einbringungs- und Verschmelzungsvorgängen verdeutlicht das folgende Beispiel:

---

[352] Vgl. Haritz/Benkert (1996), § 22, Anm. 39.
[353] Vgl. App/Hörtnagel/Stratz (1995), S. 244.
[354] Vgl. Haritz/Benkert (1996), § 22, Anm. 40.
[355] Vgl. Widmann/Mayer (1997), UmwStG 1995/Kurzkommentierung, Rz. S116; Dötsch (1996), Anh. UmwStG, Tz. 183.
[356] Vgl. Wochinger/Dötsch (1994), S. 33

Beispiel:

Das Betriebsvermögen eines umzuwandelnden Betriebes besteht ausschließlich aus abnutzbaren Wirtschaftsgütern. Die Umwandlung soll am Anfang des Jahres 03 zum Teilwertansatz erfolgen, wobei Gesamtrechtsnachfolge angenommen wird.

Betriebsvermögen Anfang Jahr 01:	DM 100.000 (Anschaffungskosten)
Betriebsvermögen Anfang Jahr 03:	DM 200.000 (Teilwert)
davon:	DM 140.000 (stille Reserven)

Das Betriebsvermögen wurde vor der Umwandlung linear abgeschrieben bei einer steuerlichen Nutzungsdauer von 5 Jahren.

jährliche AfA vor Umwandlung:	DM 20.000
Restbuchwert nach 2 Jahren = Anfang 03:	DM 60.000

Variante I: Einbringung im Sinne von § 20 UmwStG
Neuberechnung der jährlichen AfA, Übernahme der Nutzungsdauer
ursprüngliche fiktive Anschaffungskosten: 100.000 + 140.000 = DM 240.000

neue AfA:	240.000 : 5 = DM 48.000 p.a.
Restnutzungsdauer:	3 Jahre

Der Wertansatz in Höhe von DM 200.000 (Teilwert) wird in den der Umwandlung folgenden Jahren um die AfA reduziert:

	200.000
./. 3 × 48.000 =	144.000
Restbuchwert Ende 05	56.000
Teilwertabschreibung in Höhe von	56.000 am Ende von Jahr 05.

Variante II: Verschmelzung
Der Wertansatz im Umwandlungszeitpunkt (DM 200.000) wird auf die Restnutzungsdauer verteilt:

neue AfA	200.000 : 3 = DM 66.667 p.a.
Restnutzungsdauer:	3 Jahre

Der Wertansatz in Höhe von DM 200.000 (Teilwert) wird in den der Umwandlung folgenden Jahren um die AfA reduziert:

	200.000
./. 3 × 66.667 =	200.000
Restbuchwert Ende 05	0

Die Abschreibungsvorschrift für die Verschmelzungsvariante bietet gegenüber der Einbringung einen Zinsvorteil, da zu einem früheren Zeitpunkt bereits höhere Abschreibungsbeträge steuerlich berücksichtigt werden.

7.3.2 Ertragsteuerliche Auswirkungen beim Einbringenden

Der Einbringende erhält für das eingebrachte Betriebsvermögen Gesellschaftsanteile an der übernehmenden Kapitalgesellschaft (einbringungsgeborene Anteile), auf die stille Reserven übertragen werden können. Die ertragsteuerlichen Folgen einer späteren Veräußerung dieser Anteile ist in § 21 UmwStG geregelt. Als Einbringende sind bei Personengesellschaften die Gesellschafter der Personengesellschaft anzusehen.[357]

Die Entstehung eines steuerpflichtigen *Einbringungsgewinns* im Umwandlungszeitpunkt hängt vom Wertansatz des eingebrachten Betriebsvermögens bei der übernehmenden Kapitalgesellschaft ab.[358]

Handelt es sich um eine Einbringung im Sinne von § 20 UmwStG, so gilt der Wert, mit dem die Kapitalgesellschaft das eingebrachte Betriebsvermögen ansetzt, gemäß § 20 Abs. 4 Satz 1 UmwStG für den Einbringenden als Veräußerungspreis und zugleich als Anschaffungskosten der gewährten Anteile.[359] Auf diese Weise wird gewährleistet, daß nicht aufgedeckte stille Reserven auf den Anteilen ruhen und so die zukünftige Besteuerung gesichert ist. Werden neben den neuen Anteilen auch andere Wirtschaftsgüter als Gegenleistung durch die Kapitalgesellschaft gewährt, so ist deren gemeiner Wert von den Anschaffungskosten der Anteile und damit auch vom Veräußerungspreis abzuziehen (§ 20 Abs. 4 Satz 2 UmwStG).[360]

Wählt die Kapitalgesellschaft einen Wertansatz über dem Buchwert, so entsteht beim Einbringenden ein Veräußerungsgewinn (Einbringungsgewinn), der sich nach den Regeln des Einkommensteuergesetzes bestimmt. Folgerichtig können dann auch unter Umständen die Vergünstigungen der §§ 16 Abs. 4, 17 und 34 EStG in Anspruch genommen werden.[361]

Im Detail bedeutet das:
– Ist der Einbringende eine natürliche Person, so ist auf den Einbringungsgewinn gemäß § 20 Abs. 5 Satz 1 UmwStG die Tarifermäßigung des § 34 Abs. 1 EStG anzuwenden. Die Tarifermäßigung wird für den Einbringungsgewinn sowohl bei Ansatz des Teilwerts als auch bei Zwischenwertansatz gewährt.[362]
– Bei der Einbringung eines Betriebs, Teilbetriebs oder Mitunternehmeranteils kann gegebenenfalls außerdem der Freibetrag nach § 16 Abs. 4 EStG, bei Einbringung einer wesentlichen Beteiligung aus dem Privatvermögen wird der Freibetrag gemäß

---

[357] Vgl. Knop/Küting (1995), S. 1025 mit Hinweisen auf davon abweichende Ansichten.
[358] Vgl. Widmann/Mayer (1997), UmwStG 1995/Kurzkommentierung, Rz. S142.
[359] Vgl. Dötsch (1996), Anh. UmwStG, Tz. 184.
[360] Vgl. Dötsch (1996), Anh. UmwStG, Tz. 184; Dehmer (1996), § 20 UmwStG, Rz. 348.
[361] Vgl. Dötsch (1996), Anh. UmwStG, Tz. 185.
[362] Vgl. Haritz/Benkert (1996), § 20, Anm. 161.

§ 17 Abs. 3 EStG genutzt. Die Inanspruchnahme eines Freibetrags ist gemäß § 20 Abs. 5 Satz 2 UmwStG allerdings nur dann zulässig, wenn die Kapitalgesellschaft die Sacheinlage mit dem Teilwert ansetzt, nicht aber, wenn die Sacheinlage mit einem Zwischenwert angesetzt wird.[363]

– Wird eine im Betriebsvermögen gehaltene Beteiligung an einer Kapitalgesellschaft eingebracht, sind die Vergünstigungen des § 20 Abs. 5 Satz 2 UmwStG, Tarifermäßigung und Freibetrag, nur bei 100%iger Beteiligung zu gewähren.[364]

Beim Einbringungsgewinn handelt es sich nicht um einen laufenden Gewinn. Während ein laufender Gewinn der Gewerbesteuer und der ungemilderten Einkommensteuer unterliegt, ist der Einbringungsgewinn nicht gewerbesteuerpflichtig[365] und es wird die Tarifermäßigung nach § 34 Abs. 1 EStG und im Fall des Teilwertansatzes gegebenenfalls auch noch ein Freibetrag gewährt.

Eine besondere Form der Einbringung, die bisher nur kurz angesprochen wurde, ist der *Anteilstausch*, der vor allem bei Einbringungen über die Grenze eine Rolle spielt (§§ 20 Abs. 1 Satz 2 und 23 Abs. 4 UmwStG).[366] Ein Anteilstausch liegt vor, wenn eine natürliche oder juristische Person ihrer Beteiligung an einer Kapitalgesellschaft in eine andere Kapitalgesellschaft gegen Gewährung neuer Anteile einbringt und die Übernehmerin nach der Einbringung, das heißt, einschließlich der übernommenen Beteiligung, schließlich die Mehrheit der Stimmrechte an der erworbenen Gesellschaft hält (§ 20 Abs. 1 Satz 2 UmwStG).

Ein erfolgsneutraler Anteilstausch wäre ohne die Regelung der §§ 20 und 23 UmwStG nur möglich, wenn die Voraussetzungen des Tauschgutachtens erfüllt wären, das heißt, wenn beispielsweise Wert-, Art- und Funktionsgleichheit der Anteile vorläge.[367]

Sind jedoch die Voraussetzungen von § 20 Abs. 1 UmwStG und § 23 Abs. 4 UmwStG erfüllt, geht das Umwandlungssteuergesetz dem Tauschgutachten vor[368] und erweitert damit die Möglichkeiten, den Anteilstausch ohne Aufdeckung stiller Reserven vorzunehmen.[369]

Sind die beteiligten Personen, die erwerbende Kapitalgesellschaft und die einbringende Person, unbeschränkt steuerpflichtig,[370] dann ist gemäß § 20 Abs. 1 Satz 2 UmwStG dieser Vorgang erfolgsneutral durchführbar (§ 20 Absätze 1 - 4 UmwStG) und es wird ein Bewertungswahlrecht für die eingebrachten Anteile gewährt.

---

[363] Vgl. Widmann/Mayer (1997), UmwStG 1995/Kurzkommentierung, Rz. S144; Dötsch (1996), Anh. UmwStG, Tz. 185.

[364] Vgl. Dötsch (1996), Anh. UmwStG, Tz. 185; Wochinger/Dötsch (1994), S. 33.

[365] Vgl. Widmann/Mayer (1997), UmwStG 1995/Kurzkommentierung, Rz. S148.

[366] Vgl. Dötsch (1996), Anh. UmwStG, Tz. 388-389.

[367] Vgl. BFH, 16.12.1958, BStBl. 1959 III, S. 30; BMF-Schreiben vom 15.02.1995, BStBl. (1995) I, S. 149.

[368] Vgl. BMF-Schreiben vom 15.12.1995, BStBl. (1995) I, S. 149; vgl. auch Dötsch (1996), Anh. UmwStG, Tz. 389.

[369] Vgl. Widmann/Mayer (1997), § 20 UmwStG, Rz. 6855.4-6855-6.

[370] Vgl. Dötsch (1996), Anh. UmwStG, Tz. 389.

Liegt ein Anteilstausch gemäß § 20 Abs. 1 Satz 2 UmwStG vor, so hat die erwerbende Kapitalgesellschaft nach § 20 Abs. 2 UmwStG das Wahlrecht, die eingebrachten Anteile mit dem Buchwert, dem Teilwert oder einem Zwischenwert anzusetzen. Dieser Wertansatz gilt für den Einbringenden als Veräußerungspreis der hingegebenen Beteiligung und gleichzeitig als Anschaffungskosten der erhaltenen Anteile.

Wird eine wesentliche Beteiligung aus dem Privatvermögen, die keine 100%ige Beteiligung darstellt, in eine Kapitalgesellschaft eingebracht und setzt diese die eingebrachte Beteiligung mit dem Teilwert an, kann der Einbringende gemäß § 20 Abs. 5 UmwStG die Vergünstigungen der §§ 17 Abs. 3 und 34 EStG in Anspruch nehmen. Die Einbringung aus einem Betriebsvermögen ist gemäß § 20 Abs. 5 Satz 3 UmwStG allerdings nur bei einer 100%igen Beteiligung begünstigt.

Neben der Besteuerung aufgedeckter stiller Reserven im Einbringungszeitpunkt kann es bei der späteren Veräußerung von Anteilen zu steuerlichen Konsequenzen kommen. Da bei der Ermittlung der Anschaffungskosten der gemeine Wert von Wirtschaftsgütern, die neben Gesellschaftsrechten als Gegenleistung gewährt werden, abgezogen wird, wird dieser Wert erst bei einer Veräußerung der Anteile steuerlich wirksam. Dem Veräußerungserlös stehen dann die reduzierten Anschaffungskosten gegenüber, was zu einem Veräußerungsgewinn führt.[371]

Setzt die aufnehmende Kapitalgesellschaft die eingebrachten Wirtschaftsgüter unter dem Teilwert an, so handelt es sich bei den im Gegenzug gewährten Anteilen um *einbringungsgeborene Anteile* im Sinne von § 21 UmwStG.[372] In diesem Fall werden die stillen Reserven auf die neuen Anteile übertragen. Diese lösen sich in der Regel erst im Fall der Veräußerung der Anteile auf und werden dann nach § 21 Abs. 1 UmwStG besteuert. Die Besteuerung der stillen Reserven ist somit nicht davon abhängig, in welcher Höhe eine Beteiligung an der übernehmenden Kapitalgesellschaft besteht.[373] Es kommt in jedem Fall zu einer Besteuerung nach § 16 EStG.[374]

Wird hingegen der Teilwertansatz gewählt, so gelten die allgemeinen Besteuerungsvorschriften des Einkommensteuergesetzes, das heißt, ein bei der Veräußerung von Anteilen im Privatvermögen entstehender Veräußerungsgewinn wird steuerlich nur dann erfaßt, wenn er unter § 17 oder § 23 EStG fällt.[375]

Bei Anteilen, die in einem Betriebsvermögen gehalten werden, ist außerdem folgendes zu beachten: Liegt der Buchwert der Anteile infolge einer Teilwertabschreibung unter dem Teilwert und auch unter den Anschaffungskosten im Sinne des § 20 Abs. 4 UmwStG, ist der Gewinn, der durch die Veräußerung der Anteile entsteht, zu versteuern.[376] Soweit sich der entstehende Gewinn mit der Differenz zwischen dem Buchwert und den Anschaffungskosten im Sinne des § 20 Abs. 4 UmwStG deckt, entsteht ein laufender Gewinn, für den die Vergünstigung des § 21 Abs. 1 Satz 2 UmwStG nicht

---

[371] Vgl. Widmann/Mayer (1997), UmwStG 1995/Kurzkommentierung, Rz. S159.
[372] Vgl. Widmann/Mayer (1997), UmwStG 1995/Kurzkommentierung, Rz. S162-S164; Dötsch (1996), S. 150-151.
[373] Vgl. Widmann/Mayer (1997), UmwStG 1995/Kurzkommentierung, Rz. S163.
[374] Vgl. § 21 Abs. 1 Satz 1 UmwStG.
[375] Vgl. Widmann/Mayer (1997), UmwStG 1995/Kurzkommentierung, Rz. S164.
[376] Vgl. Widmann/Mayer (1997), § 21 UmwStG, Rz. 529.

gewährt wird. Der verbleibende Teil des Gewinns wird als Veräußerungsgewinn im Sinne des § 21 UmwStG behandelt.[377]

Gewinne aus der Veräußerung von einbringungsgeborenen Anteilen unterliegen regelmäßig nicht der Gewerbesteuer. Nicht nur die im Zeitpunkt der Sacheinlage bestehenden, sondern auch die später bei den Anteilen entstehenden stillen Reserven können somit gewerbesteuerfrei realisiert werden.[378]

Der Veräußerungsgewinn, der aus dem späteren Verkauf der Anteile resultiert, ist wie ein etwaiger Einbringungsgewinn im Umwandlungszeitpunkt mit dem ermäßigten Steuersatz des § 34 Abs. 1 EStG zu versteuern, wenn der Einbringende eine natürliche Person ist (§ 21 Abs. 1 Satz 2 EStG).[379] Daneben wird bei Steuerpflichtigen, die das 55. Lebensjahr beendet haben, der Freibetrag des § 16 Abs. 4 EStG gewährt. Hierbei ist es ohne Bedeutung, ob die Kapitalgesellschaft die Wirtschaftsgüter mit dem Teilwert oder einem Zwischenwert angesetzt hat. Der Freibetrag wird jedoch nicht gewährt, wenn bei einer Sacheinlage in Form einer Beteiligung an einer Kapitalgesellschaft im Sinne des § 20 Abs. 1 Satz 2 UmwStG aus einem Betriebsvermögen nicht alle Anteile an einer Kapitalgesellschaft eingebracht werden (§ 21 Abs. 1 Satz 4 UmwStG).[380]

Ohne die Vorschriften des § 21 UmwStG wäre es möglich, die auf den Anteilen ruhenden stillen Reserven der Besteuerung zu entziehen. Durch eine Einbringung eines Betriebs zum Buchwert und eine anschließende Veräußerung der im Gegenzug erhaltenen Anteile könnte man dann der Besteuerung eines Veräußerungsgewinns in vielen Fällen entgehen. § 21 UmwStG sichert in jedem Fall, das heißt, nicht nur nach §§ 17 und 23 EStG, die Besteuerung der auf den Anteilen ruhenden stillen Reserven

Auch vor der tatsächlichen Veräußerung der Anteile ist es möglich oder unter Umständen erforderlich, eine Besteuerung der stillen Reserven bereits durchzuführen. Hierzu werden der Veräußerung gemäß § 21 Abs. 2 UmwStG folgende vier Ersatztatbestände gleichgestellt:[381]

- Der formlose Antrag des Anteilseigners gemäß § 21 Abs. 2 Nr. 1 UmwStG.
- Das Besteuerungsrecht der Bundesrepublik Deutschland wird hinsichtlich des Gewinns aus der Veräußerung der Anteile ausgeschlossen (§ 21 Abs. 2 Nr. 2 UmwStG).
- Die Kapitalgesellschaft, an der die Anteile bestehen, wird aufgelöst und abgewickelt, oder durch Ausschüttung aus dem Fonds EK04 wird das Eigenkapital der Kapitalgesellschaft herabgesetzt oder zurückgezahlt (§ 21 Abs. 2 Nr. 3 UmwStG).
- Die verdeckte Einlage der einbringungsgeborenen Anteile nach § 21 Abs. 2 Nr. 4 UmwStG.

---

[377] Vgl. Widmann/Mayer (1997), § 21 UmwStG, Rz. 529-531.
[378] Vgl. Widmann/Mayer (1997), § 20 UmwStG, Rz. 7301. Hinsichtlich der Ausnahmefälle, in denen doch Gewerbesteuer anfällt vgl. ebenda, Rz. 7301.
[379] Vgl. Widmann/Mayer (1997), § 21 UmwStG, Rz. 381.
[380] Vgl. Widmann/Mayer (1997), UmwStG 1995/Kurzkommentierung, Rz. S179.
[381] Vgl. Dötsch (1996), Anh. UmwStG, Tz. 195-196; Haritz/Benkert (1996), § 21, Anm. 190 und 195-222.

In jedem Fall kommt es zur Besteuerung der sich auflösenden stillen Reserven.

Dabei tritt der gemeine Wert der Anteile an die Stelle des Veräußerungspreises.[382] In den Fällen des § 21 Abs. 2 Nr. 1, 2 und 4 UmwStG ist für die auf den Veräußerungsgewinn entfallende Steuer die Möglichkeit der Stundung gegeben. Gemäß § 21 Abs. 2 Satz 3 UmwStG muß die Steuer dann in jährlichen Teilbeträgen von mindestens je einem Fünftel entrichtet werden.[383]

7.3.3 Ertragsteuerliche Vorteilhaftigkeits- und Gestaltungsüberlegungen bei der Einbringung eines Betriebs in eine Kapitalgesellschaft

Sind die Voraussetzungen für eine erfolgsneutrale Einbringung eines Betriebs erfüllt. so hat die übernehmende Kapitalgesellschaft das Recht, zwischen dem Buchwert-, Zwischenwert und Teilwertansatz zu wählen. In Abhängigkeit davon, ob der Vermögensübergang im Wege der Gesamtrechtsnachfolge oder im Wege der Einzelrechtsnachfolge erfolgt, sind die Abschreibungen für die übergegangenen abnutzbaren Wirtschaftsgüter gegebenenfalls anzupassen bzw. neu festzusetzen.

Werden stille Reserven aufgedeckt, so unterliegt der resultierende Einbringungsgewinn der Einkommensteuer. Bei Teilwertansatz können die Tarifermäßigung des § 34 Abs. 1 EStG und die Freibetragsregelung des § 16 Abs. 4 EStG genutzt werden, bei Zwischenwertansatz ist nur § 34 EStG anwendbar. Um zu ermitteln, welcher Wertansatz ertragsteuerlich günstiger ist, bietet es sich wieder an, den Barwert der durch den Einbringungsvorgang ausgelösten Steuerdifferenzen zwischen Buchwertansatz und einem höheren Wertansatz unter Berücksichtigung der Wirkungen von Abschreibungen und Vergünstigungen zu bestimmen. Die zukünftige Gewinnentwicklung, der Anteil nicht abnutzbarer Wirtschaftsgüter und viele andere Faktoren beeinflussen diesen Barwert und damit die Entscheidung.

Da der Einbringungsgewinn bei Teilwertansatz, im Gegensatz zu einem Übernahmegewinn im Verschmelzungsfall, gemäß § 34 EStG ermäßigt besteuert wird und Gewerbesteuer auf Ebene des Einbringenden in der Regel nicht anfällt, ist es möglich, daß in Abhängigkeit von der Struktur der stillen Reserven, das heißt, abhängig davon, ob die stillen Reserven auf abnutzbaren und damit abschreibungsfähigen Wirtschaftsgütern ruhen oder nicht, der Teilwertansatz vorteilhaft ist. Die durch den Teilwertansatz hervorgerufenen abschreibungsbedingten Körperschaft- und Gewerbesteuerersparnisse bei der aufnehmenden Kapitalgesellschaft in den Folgeperioden können dann in ihrem Barwert geringer sein als die steuerliche Belastung auf Ebene des Einbringenden im Umwandlungszeitpunkt.[384] Somit kann bei Einbringungsvorgängen auch ohne Vorlie-

---

[382] Vgl. Haritz/Benkert (1996), § 21, Anm. 227.

[383] Vgl. Widmann/Mayer (1997), UmwStG 1995/Kurzkommentierung, Rz. S180; Dötsch (1996), Anh. UmwStG, Tz. 196; Wochinger/Dötsch (1994), S. 33.

[384] Wie bereits in den vorangegangenen Kapiteln werden auch hier Unternehmens- und Gesellschafterebene zugleich betrachtet. Vgl. dazu auch Schneeloch (1994), S. 219-220.

gen bestimmter Progressionseffekte der Teilwertansatz unter Umständen steuerlich günstiger sein als der Buchwertansatz.[385]

Progressionseffekte erlangen bei der Einbringung in eine Kapitalgesellschaft im wesentlichen im Zusammenhang mit einem verbleibenden Verlustabzug beim Einbringenden und einer Veräußerung einbringungsgeborener Anteile Entscheidungsrelevanz.

Soll beispielsweise ein verbleibender Verlustabzug gemäß § 10d EStG bei einem Einbringenden durch eine in Folge eines Teilwert- oder Zwischenwertansatzes entstehenden Einbringungsgewinn kompensiert werden, so wirkt der erhöhte Wertansatz in der aufnehmenden Kapitalgesellschaft für alle Anteilseigner. Diese kommen über ihre Beteiligung indirekt einerseits in den Genuß erhöhter zukünftiger Abschreibungen, müssen aber andererseits, falls auch sie Einbringende sind, im Umwandlungszeitpunkt unter Umständen einen Einbringungsgewinn versteuern. Hieraus können Interessenkonflikte zwischen Einbringenden, die einen Verlustabzug geltend machen können, und Einbringenden, bei denen eine positive Steuerbelastung durch die Umwandlung hervorgerufen wird, erwachsen.

Kann jedoch bei allen Einbringenden ein vergleichbarer Verlustabzug geltend gemacht werden oder gibt es nur einen Einbringenden, bei dem dies möglich ist, so stellt sich außerdem die Frage, ob eine Verrechnung des Verlustabzuges mit einem durch Aufstockung entstandenen Einbringungsgewinn überhaupt empfehlenswert ist. Obwohl der Verlustabzug nicht auf die aufnehmende Kapitalgesellschaft übertragen werden kann, geht er dennoch nicht verloren. Er bleibt dem Einbringenden erhalten, da dieser auch nach der Umwandlung weiterhin Steuersubjekt ist.[386] Da der Verlustabzug bei Wertaufstockung mit einem eigentlich ermäßigt besteuerten Gewinn verrechnet wird, geht der Vorteil der tariflichen Begünstigung des Teilwertansatzes als Folge der Verlustkompensation verloren. Bei Buchwertansatz könnte der Verlust hingegen unter Umständen in Folgeperioden zum Ausgleich ungemildert zu versteuernder Gewinne genutzt werden. Die relative Vorteilhaftigkeit des Teilwertansatzes im Vergleich zum Buchwertansatz sinkt somit, wenn die Wertaufstockung als Verrechnungspotential für einen Verlustabzug eingesetzt wird.

Für die Vorteilhaftigkeit der Bewertungsalternativen im Zusammenhang mit einem verbleibenden Verlust ist außerdem die Struktur der stillen Reserven und die Höhe des Verlusts im Verhältnis zu den stillen Reserven ausschlaggebend. Ein relativ niedriger verbleibender Verlust im Vergleich zu hohen stillen Reserven erhöht die Vorteilhaftigkeit des Teilwertansatzes. In diesem Fall geht nur ein relativ geringer Teil der steuerlichen Vergünstigungen beim Teilwertansatz durch die Verlustverrechnung verloren.

Ohne Berechnungen für den Einzelfall läßt sich jedoch keine allgemeingültige Empfehlung geben.[387]

---

[385] Vgl. im Gegensatz dazu die Verschmelzung einer Kapitalgesellschaft auf eine Personengesellschaft in Kapitel 7.2.2.4.

[386] Vgl. Wochinger/Dötsch (1994), S. 32-33.

[387] Vgl. Beispielrechnung in Kapitel 7.2.2.4, wobei jedoch neben den Vergünstigungen nach § 20 Abs. 5 UmwStG die von Verschmelzungen abweichende Abschreibungsbestimmung bei Einbringungen zu berücksichtigen ist.

Ein erhöhtes Konfliktpotential besteht außerdem, wenn die aufnehmende Kapitalgesellschaft bereits vor dem Einbringungsvorgang bestanden hat. Die Interessen der Alt- und Neugesellschafter können voneinander abweichen. Da beispielsweise bei der Einbringung eines Betriebs in eine Kapitalgesellschaft im Falle der Buchwertfortführung beim Einbringenden keine Ertragsteuern anfallen, hat die Kapitalgesellschaft und damit letztendlich auch deren Altgesellschafter die ertragsteuerlichen Folgen einer späteren Auflösung der auf den eingebrachten Wirtschaftsgütern ruhenden stillen Reserven in der Unternehmung zu tragen. Bei Kapitalgesellschaften besteht gerade nicht die Möglichkeit, die stillen Reserven dem Einbringenden mittels einer Ergänzungsbilanz zuzuordnen.[388] Folglich sind alle, auch die Altgesellschafter, von den steuerlichen Folgewirkungen betroffen.

7.4 Die Einbringung eines Betriebs, Teilbetriebs, Mitunternehmeranteils oder einer 100%igen Beteiligung an einer Kapitalgesellschaft in eine Personengesellschaft

Die Verschmelzung von Personengesellschaften laut Umwandlungsgesetz[389] wird im Umwandlungsteuergesetz als Einbringung eines Betriebs, Teilbetriebs oder Mitunternehmeranteils in eine Personengesellschaft bezeichnet und durch § 24 UmwStG geregelt. Der Vermögensübergang kann hier, wie auch bei der Einbringung in eine Kapitalgesellschaft nach §§ 20-23 UmwStG, sowohl im Wege der Gesamtrechtsnachfolge als auch im Wege der Einzelrechtsnachfolge erfolgen. Ebenfalls in § 24 UmwStG i.V.m. § 16 Abs. 1 Satz 2 EStG geregelt wird die Einbringung einer 100%igen Beteiligung an einer Kapitalgesellschaft,[390] die der einer Einbringung eines Betriebs, Teilbetriebs oder Mitunternehmeranteils gleichgestellt ist. Im Gegensatz zu den Vorschriften der §§ 20-23 UmwStG fällt die Einbringung einer mehrheitlichen Beteiligung nicht unter § 24 UmwStG und wird somit nach den allgemeinen Vorschriften des Einkommensteuergesetzes besteuert.[391]

Neben den explizit im Gesetz aufgeführten Fällen der Einbringung, das heißt, der Einbringung eines Betriebs, Teilbetriebs oder Mitunternehmeranteils ist § 24 UmwStG außerdem auf die folgenden Vorgänge anzuwenden:[392]

---

[388] Vgl. Groh (1996), S. 144.
[389] Vgl. §§ 3 und 39ff. UmwG; vgl. auch Widmann/Mayer (1997), Verschmelzung in UmwG, Rz. 37-39.
[390] Vgl. BMF-Schreiben vom 16.06.1978, BStBl. 1978 I, S. 235, Tz. 81.
[391] Vgl. Dötsch (1996), Anh. UmwStG, Tz. 219; vgl. auch Söffing (1995), S. 37-40.
[392] Vgl. Widmann/Mayer (1997), UmwStG 1995/Kurzkommentierung, Rz. S28; Haritz/Benkert (1996), § 24, Anm. 7-8.

- Aufnahme eines Gesellschafters in eine bestehende Personengesellschaft gegen Geld- oder Sacheinlage,
- Aufnahme einer Einzelunternehmung oder eines Gesellschafters in eine bestehende Personengesellschaft gegen Geld- oder Sacheinlage,
- die Gründung einer Personengesellschaft durch Zusammenschluß mehrerer Einzelunternehmer sowie, wie bereits erwähnt,
- die Einbringung einer 100%igen Beteiligung an einer Kapitalgesellschaft in eine Personengesellschaft.

Aus umsatzsteuerlicher Sicht stellt eine derartige Einbringung in eine Personengesellschaft einen tauschähnlichen Vorgang dar,[393] der in der Regel unter die Vorschrift des § 1 Abs. 1a UStG fällt und damit eine nichtsteuerbare Geschäftsveräußerung ist.[394]

Werden im Rahmen von Einbringungen in eine Personengesellschaft auch Grundstücke im Sinne von § 2 GrEStG übertragen, so fällt Grunderwerbsteuer in Höhe der Gegenleistung an. Zu beachten ist allerdings die Anwendung von § 6 GrEStG, falls am übertragenden sowie übernehmenden Rechtsträger dieselben Gesellschafter beteiligt sind.[395]

7.4.1 Ertragsteuerliche Auswirkungen bei der übernehmenden Personengesellschaft

§ 24 UmwStG findet keine Anwendung, wenn die spätere Besteuerung der im eingebrachten Betriebsvermögen ruhenden stillen Reserven nicht sichergestellt ist.

Ist dies gewährleistet, so stimmen die steuerlichen Auswirkungen einer Einbringung gemäß § 24 UmwStG in weiten Teilen mit den Regelungen der §§ 20-23 UmwStG überein.[396] Wird den Einbringenden als Gegenleistung ein Mitunternehmeranteil an der aufnehmenden Personengesellschaft gewährt, so sind die Voraussetzungen des § 24 UmwStG erfüllt und der aufnehmenden Personengesellschaft steht ein Bewertungswahlrecht zu.[397] Dies gilt unabhängig davon, ob der Vermögensübergang im Wege der Einzel- oder der Gesamtrechtsnachfolge geschieht.[398]

Wichtige Unterschiede gegenüber den Vorschriften zur Einbringung in eine Kapitalgesellschaft sind die folgenden:[399]

---

[393] BFH, 08.11.1995, BStBl. 1996 II, S. 114.
[394] Vgl. Widmann/Mayer (1997), UmwStG 1995/Kurzkommentierung, Rz. S74; Ausnahmen zu dieser Regel finden sich z.B. bei Götz (1996), S. 2711.
[395] Vgl. Widmann/Mayer (1997), UmwStG 1995/Kurzkommentierung, Rz. S75-79; Grotherr (1994), S. 1975-1976.
[396] Vgl. vor allem § 24 Abs. 4 UmwStG.
[397] Vgl. Haritz/Benkert (1996), § 24, Anm. 9.
[398] Vgl. Haritz/Benkert (1996), § 24, Anm. 80-81.
[399] Vgl. Dehmer (1996), § 24 UmwStG, Rz. 31-40.

- Eine Wertaufstockung bei der aufnehmenden Personengesellschaft muß im Gegensatz zu § 20 Abs. 2 Satz 5 UmwStG nicht durchgeführt werden, wenn dem Einbringenden neben der Mitunternehmerstellung andere Wirtschaftsgüter überlassen werden.[400]
- Anders als § 20 Abs. 2 Satz 4 und 5 UmwStG müssen die Aktiva nicht mindestens den Wert der Passiva einschließlich des Nennbetrags der neuen Beteiligung ausmachen. Ein vorhandenes negatives Kapitalkonto beim Einbringenden zwingt nicht zur Aufdeckung stiller Reserven.[401]
- Neben dem Freibetrag gemäß § 16 Abs. 4 wird auch die Anwendung des halben durchschnittlichen Steuersatzes nach § 34 EStG bei Zwischenwertansatz nicht gewährt.[402]
- Ein etwaiger Veräußerungsgewinn kann durch negative Ergänzungsbilanzen des Einbringenden vermieden werden, die beispielsweise aus einem bestehenden Verlustabzug resultieren oder auch durch eine Wertaufstockung, die in der Bilanz der Personengesellschaft vorgenommen wird, damit die Kapitalkonten der Gesellschafter das gewünschte Verhältnis zueinander aufweisen. In den Ergänzungsbilanzen erfolgt dann die erforderliche Korrektur, die den Buchgewinn wieder neutralisiert.[403]

Ein Veräußerungsgewinn bei Einbringung eines Betriebs, Teilbetriebs, Mitunternehmeranteils oder einer 100%igen Beteiligung an einer Kapitalgesellschaft in eine Personengesellschaft wird gemäß § 24 Abs. 3 Satz 2 UmwStG nicht als laufender Gewinn behandelt, wenn die Personengesellschaft das eingebrachte Betriebsvermögen mit seinem Teilwert ansetzt. Es handelt sich hier um außergewöhnliche Einkünfte im Sinne von § 34 EStG, die auch nicht der Gewerbesteuer zu unterwerfen sind.[404]

Satz 3 des § 24 Abs. 3 UmwStG schränkt die Anwendung von § 24 Abs. 3 Satz 2 UmwStG ein, falls die Bedingungen von § 16 Abs. 2 Satz 3 EStG vorliegen. Der Freibetrag nach § 16 Abs. 4 EStG und die Tarifermäßigung nach § 34 EStG können nur insoweit in Anspruch genommen werden, als der Einbringende nicht an der Personengesellschaft beteiligt ist. Soweit er selbst an der Personengesellschaft beteiligt ist, wird der Veräußerungsgewinn als laufender, nicht nach §§ 16 Abs. 4 und 34 EStG begünstigter Gewinn behandelt, der der Gewerbesteuer unterliegt und, sofern der Gewinn im einkommensteuerlichen Bereich erfolgt, zur Einkommensteuer nach § 32c EStG herangezogen wird.[405] Für den restlichen Teil des Veräußerungsgewinns wird der Freibetrag nach § 16 Abs. 4 EStG und der ermäßigte Steuersatz nach § 34 EStG weiterhin ge-

---

[400] Vgl. Haritz/Benkert (1996), § 24, Anm. 88.

[401] Vgl. § 24 Abs. 2 UmwStG im Gegensatz zu § 20 Abs. 2 Satz 4 und 5 UmwStG.

[402] Vgl. Haritz/Benkert (1996), § 24, Anm. 148.

[403] Vgl. Widmann/Mayer (1997), UmwStG 1995/Kurzkommentierung, Rz. S41-S46; Dötsch (1996), Anh. UmwStG, Tz. 221; App/Hörtnagel/Stratz (1995), S. 245-246; vgl. hierzu auch Groh (1996), S. 142-144 und S. 146. Im Entwurf des Einführungsschreibens zum Umwandlungssteuergesetz 1995 wird die Neutralisierung durch negative Ergänzungsbilanzen stark eingeschränkt. Vgl. hierzu Busch (1997), S. 2033.

[404] Vgl. Widmann/Mayer (1997), UmwStG 1995/Kurzkommentierung, Rz. S60 und S62.

[405] Vgl. Widmann/Mayer (1997), UmwStG 1995/Kurzkommentierung, Rz. S62.

währt.[406] Bei Zwischenwertansatz wird auch in den Fällen des § 24 Abs. 3 Satz 3 UmwStG insgesamt nicht von einem laufenden Gewinn ausgegangen, so daß dieser gegebenenfalls nach § 32a EStG ungemildert versteuert werden muß.[407]

7.4.2 Ertragsteuerliche Vorteilhaftigkeits- und Gestaltungsüberlegungen bei der Einbringung in eine Personengesellschaft

Da die Besteuerung der Einbringung in eine Personengesellschaft weitgehend den Vorschriften zur Einbringung in eine Kapitalgesellschaft entspricht, kann auf die Vorteilhaftigkeitsüberlegungen in Kapitel 7.3.3 verwiesen werden.

Aufgrund der Tatsache, daß der aufnehmende Rechtsträger bei einer Einbringung nach § 24 UmwStG eine Personengesellschaft ist, die nach den Regeln des Einkommensteuergesetzes veranlagt wird, können Progressionseffekte die Vorteilhaftigkeit des Teilwertansatzes im Zusammenhang mit der zeitlichen Struktur der Auflösung der stillen Reserven in den auf den Einbringungszeitpunkt folgenden Perioden zusätzlich beeinflussen. Sogenannte „Verkäufe an sich selbst"[408] im Sinne von § 24 Abs. 3 Satz 3 UmwStG i.V.m. § 16 Abs. 2 Satz 3 EStG sind im Gegensatz zu vergleichbaren Einbringungen in eine Kapitalgesellschaft nicht steuerlich begünstigt. Mit steigendem Anteil des Einbringenden an der aufnehmenden Personengesellschaft verliert somit der Teilwertansatz an relativer Vorteilhaftigkeit.

Wird eine möglichst geringe Ertragsteuerbelastung angestrebt, so dürfte der Zwischenwertansatz nicht in Frage kommen, da hier im Umwandlungszeitpunkt keine steuerlichen Vergünstigungen in Anspruch genommen werden können.

Insgesamt lassen sich keine allgemeingültigen Aussagen über die Vorteilhaftigkeit der Bewertungsalternativen machen. Zu viele vom Einzelfall abhängige Tatbestände beeinflussen die relevanten Zahlungsströme.[409] Als Entscheidungskriterium für die Beurteilung der Vorteilhaftigkeit eines Bewertungsansatzes ist abermals der Barwert der Ertragsteuerzahlungsdifferenzen zwischen den Alternativen heranzuziehen.

Der Teilwertansatz ist häufig dann vorteilhafter als der Buchwertansatz, wenn der Einbringende eine natürliche Person ist und zugleich die stillen Reserven überwiegend auf abnutzbaren Wirtschaftsgütern ruhen. In diesem Fall treffen die einkommensteuerlichen Vergünstigungen der §§ 16 Abs. 4 und 34 EStG und abschreibungsbedingte Steuerersparnisse durch erhöhte Wertansätze zusammen.[410]

Im Vergleich zur Einbringung in eine Kapitalgesellschaft bietet eine Einbringung nach § 24 UmwStG mehr Gestaltungsmöglichkeiten, da hier beispielsweise der Buch-

---

[406] Vgl. Widmann/Mayer (1997), UmwStG 1995/Kurzkommentierung, Rz. S60; Dötsch (1996), Anh. UmwStG, Tz. 221a; App/Hörtnagel/Stratz (1995), S. 245.

[407] Vgl. Widmann/Mayer (1997), UmwStG 1995/Kurzkommentierung, Rz. S62; vgl. auch Schaumburg/Rödder (1995), § 24 UmwStG, Rz. 15-20.

[408] Vgl. Dötsch (1996), Anh. UmwStG, Tz. 221a.

[409] Vgl. Widmann/Mayer (1997), UmwStG 1995/Kurzkommentierung , Rz. S32.

[410] Vgl. Widmann/Mayer (1997), UmwStG 1995/Kurzkommentierung , Rz. S33-34.

wertansatz auch dann zulässig ist, wenn der Saldo aus Aktiva und Passiva des eingebrachten Betriebsvermögens negativ ist.[411]

Wie bei der Einbringung eines Betriebs, Teilbetriebs oder Mitunternehmeranteils in
eine Kapitalgesellschaft, so sind auch hier, wenn der Einbringende in eine bereits bestehende Personengesellschaft als neuer Gesellschafter aufgenommen wird, die unterschiedlichen Interessen des neuen und der alten Gesellschafter zu beachten. Bei Buchwertansatz löst der Einbringungsvorgang beim Einbringenden keine Ertragsteuerbelastung aus, wohingegen die Altgesellschafter bei der Auflösung der auf dem eingebrachten Vermögen ruhenden stillen Reserven im Zeitablauf die hierauf entfallenden Ertragsteuern mittragen müssen. Dieses unter Umständen unerwünschte Ergebnis kann im
Gegensatz zur Einbringung in eine Kapitalgesellschaft zumindest hinsichtlich der Einkommensteuer durch Ansatz des eingebrachten Betriebsvermögens mit dem Teilwert in
der Steuerbilanz der Personengesellschaft und der Erstellung einer entsprechenden
Ergänzungsbilanz für den einbringenden Gesellschafter vermieden werden.[412]

7.5 Die Spaltung

Bei der Spaltung handelt es sich um einen Dekonzentrationsvorgang und damit um das
Gegenstück zur Verschmelzung.[413] Der Vermögensübergang erfolgt im Wege der Sonderrechtsnachfolge.[414] Die Sonderrechtsnachfolge entspricht prinzipiell der Gesamtrechtsnachfolge, allerdings wird hier nicht das gesamte Betriebsvermögen übertragen,
sondern lediglich ein Teil.

Eine Spaltung, die im Steuerrecht auch oft als Realteilung bezeichnet wird,[415] kann
auf unterschiedliche Art und Weise durchgeführt werden. Es wird zwischen der Spaltung zur Aufnahme durch einen oder mehrere bestehende Rechtsträger und der Spaltung zur Neugründung differenziert.[416] Das Umwandlungssteuerrecht kennt darüber
hinaus drei Formen der Spaltung:[417]

---

[411] Vgl. Widmann/Mayer (1997), UmwStG 1995/Kurzkommentierung, Rz. S40.
[412] Vgl. Groh (1996), S. 146-147. Zu beachten sind jedoch die Einschränkungen im Entwurf des Einführungsschreibens zum Umwandlungssteuergesetz 1995. Vgl. hierzu Busch (1997), S. 2033.
[413] Vgl. Haritz/Benkert (1996), § 15, Anm. 4; Klein (1994), S. 3653.
[414] Vgl. Widmann/Mayer (1997), § 123 UmwG, Rz. 4.1.3.; Engelmeyer (1996), S. 3997.
[415] Vgl. Dötsch (1996), Anh. UmwStG, Tz. 224; Felix/Strahl (1996), S. 2221; Klein (1994), S. 3653. Eine
genauere Begriffsabgrenzung findet sich bei Wegener (1997), S. 9-13.
[416] Vgl. Widmann/Mayer (1997), § 123 UmwG, Rz. 5.
[417] Vgl. Kapitel 7.1; vgl. auch Wochinger/Dötsch (1994), S. 22. Spaltungen als Variante der Vermögensübertragung, das heißt, die sogenannten Teilübertragungen im Sinne von § 174 Abs. 2 UmwG werden
hier nicht betrachtet. Diese unterscheiden sich in einzelnen Aspekten von Spaltungen im Sinne von
§ 123 UmwG. Vgl. hierzu auch Schaumburg/Rödder (1995), § 174 UmwG, Rz. 2-9.

- *Die Aufspaltung:*[418]

Bei der Aufspaltung im Sinne von § 123 Abs. 1 UmwG teilt der übertragende Rechtsträger[419] unter Auflösung ohne Abwicklung sein gesamtes Vermögen auf und überträgt es im Wege der Sonderrechtsnachfolge auf zwei oder mehrere andere Rechtsträger. Die Gesellschafter des untergehenden Rechtsträgers erhalten eine Beteiligung an den übernehmenden Rechtsträgern.

Die steuerlichen Besonderheiten dieser Umwandlung sind in den §§ 15 und 16 UmwStG enthalten.

- *Die Abspaltung:*[420]

Bei Abspaltungen im Sinne von § 123 Abs. 2 UmwG bleibt der übertragende Rechtsträger als (Rumpf-) Unternehmung bestehen. Lediglich ein oder mehrere Teile seines Betriebsvermögens werden auf einen oder mehrere bestehende oder neue Rechtsträger übertragen. Die Gesellschafter oder Aktionäre des abspaltenden Rechtsträgers erhalten im Gegenzug Anteile am übernehmenden Rechtsträger.

Die steuerlichen Regelungen finden sich in den §§ 15 und 16 UmwStG.

- *Die Ausgliederung:*[421]

Die Vorschriften der §§ 15 und 16 UmwStG gelten nicht für Ausgliederungen (§ 1 Abs. 1 Satz 2 UmwStG). Eine Ausgliederung im Sinne von § 123 Abs. 3 UmwG ähnelt der Abspaltung. Der Unterschied besteht allerdings darin, daß die Anteile an der übernehmenden Gesellschaft, die für das übergegangene Betriebsvermögen gewährt werden, der übertragenden Gesellschaft selbst und nicht ihren Gesellschaftern oder Aktionären zufallen. Die Sphäre der Gesellschafter des übertragenden Rechtsträgers wird nicht direkt berührt.[422]

Die steuerlichen Folgen der Ausgliederung ergeben sich im Gegensatz zu den beiden anderen Formen der Spaltung aus §§ 20 - 24 UmwStG. Ist der übernehmende Rechtsträger eine Kapitalgesellschaft, so sind §§ 20-23 UmwStG anzuwenden.

Somit ist die Ausgliederung das Pendant zur Einbringung.[423]

Die steuerlichen Regelungen zur Spaltung verweisen in weiten Teilen auf die Vorschriften zur Verschmelzung oder zu Einbringungsvorgängen. Um die vom UmwStG vorgesehene Erfolgsneutralität für Spaltungen in Anspruch nehmen zu können, müssen jedoch die im folgenden dargestellten Voraussetzungen erfüllt sein.[424]

---

[418] Vgl. Widmann/Mayer (1997), § 123 UmwG, Rz. 5.3; Dötsch (1996), Anh. UmwStG, Tz. 232.

[419] Vgl. § 124 UmwG i.V.m. § 3 UmwG; vgl. auch Schaumburg/Rödder (1995), § 124 UmwG, Rz. 2-12.

[420] Vgl. Widmann/Mayer (1997), § 123 UmwG, Rz. 5.4; Dötsch (1996), Anh. UmwStG, Tz. 233.

[421] Vgl. Widmann/Mayer (1997), § 123 UmwG, Rz. 5.5; Dötsch (1996), Anh. UmwStG, Tz. 234.

[422] Vgl. Dötsch (1996), Anh. UmwStG, Tz. 39 und 319.

[423] Vgl. Widmann/Mayer (1997), UmwStG 1995/Kurzkommentierung, Rz. S419.

[424] Vgl. Widmann/Mayer (1997), UmwStG 1995/Kurzkommentierung, Rz. S420-S461; Wochinger/Dötsch (1994), S. 21-22.

Wie Verschmelzungen fallen Spaltungsvorgänge grundsätzlich unter § 1 Abs. 1a UStG und sind insofern als ein „gesondert geführter Betrieb"[425] nicht umsatzsteuerbar.[426] Das Recht zum Vorsteuerabzug für im Zusammenhang mit der Umwandlung entrichtete Umsatzsteuer geht dadurch nicht verloren.[427] Hierzu muß lediglich gewährleistet sein, daß der übernehmende Rechtsträger Unternehmer im Sinne des UStG ist.[428]

Werden im Rahmen einer Spaltung auch Grundstücke übertragen, so ist dieser Vorgang grunderwerbsteuerpflichtig. Bei einer Aufspaltung muß Grunderwerbsteuer für sämtliche Grundstücke im Vermögen der übertragenden Gesellschaft abgeführt werden.[429] Als Bemessungsgrundlage ist gemäß § 8 Abs. 1 GrEStG der Wert der Gegenleistung anzusetzen. Bei der Spaltung unter Beteiligung von Personengesellschaften ist zu beachten, daß Grunderwerbsteuer insoweit nicht erhoben wird, als die Gesellschafter des übertragenden Rechtsträgers auch am übernehmenden Rechtsträger beteiligt sind (§ 6 GrEStG). Das gleiche gilt auch für die Übertragung einer 100%igen Beteiligung an einer Kapitalgesellschaft,[430] falls sich im Vermögen dieser Gesellschaft Grundbesitz befindet. In die Bemessungsgrundlage geht hier jedoch nicht der anteilige Wert der Gegenleistung ein, sondern 140% des Einheitswertes des Grundvermögens.[431]

7.5.1 Die Spaltung einer Kapitalgesellschaft

Bei der Spaltung einer Kapitalgesellschaft als übertragender Rechtsträger muß differenziert werden nach der Art der Spaltung, das heißt, Auf- und Abspaltung einerseits und der Ausgliederung andererseits. Des weiteren muß beachtet werden, daß es in Abhängigkeit von der Rechtsform des übernehmenden Rechtsträgers gegebenenfalls zu steuerlichen Unterschieden kommt.

7.5.1.1 Ertragsteuerliche Auswirkungen der Auf- und Abspaltung auf eine andere Kapitalgesellschaft

Wird eine Kapitalgesellschaft auf eine andere Kapitalgesellschaft als übernehmenden Rechtsträger auf- oder abgespalten, so verweist § 15 Abs. 1 UmwStG auf die entsprechende Anwendung der §§ 11 - 13 UmwStG und damit auf die Vorschriften für Verschmelzungen.

---

[425] Vgl. § 1 Abs. 1a Satz 2 UStG.
[426] Vgl. auch Abschn. 5 UStR.
[427] Vgl. Schwarz (1994), S. 185-187.
[428] Vgl. Husmann (1994), S. 333-336; Götz (1996), S. 2707.
[429] Vgl. Götz (1996), S. 2714-2715.
[430] Vgl. Götz (1996), S. 2713.
[431] Vgl. Gotherr (1994), S. 1979; vgl. auch Götz (1996), S. 2713-2714.

194

Um das Umwandlungssteuergesetz überhaupt auf eine Auf- oder Abspaltung anwenden zu können, müssen eine Reihe von Voraussetzungen erfüllt sein:[432]

1. Eine erfolgsneutrale Spaltung ist nur zulässig, wenn sowohl die übertragende als auch die übernehmende Kapitalgesellschaft unbeschränkt körperschaftsteuerpflichtig ist (§ 1 Abs. 5 UmwStG).[433]

2. Die Gegenleistung der Nachfolgegesellschaften darf ausschließlich in Gesellschaftsrechten bestehen (§ 15 Abs. 1 i.V.m. § 11 Abs. 1 UmwStG). Soweit eine bare Zuzahlung erfolgt, ist der Teilwertansatz vorzunehmen.[434]

3. Es muß sich um die Übertragung eines Teilbetriebs, eines Mitunternehmeranteils oder einer 100%igen Beteiligung an einer Kapitalgesellschaft handeln (§ 15 Abs. 1 Satz 1 und 3 UmwStG).[435] Ohne diese Voraussetzung bestünde die Möglichkeit, die Einzelveräußerung von Wirtschaftsgütern aus einem Betriebsvermögen als Abspaltung zu interpretieren und so einer Besteuerung der stillen Reserven auch in diesem Fall aus dem Weg zu gehen.[436]

4. Gemäß § 15 Abs. 1 Satz 2 UmwStG muß der übertragenden Kapitalgesellschaft im Fall der Abspaltung mindestens ein Teilbetrieb verbleiben.[437]

5. Gegen die Mißbrauchsvorschrift des § 15 Abs. 3 UmwStG darf nicht verstoßen werden. Diese Regelung gilt für sogenannte fiktive Teilbetriebe,[438] das heißt, für Mitunternehmeranteile und 100%ige Beteiligungen an einer Kapitalgesellschaft, die eingebracht werden. Die Vorschrift soll die Umgehung des § 15 Abs. 1 UmwStG verhindern. Ohne diese Regelung bestünde die Gefahr, daß durch Spaltungsvorgänge stille Reserven unversteuert bleiben oder durch Spaltung in Gesellschaften überführt werden können, bei denen sie zu niedrigeren Steuerbelastungen führen.

Durch die Mißbrauchsvorschrift des § 15 Abs. 3 UmwStG werden verschiedene Fälle der Veräußerung geregelt:[439]

---

[432] Vgl. Dötsch (1996), Anh. UmwStG, Tz. 325a; Wochinger/Dötsch (1994), S. 21-22.

[433] Vgl. Dötsch (1996), Anh. UmwStG, Tz. 325a; Hörger (1995), S. 231-237

[434] Vgl. Widmann/Mayer (1997), UmwStG 1995/Kurzkommentierung, Rz. S460; Dötsch (1996), Anh. UmwStG, Tz. 325a mit weiteren Details; Herzig/Förster (1995), S. 346-347. Zu den Besonderheiten einer nicht verhältniswahrenden Spaltung vgl. ebenda sowie Hörger (1995), S. 249.

[435] Vor allem der Teilbetriebsbegriff erlangt in diesem Zusammenhang große Bedeutung. Vgl. Blumers (1997), S. 1876-1878.

[436] Vgl. Widmann/Mayer (1997), UmwStG 1995/Kurzkommentierung, Rz. S422; Haritz/Benkert (1996), § 15, Anm. 14 und 20-58; Blumers (1995), S. 496-500; Herzig/Förster (1995), S. 342; Hörger (1995), S. 237-244.

[437] Vgl. z.B. Widmann/Mayer (1997), UmwStG 1995/Kurzkommentierung, Rz. S423; Blumers/Wochinger (1996), S. 45-65; Blumers (1995), S. 496-497; Herzig/Förster (1995), S. 342; Hörger (1995), S. 245-249.

[438] Vgl. Dötsch (1996), Anh. UmwStG, Tz. 332h-332i; Haritz/Benkert (1996), § 15, Anm. 57 und 82.

[439] Vgl. Dötsch (1996), Anh. UmwStG, Tz. 329-343a; Wochinger/Dötsch (1994), S. 21-22; vgl. auch Krebs (1997b), S. 1817-1820; Haritz/Benkert (1996), § 15, Anm. 70-74.

- Die Erfolgsneutralität der Spaltung wird versagt, wenn Mitunternehmeranteile und 100%ige Beteiligungen übertragen werden, die in den letzten 3 Jahren vor der Spaltung durch die Übertragung von Wirtschaftsgütern, die keinen Teilbetrieb darstellen, erworben oder aufgestockt worden sind (§ 15 Abs. 3 Satz 1 UmwStG).[440]
- Durch die Spaltung darf gemäß § 15 Abs. 3 Satz 2 UmwStG keine Veräußerung an außenstehende Personen vollzogen werden.[441] Davon ist auszugehen, wenn innerhalb von 5 Jahren nach dem steuerlichen Übertragungsstichtag Anteile an einer an der Spaltung beteiligten Kapitalgesellschaft, die mehr als 20% der vor dem Wirksamwerden der Spaltung an der Körperschaft bestehenden Anteile ausmachen, veräußert werden. Gedacht ist hier an die Veräußerung der Anteile an den beteiligten Gesellschaften an Personen, die nicht zum Konzern des Veräußerers gehören.[442] Die Besteuerung der stillen Reserven bei Veräußerung eines Mitunternehmeranteils oder einer 100%igen Beteiligung soll gemäß § 15 Abs. 3 Satz 2 und 3 UmwStG nicht durch eine zeitnahe Anteilsveräußerung an außenstehende Personen umgangen werden können. Dies wäre durch die Veräußerung der Anteile möglich, wenn der Anteilseigner im Ausland ansässig ist, steuerbefreit oder nicht steuerpflichtig ist.[443]
- Erfolgsneutralität wird außerdem versagt, wenn bei Trennung von Gesellschafterstämmen die Beteiligung an der übertragenden Kapitalgesellschaft nicht mindestens 5 Jahre vor dem steuerlichen Übertragungsstichtag bestanden hat.[444]
- Schafft die Spaltung Voraussetzungen für eine spätere Veräußerung, ist dieser Vorgang gemäß § 15 Abs. 3 Satz 3 UmwStG unter bestimmten Umständen nicht erfolgsneutral möglich. Ruhende stille Reserven müssen aufgedeckt werden, wenn innerhalb von 5 Jahren nach der Spaltung Anteile an einer beteiligten Kapitalgesellschaft veräußert werden, die mehr als 20% des Nennkapitals der Kapitalgesellschaft vor Spaltung ausmachen. Durch die Vorschrift wird vermieden, daß bei der Spaltung von Publikumsgesellschaften die Veräußerung eines einzigen Anteils innerhalb von 5 Jahren nach der Spaltung zum Verlust der Erfolgsneutralität der Spaltung nach § 15 UmwStG führt.[445]

Liegt eine der Voraussetzungen des § 15 Abs. 3 UmwStG nicht vor, kann das Wahlrecht nicht Anspruch genommen werden. Alle stillen Reserven sind aufzulösen und zu

---

[440] Vgl. Widmann/Mayer (1997), UmwStG 1995/Kurzkommentierung, Rz. S428; Herzig/Förster (1995), S. 343-345 mit weiteren Beispielen.

[441] Vgl. Widmann/Mayer (1997), UmwStG 1995/Kurzkommentierung, Rz. S433; Hörger (1995), S. 253.

[442] Vgl. Krebs (1997b), S. 1819; Widmann/Mayer (1997), UmwStG 1995/Kurzkommentierung, Rz. S435.3. Nach Ansicht von Krebs bezieht sich die Vorschrift nur auf Anteile am abgespaltenen Vermögen. Vgl. dazu Krebs (1997b), S. 1820.

[443] Vgl. hierzu genauer Krebs (1997b), S. 1817-1820; Widmann/Mayer (1997), UmwStG 1995/Kurzkommentierung, Rz. S433-437; Herzig/Förster (1995), S. 342.

[444] Vgl. Blumers (1997), S. 1879; Widmann/Mayer (1997), UmwStG 1995/Kurzkommentierung, Rz. S453-S459; Haritz/Benkert (1996), § 15, Anm. 135-140; Herzig/Förster (1995), S. 346.

[445] Vgl. Widmann/Mayer (1997), UmwStG 1995/Kurzkommentierung, Rz. S438-S452; Haritz/Benkert (1996), § 15, Anm. 110-129; Herzig/Förster (1995), S. 345-346.

versteuern. Die Anwendung der §§ 12 und 13 UmwStG wird in diesem Fall jedoch nicht versagt. Folglich ist ein Übernahmegewinn oder -verlust steuerlich irrelevant.[446]

Sind jedoch die genannten Voraussetzungen erfüllt, kann die übertragende Kapitalgesellschaft die übertragenen Wirtschaftsgüter in ihrer steuerlichen Schlußbilanz mit dem Buchwert, dem Teilwert oder einem Zwischenwert ansetzen.[447] Für den steuerlichen Übertragungsgewinn ergeben sich die gleichen Konsequenzen wie bei einer Verschmelzung.[448]

Wie bei der Verschmelzung einer Kapitalgesellschaft auf eine andere geht ein verbleibender Verlustabzug im Sinne des § 10d Abs. 3 Satz 2 EStG anteilig auf die übernehmenden Kapitalgesellschaften über (vgl. § 15 Abs. 4 UmwStG).[449] Der Verlustabzug wird im Verhältnis der übergehenden Vermögensteile zu dem bei der übertragenden Kapitalgesellschaft vor der Spaltung bestehenden Vermögen aufgeteilt. Um Mißbräuche zu vermeiden, verlangt § 15 Abs. 4 Satz 2 UmwStG, daß das Verhältnis der gemeinen Werte der übergehenden Vermögensteile zu dem vor der Spaltung vorhandenen Vermögen maßgebend ist, sofern das Umtauschverhältnis nicht dem Verhältnis der übergehenden Vermögensteile entspricht.[450]

Das verwendbare Eigenkapital der übertragenden Kapitalgesellschaft muß bei der Auf- oder Abspaltung auf eine oder mehrere gliederungspflichtige Kapitalgesellschaften aufgeteilt werden. Dies regelt § 38a KStG in mehreren Schritten.[451]

Während sich das verwendbare Eigenkapital des übertragenden Rechtsträgers bei der Aufspaltung auf Null reduziert, verringert es sich bei der Abspaltung lediglich.[452]

7.5.1.2 Ertragsteuerliche Auswirkungen der Auf- und Abspaltung auf eine Personengesellschaft

Die steuerliche Behandlung der Auf- und Abspaltung einer Kapitalgesellschaft auf eine Personengesellschaft ist in § 16 UmwStG geregelt, der wieder auf die Vorschriften zur Verschmelzung und auf § 15 UmwStG verweist.[453]

Sind die Voraussetzungen des § 15 UmwStG erfüllt, ist eine erfolgsneutrale Vermögensübertragung möglich.[454]

---

[446] Vgl. genauer Dötsch (1996), Anh. UmwStG, Tz. 329.

[447] Vgl. Widmann/Mayer (1997), UmwStG 1995/Kurzkommentierung, Rz. S462-S469; Dötsch (1996), Anh. UmwStG, Tz. 325a.

[448] Vgl. Herzig/Förster (1995), S. 347-349.

[449] Vgl. Widmann/Mayer (1997), UmwStG 1995/Kurzkommentierung, Rz. S476; Dötsch (1996), Anh. UmwStG, Tz. 344; Herzig/Förster (1995), S. 341.

[450] Vgl. Blumers (1997), S. 1879; Dötsch (1996), Anh. UmwStG, Tz. 344 und 345; Hörger (1995), S. 258-260.

[451] Vgl. hierzu im Detail z.B. Wegener (1997), S. 359-389; Widmann/Mayer (1997), UmwStG 1995/Kurzkommentierung, Rz. S477-S496; Dötsch (1996), § 38a KStG, Tz. 1-62; Wochinger/Dötsch (1994), S. 25-29.

[452] Vgl. Dötsch (1996), § 38a KStG, Tz. 12.

[453] Vgl. Dötsch (1996), Anh. UmwStG, Tz. 354; Haritz/Benkert (1996), § 16, Anm. 3.

[454] Vgl. Dötsch (1996), Anh. UmwStG, Tz. 359; Haritz/Benkert (1996), § 16, Anm. 10-22.

Das Wahlrecht hinsichtlich des Wertansatzes steht der übertragenden Kapitalgesellschaft zu. Die Personengesellschaft muß die von der Kapitalgesellschaft gewählten Werte übernehmen. Ein etwaiger Übernahmegewinn wird wie im Fall der Verschmelzung besteuert. Auch für die Anteilseigner der übertragenden Kapitalgesellschaft ergeben sich dieselben steuerlichen Folgen wie bei der Verschmelzung.

Ebenso ist die Übernahme eines Verlustabzugs im Sinne des § 10d Abs. 3 Satz 2 EStG von der übertragenden Kapitalgesellschaft nicht möglich (vgl. § 16 i.V.m. § 4 Abs. 2 Satz 2 UmwStG).[455]

Bezüglich des übergehenden verwendbaren Eigenkapitals werden die Vorschriften des § 16 UmwStG durch § 38a Abs. 1 Satz 3 KStG ergänzt.[456] Die Eigenkapitalanteile der übertragenden Kapitalgesellschaft müssen in dem Verhältnis gemindert werden, in dem anteilig Vermögen auf die Personengesellschaft übergeht. Dadurch wird sichergestellt, daß die offenen Rücklagen, die dem Teil des auf die Personengesellschaft übergehenden Vermögens entsprechen, versteuert werden und die darauf lastende Körperschaftsteuer zur Anrechnung kommt.[457]

7.5.1.3 Ertragsteuerliche Auswirkungen der Ausgliederung

Eine Ausgliederung wird steuerlich als Sacheinlage in Form eines Teilbetriebs, Mitunternehmeranteils oder einer 100% Beteiligung behandelt und nach §§ 20-23 UmwStG besteuert, falls der übernehmende Rechtsträger eine Kapitalgesellschaft ist. Hat der übernehmende Rechtsträger die Rechtsform einer Personengesellschaft, regelt § 24 UmwStG die steuerlichen Folgen der Ausgliederung.[458]

7.5.2 Die Spaltung einer Personengesellschaft

Die Spaltung von Personengsellschaften ist nicht explizit im Umwandlungssteuergesetz geregelt. Die steuerlichen Auswirkungen ergeben sich aus den Ausführungen über die Einbringung im Sinne von §§ 20-24 UmwStG.[459] Hier werden jeweils nicht nur die Auf- und Abspaltung geregelt, sondern auch der Vorgang der Ausgliederung aus einer Personengesellschaft.[460]

Die Spaltung einer Personengesellschaft und den Vermögensübergang auf eine andere Personengesellschaft regelt § 24 UmwStG während die Spaltung einer Personengesellschaft auf eine Kapitalgesellschaft durch §§ 20-23 UmwStG erfaßt wird.[461]

---

[455] Vgl. Dötsch (1996), Anh. UmwStG, Tz. 362.
[456] Vgl. Dötsch (1996), Anh. UmwStG, Tz. 353.
[457] Vgl. Dötsch (1996), § 38a KStG, Tz 52-54.
[458] Vgl. Klein (1994), S. 3653-3668.
[459] Vgl. Kapitel 7.3 und 7.4.
[460] Vgl. Schaumburg/Rödder (1995), Einführung UmwStG, Rz. 46-47.
[461] Vgl. Felix/Strahl (1996), S. 2221-2223; Klein (1994), S. 3653-3668.

Die Erfolgsneutralität der Spaltung von Personengesellschaften ist an weniger strenge Voraussetzungen gebunden als die Spaltungen von Kapitalgesellschaften. So ist z.B. eine Mindesthaltedauer bei fiktiven Teilbetrieben im Sinne von § 15 UmwStG nicht erforderlich, um das Bewertungswahlrecht ohne schädliche Folgen in der Zukunft in Anspruch nehmen zu können.[462]

Bei Ausgliederungen zur Aufnahme durch eine Kapitalgesellschaft ist zu beachten, daß, wenn die bisherigen Gesellschafter einer Personengesellschaft an der aufnehmenden Kapitalgesellschaft nicht mehr beteiligt sind, die stillen Reserven aufzulösen sind. Hier handelt es sich um eine gewöhnliche Veräußerung. Der resultierende Gewinn wird nach § 16 und § 34 EStG besteuert, sofern das ausgegliederte Vermögen einen Betrieb oder Teilbetrieb darstellt. Sind die bisherigen Gesellschafter auch an der übernehmenden Gesellschaft beteiligt, so hängen die steuerlichen Folgen von der Wahl des Wertansatzes im Sinne von § 20 UmwStG ab. Im Gegensatz zur Spaltung einer Kapitalgesellschaft ist es bei der Spaltung einer Personengesellschaft aufgrund der sich ausschließlich auf das übergehende Betriebsvermögen konzentrierenden Vorschriften des § 20 UmwStG nicht erforderlich, daß der abgebenden Unternehmung ein Teilbetrieb verbleibt. Bei dem durch die Spaltung übertragenen Vermögen muß es sich, ebenfalls abweichend von der Spaltung einer Kapitalgesellschaft, nicht um eine 100%ige Beteiligung an einer Kapitalgesellschaft handeln, sondern es genügt, wenn es sich um die Mehrheit der Anteile handelt und im Gegenzug mindestens ein neuer Anteil gewährt wird.[463]

Erwähnenswert ist in diesem Zusammenhang, daß, wenn weniger als 100% der Anteile übertragen werden, keine Grunderwerbsteuer, für Grundstücke, auf die sich die Anteile beziehen, anfällt.[464]

Häufig wird unter dem Oberbegriff Spaltung die sogenannte Anwachsung mitaufgeführt. Bei der Anwachsung im Sinne von § 738 BGB bzw. § 105 HGB handelt es sich nicht um eine Umwandlung im Sinne des UmwG. Hier wird durch Ausnutzen gesellschaftsrechtlicher Vorschriften des BGB und HGB ein Vermögensübergang erreicht. Treten Gesellschafter aus einer Personengesellschaft aus, wächst ihr Anteil am Gesellschaftsvermögen im Falle einer GbR nach § 738 BGB oder im Falle von Personenhandelsgesellschaften nach § 105 Abs. 2 HGB i.V.m. § 738 BGB den verbleibenden Gesellschaftern zu. Die Unternehmensform ändert sich nur dann, wenn bis auf einen Gesellschafter alle anderen Gesellschafter aus der Personengesellschaft austreten. Es bedarf keiner Vermögensübertragung im Wege der Einzelrechtsnachfolge. Handelt es sich beim verbleibenden Gesellschafter um eine natürliche Person, wird aus der Personengesellschaft eine Einzelunternehmung. Ist der zuletzt verbleibende Gesellschafter eine Kapitalgesellschaft, wird die Personengesellschaft in eine Kapitalgesellschaft

---

[462] Vgl. Dehmer (1996), § 24 UmwStG, Rz. 70.

[463] Vgl. § 20 Abs. 1 UmwStG.

[464] Vgl. Götz (1996), S. 2717. Diese Vorschrift bezieht sich auf Einbringungen im Sinne von § 20 UmwStG. Wird eine erfolgsneutrale Umwandlung angestrebt, so können sich durch die Grunderwerbsteuer unerwünschte Liquiditätsabflüsse ergeben, die sich hier durch geschickte Gestaltung vermeiden lassen. Vgl. z.B. Götz (1996), S. 2718.

"umgewandelt". Um die §§ 20-24 UmwStG anwenden zu können, ist darauf zu achten, daß auch im Fall der Anwachsung mindestens ein neuer Gesellschaftsanteil durch die Kapitalgesellschaft gewährt werden muß.[465]

7.6 Der Formwechsel

Von den bisher beschriebenen Umwandlungsarten zu unterscheiden ist der Formwechsel.

Von einem Formwechsel ist nur ein einzelner Rechtsträger betroffen. Es ändert sich durch die Umwandlung lediglich die Rechtsform des Rechtsträgers. Ein Vermögensübergang findet nicht statt. Der Rechtsträger bewahrt einerseits seine wirtschaftliche Identität, andererseits bleiben der Vermögensbestand und in der Regel auch die Anteilseigner sowie deren Anteilsverhältnisse identisch.[466]

Die steuerlichen Folgen eines Formwechsels ergeben sich aus §§ 14 und 25 UmwStG, die weitestgehend auf die Vorschriften zur Verschmelzung zurückgreifen.[467]

Der Formwechsel einer Kapitalgesellschaft in eine Personengesellschaft ist demnach wie die Verschmelzung einer Kapitalgesellschaft auf eine Personengesellschaft zu behandeln. Der Formwechsel einer Kapitalgesellschaft in eine andere Kapitalgesellschaft bedarf keiner steuerrechtlichen Regelung. Steuersubjekt bleibt derselbe Rechtsträger, lediglich dessen Rechtsform ändert sich. Dieselben steuerlichen Vorschriften können weiterhin angewendet werden. Es besteht somit nicht die Gefahr, daß stille Reserven der Besteuerung entzogen werden.[468] Ein Formwechsel einer Personengesellschaft in eine andere Form der Personengesellschaft ist im Umwandlungsgesetz nicht vorgesehen (§ 214 UmwG).[469] Steuerlich erfordert dieser Vorgang, da der Bereich des Einkommensteuergesetzes nicht verlassen wird, keinerlei über die allgemeinen Besteuerungsregeln hinausgehenden Vorschriften. Der Formwechsel einer Personengesellschaft in eine Kapitalgesellschaft ist möglich und wird durch das Umwandlungssteuergesetz geregelt.

Umsatzsteuerlich ist ein Formwechsel nicht relevant, da es an der Umsatzsteuerbarkeit fehlt. Es kommt weder zu einer entgeltlichen noch zu einer unentgeltlichen Übereignung. Insofern sind keine Tatbestandsmerkmale eines umsatzsteuerlichen Vorgangs vorhanden.[470]

Befindet sich im Betriebsvermögen des betroffenen Rechtsträgers Grundvermögen, so besteht keine Grunderwerbsteuerpflicht, da kein Vermögensübergang stattfindet.[471]

---

[465] Vgl. Widmann/Mayer (1997), UmwStG 1995/Kurzkommentierung, Rz. S219.

[466] Vgl. Widmann/Mayer (1997), § 190 UmwG, Rz. 23.

[467] Vgl. Widmann/Mayer (1997), UmwStG 1995/Kurzkommentierung, Rz. S38; Wochinger/Dötsch (1994), S. 21.

[468] Vgl. Dötsch (1996), Anh. UmwStG, Tz. 170 und 171.

[469] Vgl. Widmann/Mayer (1997), § 214 UmwG, Rz. 17-16.

[470] Vgl. Götz (1996), S. 2709.

[471] BFH, 04.12.1996, BStBl. 1996 II, S. 661; FG Münster, 23.07.1997, BB 1997, S. 2150; FinMin. Baden-Württemberg, 18.09.1997, BB 1997, S. 2152; vgl. auch Courage (1997), S. 605-608; Otto/Busch (1997), S. 1024-1025.

7.6.1 Ertragsteuerliche Auswirkungen des Formwechsels einer Kapitalgesellschaft in eine Personengesellschaft

Da die Besteuerung von Kapitalgesellschaften und Personengesellschaften in vielerlei Hinsicht unterschiedlich erfolgt,[472] ist eine eigenständige steuerliche Regelung des Formwechsels zwischen diesen Rechtsformen notwendig (§ 14 UmwStG).[473]

Wie bei der Verschmelzung kann auch im Rahmen dieses Umwandlungsvorganges das Wahlrecht zwischen Buchwert-, Zwischenwert- und Teilwertansatz mit den bereits ausgeführten steuerlichen Konsequenzen ausgeübt werden.[474]

7.6.2 Ertragsteuerliche Auswirkungen des Formwechsels einer Personengesellschaft in eine Kapitalgesellschaft

§ 25 UmwStG, der den Formwechsel einer Personengesellschaft in eine Kapitalgesellschaft behandelt, verweist auf die Regelungen zur Einbringung in eine Kapitalgesellschaft (§§ 20-22 UmwStG). Die steuerlichen Folgen dieses Formwechsels sind damit mit denen einer Sacheinlage im Sinne des § 20 Abs. 1 UmwStG identisch.[475]

Der Formwechsel einer Personengesellschaft in eine Kapitalgesellschaft verursacht, ähnlich wie der Formwechsel einer Kapitalgesellschaft in eine Personengesellschaft, gegebenenfalls steuerliche Belastungen. Ob und in welcher Höhe es zu steuerlichen Lasten kommt, hängt wiederum von der Bewertung des Betriebsvermögens im Umwandlungszeitpunkt ab.[476]

---

[472] Vgl. hierzu die Ausführungen in Kapitel 3.
[473] Hier wird in Satz 1 auf die Vorschriften zur Verschmelzung verwiesen. Vgl. Dötsch (1996), Anh. UmwStG, Tz. 172.
[474] Vgl. Jakobs/Plewka (1995), S. 1630.
[475] Vgl. Heidemann (1996), S. 562; Dötsch (1996), Anh. UmwStG, Tz. 174.
[476] Vgl. Dötsch (1996), Anh. UmwStG, Tz. 174.

Literaturhinweise

App, M., Hörtnagel, R., Stratz, R.-Chr. (1995): Überblick über die Neuregelung des Umwandlungsrechts, in: Neue Wirtschafts-Briefe, o.Jg., 1995, S. 213- 246.

Blumers, Wolfgang (1995): Ausgliederung und Spaltung und wesentliche Betriebsgrundlagen, in: Der Betrieb, 48. Jg., 1995, S. 496-500.

Blumers, Wolfgang (1997): Die Spaltung im Einführungsschreiben zum UmwStG, in: Betriebs-Berater, 52. Jg., 1997, S. 1876-1879.

Blumers, Wolfgang, Wochinger, Peter (1996): Der Teilbetrieb im Umwandlungssteuergesetz, in: Herzig, Norbert (Hrsg.), Neues Umwandlungsrecht - Praxisfälle und Gestaltungen im Querschnitt, Köln 1996, S. 45-78.

Buyer, Christoph (1996): Änderung der Unternehmensform: Handbuch zum neuen Umwandlungs- und Umwandlungssteuerrecht, 6. Auflage, Herne 1996.

Dehmer, Hans (1996): Umwandlungsgesetz - Umwandlungssteuergesetz, 2., völlig neubearbeitete Auflage, München 1996.

Dötsch, Ewald (1996): Das neue Umwandlungssteuerrecht ab 1995, 3., aktualisierte und erweiterte Auflage, Stuttgart 1996.

Engelmeyer, Cäcilie (1996): Die Aufspaltung und Abspaltung einer GmbH, in: Neue Wirtschafts-Briefe, o.Jg., 1996, S. 3997-4006.

Felix, Günther, Strahl, Martin (1996): Realteilung von Mitunternehmerschaften mit realgeteilten Mitunternehmeranteilen, in: Betriebs-Berater, 51. Jg., 1996, S. 2221-2223.

Fischer, Michael (1995): Verschmelzung von GmbH in der Handels- und Steuerbilanz, in: Der Betrieb, 48. Jg., 1995, S. 485-491.

Götz, Hellmut (1996): Die Verkehrsteuern bei Umwandlungen nach dem Umwandlungssteuergesetz, in: Neue Wirtschafts-Briefe, o.Jg., 1996, S. 2705-2718.

Grotherr, Siegfried (1994): Grunderwerbsteuerliche Probleme bei der Umstrukturierung von Unternehmen und Konzernen, in: Betriebs-Berater, 49. Jg., 1994, S. 1970-1982.

Gschrei, Michael, Büchele, Ernst (1997): Zurückbehaltung von Sonderbetriebsvermögen bei Einbringung von Mitunternehmeranteilen in eine Kapitalgesellschaft, in: Betriebs-Berater, 52. Jg., 1997, S. 1072-1079.

Haritz, Detlef (1996): Übernahmegewinn und -verlust bei der Umwandlung von Kapitalgesellschaften in Personengesellschaften, in: Betriebs-Berater, 51. Jg., 1996, S. 1409-1414.

Haritz, Detlef, Benkert, Manfred (1996): Umwandlungssteuergesetz, Kommentar, München 1996.

Herzig, Norbert (1996): Maßgeblichkeitsgrundsatz bei Umwandlungsvorgängen, in: Herzig, Norbert (Hrsg.), Neues Umwandlungsrecht - Praxisfälle und Gestaltungen im Querschnitt, Köln 1996, S. 23-44.

Herzig, Norbert, Förster, Guido (1995): Problembereiche bei der Auf- und Abspaltung von Kapitalgesellschaften nach neuem Umwandlungssteuerrecht, in: Der Betrieb, 48. Jg., 1995, S. 338-349.

Herzig, Norbert, Förster, Guido (1997): Problembereiche bei der Veräußerung von Anteilen an Kapitalgesellschaften bei wesentlicher Beteiligung (§ 17 EStG), in: Der Betrieb, 50. Jg., 1997, S. 594-602.

Hinz, Michael (1995): Grundlagen der Unternehmensbesteuerung, 2., grundlegend überarbeitete und erweiterte Auflage, Berlin 1995.

Klein, Hartmut (1994): Die Realteilung von Kapitalgesellschaften, in: Neue Wirtschafts-Briefe, o.Jg., 1994, S. 3653-3668.

Knopf, Rüdiger, Söffing, Andreas (1995a): Einzelaspekte zur Umwandlung einer Kapitalgesellschaft in eine Personengesellschaft nach neuem UmwStG, in: Betriebs-Berater, 50. Jg., 1995, S. 850-857

Knopf, Rüdiger, Söffing, Andreas (1995b): Umwandlung einer Kapitalgesellschaft in eine Personengesellschaft nach neuem Umwandlungssteuergesetz, in: Neue Wirtschafts-Briefe, o.Jg., 1995, S. 3407-3416.

Krebs, Hans-Joachim (1997b): Zur Veräußerung von Anteilen an einer Kapitalgesellschaft nach der Spaltung, in: Betriebs-Berater, 52. Jg., 1997, S. 1817-1820.

Maiterth, Ralf (1995): Die steuerliche Behandlung des Vermögensübergangs von einer Kapitalgesellschaft auf eine Personengesellschaft oder eine natürliche Person nach dem neuen UmwStG, in: Betriebs-Berater, 50. Jg., 1995, S. 1980-1986.

Müller-Gatermann, Gert (1993): Die Reform des Umwandlungssteuerrechts, in: Die Wirtschaftsprüfung, 46. Jg., 1993, S. 723-728.

Ott, Hans (1996): Das neue Umwandlungs- und Umwandlungssteuerrecht: Leitfaden für die Beratungspraxis, Freiburg 1996.

Schaum, Wolfgang (1994): Steuerpolitik durch Aufdeckung stiller Reserven: betriebswirtschaftliche Vorteilhaftigkeitsanalyse steuerlich orientierter Gestaltungsmaßnahmen, Düsseldorf 1994.

Schaumburg, Harald, Rödder, Thomas (1995): UmwG - UmwStG, strukturierte Textausgabe des Umwandlungsgesetzes und Umwandlungssteuergesetzes mit Materialien und ergänzenden Hinweisen, Köln 1995.

Schneeloch, Dieter (1997): Rechtsformwahl und Rechtsformwechsel mittelständischer Unternehmen, Herne, Berlin 1997.

Schulze zur Wiesche, Dieter (1995): Die Verschmelzung nach dem neuen Umwandlungssteuergesetz, in: Die Wirtschaftsprüfung, 48. Jg., 1995, S. 656-667.

Schwarz, Hansjürgen (1995): Umwandlung mittelständischer Unternehmen im Handels- und Steuerrecht: Erläuterungen zum neuen UmwG und UmwStG mit Hinweisen zur Wahl der optimalen Rechtsform, Bielefeld 1995.

Schwedhelm, Rolf (1996): Die Unternehmensumwandlung, 2., neubearbeitete und erweiterte Auflage, Köln 1996.

Weber-Grellet, Heinrich (1997): Die Unmaßgeblichkeit der Maßgeblichkeit im Umwandlungsrecht, in: Betriebs-Berater, 52. Jg., 1997, S. 653-658.

Wegener, Wolfgang (1997): Die Spaltung der Kapitalgesellschaften im Umwandlungs(steuer)recht, Stuttgart 1997.

Widmann, Siegfried, Mayer, Robert (1997): Umwandlungsrecht: Umwandlungsgesetz - Umwandlungssteuergesetz, Kommentar, Loseblatt-Ausg., 3. Auflage, Bonn, Stand: September 1997.

Wiesch, Norbert (1996): Umwandlungsrecht/Umwandlungssteuerrecht - Schnellübersicht zum Umwandlungsgesetz und Umwandlungssteuergesetz mit einem anschließenden Kurzbeispiel, in: Steuer und Studium, 17. Jg., 1996, S. 418-426.

Wochinger, Peter, Dötsch, Ewald (1994): Das neue Umwandlungssteuergesetz und seine Folgeänderungen bzw. Auswirkungen bei der Einkommen-, Körperschaft- und Gewerbesteuer, in: Der Betrieb, 47. Jg., 1994, Beilage Nr. 14, S. 1-35.

Abkürzungsverzeichnis

abger.	abgerundet
Abs.	Absatz
Abschn.	Abschnitt
AfA	Absetzung für Abnutzung
AG	Aktiengesellschaft
AktG	Aktiengesetz
Anh.	Anhang
Anm.	Anmerkung, Anmerkungen
AO	Abgabenordnung
Ausg.	Ausgabe
BB	Betriebs-Berater
BetrVG	Betriebsverfassungsgesetz
BewG	Bewertungsgesetz
BFH	Bundesfinanzhof
BFH/NV	Sammlung amtlich nicht veröffentlichter Entscheidungen des Bundesfinanzhofs
BGB	Bürgerliches Gesetzbuch
BMF	Bundesministerium der Finanzen
BStBl.	Bundessteuerblatt
Buchst.	Buchstabe
BVerfG	Bundesverfassungsgericht
bzgl.	bezüglich
bzw.	beziehungsweise
Co.	Compagnie
DM	Deutsche Mark
E.	Erläuterung, Erläuterungen
eGen	eingetragenen Genossenschaft
Einf	Einführung
Eink.	Einkommen
EK	verwendbares Eigenkapital
EStG	Einkommensteuergesetz
EStR	Einkommensteuerrichtlinien
et al.	und andere
etc.	et cetera
EW	Einheitswert
f.	folgende
ff.	fortfolgende

FG	Finanzgericht
FinMin.	Finanzminister
GbR	Gesellschaft bürgerlichen Rechts
GenG	Genossenschaftsgesetz
Ges.Darl.	Gesellschafterdarlehen
GewSt	Gewerbesteuer
GewStG	Gewerbesteuergesetz
GewStR	Gewerbesteuerrichtlinien
GmbH	Gesellschaft mit beschränkter Haftung
GmbHG	GmbH-Gesetz
Grdst.	Grundstücke
GrEStG	Grunderwerbsteuergesetz
HGB	Handelsgesetzbuch
Hrsg.	Herausgeber
i.H.v.	in Höhe von
i.V.m.	in Verbindung mit
insbes.	insbesondere
Jg.	Jahrgang
Kap.	Kapitel
KG	Kommanditgesellschaft
KGaA	Kommanditgesellschaft auf Aktien
KStG	Körperschaftsteuergesetz
m.w.N.	mit weiteren Nennungen
MitbestG	Mitbestimmungsgesetz
Mio.	Millionen
Montan-MitbestimmungsG	Montan-Mitbestimmungsgesetz
Nr.	Nummer
NWB	Neue Wirtschafts-Briefe
o.ä.	oder ähnlich
o.Jg.	ohne Jahrgang
OFD	Oberfinanzdirektion
OHG	Offene Handelsgesellschaft
p.a.	per annum
PartGG	Partnerschaftsgesellschaftsgesetz
PublG	Publizitätsgesetz
Rn.	Randnummer, Randnummern
Rz.	Randziffer, Randziffern
S.	Seite, Seiten
s.o.	siehe oben
SolZG	Solidaritätszuschlagsgesetz
Sonderbetriebseinn.	Sonderbetriebseinnahmen
SprAuG	Sprecherausschußgesetz

stG	stille Gesellschaft
TDM	Tausend Deutsche Mark
Tz.	Textziffer, Textziffern
u.a.	unter anderem
u.v.a.	und viele andere
UmwG	Umwandlungsgesetz
UmwStG	Umwandlungssteuergesetz
UStG	Umsatzsteuergesetz
UStR	Umsatzsteuerrichtlinien
Verbindk.	Verbindlichkeiten
vgl.	vergleiche
vorl.	vorläufig
VVaG	Versicherungsverein auf Gegenseitigkeit
WpHG	Wertpapierhandelsgesetz
z.B.	zum Beispiel
z.T.	zum Teil

Literaturverzeichnis

App, M., Hörtnagel, R., Stratz, R.-Chr. (1995): Überblick über die Neuregelung des Umwandlungsrechts, in: Neue Wirtschafts-Briefe, o.Jg., 1995, S. 213- 246.

Bea, Franz Xaver, Dichtl, Erwin, Schweitzer, Marcell (1990): Allgemeine Betriebswirtschaftslehre, 5., neubearbeitete Auflage, Band 1, Heidelberg 1990.

Biergans, Enno (1992): Einkommensteuer, Systematische Darstellung und Kommentar, 6., völlig überarbeitete Auflage, München, Wien 1992.

Bitz, Horst (1997): Aktuelle Entwicklungen bei der GmbH & Still, in: GmbH-Rundschau, 88. Jg., 1997, S. 769-772.

Blaurock, Uwe (1992): Die GmbH & Still im Steuerrecht, in: Betriebs-Berater, 47. Jg., 1992, S. 1969-1977.

Blumers, Wolfgang (1995): Ausgliederung und Spaltung und wesentliche Betriebsgrundlagen, in: Der Betrieb, 48. Jg., 1995, S. 496-500.

Blumers, Wolfgang (1997): Die Spaltung im Einführungsschreiben zum UmwStG, in: Betriebs-Berater, 52. Jg., 1997, S. 1876-1879.

Blumers, Wolfgang, Beinert, Stefanie (1997a): Umwandlungssteuerrecht überraschend rückwirkend geändert, in: Betriebs-Berater, 52. Jg., 1997, S. 1880-1881.

Blumers, Wolfgang, Beinert, Stefanie (1997b): Unternehmenskauf und Mitunternehmermodelle, in: Der Betrieb, 50. Jg., 1997, S. 1636-1640.

Blumers, Wolfgang, Wochinger, Peter (1996): Der Teilbetrieb im Umwandlungssteuergesetz, in: Herzig, Norbert (Hrsg.), Neues Umwandlungsrecht - Praxisfälle und Gestaltungen im Querschnitt, Köln 1996, S. 45-78.

Brandmüller, Gerhard (1997), Die Betriebsaufspaltung nach Handels- und Steuerrecht, 7., neubearbeitete Auflage, Heidelberg 1997.

Brezing, Klaus (1987): Umstrukturierung im Konzern, in: Schulze-Osterloh, Joachim (Hrsg.), Rechtsnachfolge im Steuerrecht, Veröffentlichungen der Deutschen Steuerjuristischen Gesellschaft, Bd. 10, Köln 1987, S. 195-208.

Brönner, Herbert (1988): Die Besteuerung der Gesellschaften, des Gesellschafterwechsels und der Umwandlungen, Stuttgart 1988.

Brönner, Herbert, Rux, Hans-Joachim, Wagner, Heidemarie (1996): Die GmbH & Co. KG in Recht und Praxis, Freiburg et al. 1996.

Busch, Stephan (1997): Verschärfende Regelungen nach dem neuen Erlaß zum UmwStG zur Einbringung in eine Personengesellschaft nach § 24, in: Betriebs-Berater, 52. Jg., 1997, S. 2032-2033.

Buyer, Christoph (1996): Änderung der Unternehmensform: Handbuch zum neuen Umwandlungs- und Umwandlungssteuerrecht, 6. Auflage, Herne 1996.

Courage, Christoph (1997): Keine Grunderwerbsteuer bei Formwechsel zwischen Kapitalgesellschaft und Personengesellschaft, in: Neue Wirtschafts-Briefe, o.Jg., 1997, S. 605-608.

Crezelius, Georg (1996): Zu einbringungsgeborenen Anteilen, in: Crezelius, Georg et al. (Hrsg.), Steuerrecht und Gesellschaftsrecht als Gestaltungsaufgabe: Freundesgabe für Franz Josef Haas zur Vollendung des 70. Lebensjahres, Herne, Berlin 1996, S. 79-92.

Dehmer, Hans (1996): Umwandlungsgesetz - Umwandlungssteuergesetz, 2., völlig neubearbeitete Auflage, München 1996.

Diers, Fritz-Ulrich (1997): Das Einführungsschreiben zum Umwandlungssteuergesetz 1995, in: Betriebs-Berater, 52. Jg., 1997, S. 1869-1876.

Dörner, Bernhard M. (1994): Rechtsform nach Maß: Entscheidungshilfen für eine zweckmäßige Rechtsform, Freiburg i. Br. 1994.

Dötsch, Ewald (1996): Das neue Umwandlungssteuerrecht ab 1995, 3., aktualisierte und erweiterte Auflage, Stuttgart 1996.

Dötsch, Ewald (1997a): Gesetz zur Fortsetzung der Unternehmenssteuerreform: Änderungen des UmwStG (Teil I), in: Der Betrieb, 50. Jg., 1997, S. 2090-2093.

Dötsch, Ewald (1997b): Gesetz zur Fortsetzung der Unternehmenssteuerreform: Änderungen des UmwStG (Teil II), in: Der Betrieb, 50. Jg., 1997, S. 2144-2147.

Dötsch, Ewald et al. (1997): Die Körperschaftsteuer, Kommentar zum Körperschaftsteuergesetz und zu den einkommensteuerrechtlichen Vorschriften des Anrechnungsverfahrens, Stuttgart, Stand: Juli 1997.

Dreissig, Hildegard (1995): Steuerliche Zweifelsfragen bei der Verschmelzung einer Muttergesellschaft auf ihre Tochtergesellschaft („down-stream-merger"), in: Steuerberater-Jahrbuch 1994/95, S. 209-223.

Engelmeyer, Cäcilie (1996): Die Aufspaltung und Abspaltung einer GmbH, in: Neue Wirtschafts-Briefe, o.Jg., 1996, S. 3997-4006.

Felix, Günther, Strahl, Martin (1996): Realteilung von Mitunternehmerschaften mit realgeteilten Mitunternehmeranteilen, in: Betriebs-Berater, 51. Jg., 1996, S. 2221-2223.

Fichtelmann, Helmar (1989): Die GmbH und Co. KG im Steuerrecht, 6., überarbeitete und erweiterte Auflage, Köln 1989.

Fichtelmann, Helmar (1990): GmbH & Still im Steuerrecht, 3., völlig neubearbeitete und erweiterte Auflage, Heidelberg 1990.

Fichtelmann, Helmar (1994): Betriebsaufspaltung im Steuerrecht, 8., neubearbeitete Auflage, Heidelberg 1994.

Fischer, Michael (1995): Verschmelzung von GmbH in der Handels- und Steuerbilanz, in: Der Betrieb, 48. Jg., 1995, S. 485-491.

Fleischer, Erich, Thierfeld, Rainer (1995): Stille Gesellschaft im Steuerrecht, 6. Auflage, Achim 1995.

Förster, Guido (1997): Gleichstellung wesentlicher Beteiligungen mit unwesentlichen Anteilen bei der Umwandlung von Kapitalgesellschaften in Personenunternehmen durch den Gesetzgeber, in: Der Betrieb, 50. Jg., 1997, S. 1786-1792.

Füger, Rolf, Rieger, Norbert (1997): Das Gesetz zur Fortsetzung der Unternehmenssteuerreform - rückwirkende Änderungen im EStG, KStG und UmwStG, in: Deutsches Steuerrecht, 35. Jg., 1997, S. 1427-1440.

Gebhardt, Thomas (1997): Mitunternehmerische Betriebsaufspaltung, in: Neue Wirtschafts-Briefe, o.Jg., 1997, S. 1717-1720.

Geck, Reinhard (1990): Die Gesellschaft bürgerlichen Rechts, in: Neue Wirtschafts-Briefe, o.Jg., 1990, S. 2305-2326..

Götz, Hellmut (1996): Die Verkehrsteuern bei Umwandlungen nach dem Umwandlungssteuergesetz, in: Neue Wirtschafts-Briefe, o.Jg., 1996, S. 2705-2718.

Gosch, Dietmar (1995): Nochmals: Gewerbesteuer(recht)liche Nichterfassung des Übernahmegewinns und Tarifbegrenzung nach § 32c EStG, in: Betriebs-Berater, 50. Jg., 1995, S. 1271-1272.

Goutier, Klaus, Müller, Karl-Dieter (1997): Verfassungswidrigkeit der rückwirkenden Steuerverschärfungsvorschriften des „Gesetzes zur Fortsetzung der Unternehmenssteuerreform", in: Betriebs-Berater, 52. Jg., 1997, S. 2242-2247.

Groh, Manfred (1996): Probleme der negativen Ergänzungsbilanzen, in: Crezelius, Georg et al. (Hrsg.), Steuerrecht und Gesellschaftsrecht als Gestaltungsaufgabe: Freundesgabe für Franz Josef Haas zur Vollendung des 70. Lebensjahres, Herne, Berlin 1996, S. 139-148.

Grotherr, Siegfried (1994): Grunderwerbsteuerliche Probleme bei der Umstrukturierung von Unternehmen und Konzernen, in: Betriebs-Berater, 49. Jg., 1994, S. 1970-1982.

Gschrei, Michael, Büchele, Ernst (1997): Zurückbehaltung von Sonderbetriebsvermögen bei Einbringung von Mitunternehmeranteilen in eine Kapitalgesellschaft, in: Betriebs-Berater, 52. Jg., 1997, S. 1072-1079.

Haberstock, Lothar (1984): Der Einfluß der Besteuerung auf Rechtsform und Standort, 2., verbesserte Auflage, Hamburg 1984.

Haritz, Detlef (1996): Übernahmegewinn und -verlust bei der Umwandlung von Kapitalgesellschaften in Personengesellschaften, in: Betriebs-Berater, 51 Jg., 1996, S. 1409-1414.

Haritz, Detlef (1997): Überraschende Änderungen des Umwandlungssteuergesetzes, in: GmbH-Rundschau, 88. Jg., 1997, S. 783-785.

Haritz, Detlef, Benkert, Manfred (1996): Umwandlungssteuergesetz, Kommentar, München 1996.

Hartmann, Alfred, Metzenmacher, Wilhelm (1997): Umsatzsteuergesetz, Kommentar, fortgeführt von Birkenfeld, Wolfram, 7. Auflage, Loseblatt-Ausg., Berlin, Stand: Juli 1997.

Heidemann, Otto (1996): Möglichkeiten und Verfahrensweisen bei der Rechtsformumwandlung in eine Aktiengesellschaft, in: Betriebs-Berater, 51. Jg., 1996, S. 558-565.

Heinhold, Michael (1996): Unternehmensbesteuerung, Band 1, Stuttgart 1996.

Herrmann, Carl, Heuer, Gerhard, Raupach, Arndt (1997): Einkommensteuer- und Körperschaftsteuergesetz, Kommentar, 21. Auflage, Loseblatt-Ausg., Köln, Stand: September 1997.

Herzig, Norbert (1996): Maßgeblichkeitsgrundsatz bei Umwandlungsvorgängen, in: Herzig, Norbert (Hrsg.), Neues Umwandlungsrecht - Praxisfälle und Gestaltungen im Querschnitt, Köln 1996, S. 23-44.

Herzig, Norbert, Förster, Guido (1995): Problembereiche bei der Auf- und Abspaltung von Kapitalgesellschaften nach neuem Umwandlungssteuerrecht, in: Der Betrieb, 48. Jg., 1995, S. 338-349.

Herzig, Norbert, Förster, Guido (1997): Problembereiche bei der Veräußerung von Anteilen an Kapitalgesellschaften bei wesentlicher Beteiligung (§ 17 EStG), in: Der Betrieb, 50. Jg., 1997, S. 594-602.

Herzig, Norbert, Schiffers, Joachim (1994): Rechtsformwahl unter Beachtung der laufenden Besteuerung von aperiodischen Besteuerungstatbeständen, in: Steuer und Wirtschaft, 71. Jg., 1994, S. 103-120.

Hinz, Michael (1995): Grundlagen der Unternehmensbesteuerung, 2., grundlegend überarbeitete und erweiterte Auflage, Berlin 1995.

Hörger, Helmut (1995): Ist die Spaltung von Kapitalgesellschaften zufriedenstellend geregelt?, in: Steuerberater-Jahrbuch 1994/95, S. 225-264.

Hörger, Helmut (1996): Anteile an Kapitalgesellschaften im Privatvermögen: Übertragungen im Zusammenhang mit gesellschaftsrechtlichen Umstrukturierungen, in: Steuerberater-Jahrbuch 1995/96, S. 231-255.

Husmann, Eberhard (1994): Nichtsteuerbare Geschäftsveräußerungen. Zum Anwendungsbereich des § 1 Abs. 1a UStG, Umsatzsteuer-Rundschau, 43. Jg., 1994, S. 333-336.

Jacobs, Otto H., Brewi, Karl, Schubert, Rainer (1978): Steueroptimale Rechtsform mittelständischer Unternehmen. Ein Steuerbelastungsvergleich der wichtigsten Rechtsformen mittelständischer Unternehmen, München 1978.

Jacobs, Otto H., Scheffler, Wolfram (1995): Steueroptimale Rechtsform, 2. Auflage, München 1995.

Jakobs, Norbert, Plewka, Harald (1995): Formwechselnde Umwandlung einer Kapitalgesellschaft in eine Personengesellschaft aus der Sicht beschränkt steuerpflichtiger Gesellschafter, in: Der Betrieb, 48. Jg., 1995, S. 1630-1635.

Kaligin, Thomas (1995): Die Betriebsaufspaltung. Ein Leitfaden für die Rechts-, Steuer- und Wirtschaftspraxis, 3., neubearbeitete und erweiterte Auflage, Bielefeld 1995.

Kistner, Klaus-Peter, Steven, Marion (1996): Betriebswirtschaftslehre im Grundstudium, 2., verbesserte und erweiterte Auflage, Band 1, Heidelberg 1996.

Klein, Hartmut (1994): Die Realteilung von Kapitalgesellschaften, in: Neue Wirtschafts-Briefe, o.Jg., 1994, S. 3653-3668.

Knop, Wolfgang, Küting, Karlheinz (1995): Anschaffungskosten im Umwandlungsrecht, in: Betriebs-Berater, 50. Jg., 1995, S. 1023-1030.

Knopf, Rüdiger, Söffing, Andreas (1995a): Einzelaspekte zur Umwandlung einer Kapitalgesellschaft in eine Personengesellschaft nach neuem UmwStG, in: Betriebs-Berater, 50. Jg., 1995, S. 850-857.

Knopf, Rüdiger, Söffing, Andreas (1995b): Umwandlung einer Kapitalgesellschaft in eine Personengesellschaft nach neuem Umwandlungssteuergesetz, in: Neue Wirtschafts-Briefe, o.Jg., 1995, S. 3407-3416.

König, Rolf Jürgen et al. (1992): Auswirkungen der Einführung des Staffeltarifs bei der Gewerbeertragsteuer, in: Deutsches Steuerrecht, 30. Jg., 1992, S. 922-927.

Krebs, Hans-Joachim (1997a): Mißbräuchliche Gestaltungen nach dem Umwandlungs-steuererlaß der Finanzverwaltung - mögliche Ausweichgestaltungen (1. Teil), in: Betriebs-Berater, 52. Jg., 1997, S. 2025-2032.

Krebs, Hans-Joachim (1997b): Zur Veräußerung von Anteilen an einer Kapitalgesell-schaft nach der Spaltung, in: Betriebs-Berater, 52. Jg., 1997, S. 1817-1820.

Kübler, Friedrich (1994): Gesellschaftsrecht, 4., neubearbeitete und erweiterte Auflage, Heidelberg 1994.

Lehmann, Matthias, Marx, Franz Jürgen (1989): Das sanfte Ende der Betriebsaufspal-tung, in: Finanz-Rundschau, Einkommensteuer mit Körperschaftsteuer und Gewer-besteuer, 71. Jg., 1989, S. 506-518.

Littmann, Eberhard, Bitz, Horst, Hellweg, Peter (1997): Das Einkommensteuerrecht, Kommentar, 15. Auflage, Loseblatt-Ausg., Stuttgart, Stand: Juli 1997.

Maiterth, Ralf (1995): Die steuerliche Behandlung des Vermögensübergangs von einer Kapitalgesellschaft auf eine Personengesellschaft oder eine natürliche Person nach dem neuen UmwStG, in: Betriebs-Berater, 50. Jg., 1995, S. 1980-1986.

Miessel, Gerold, Wengert, Georg (1995): Die Betriebsaufspaltung aus dem Blickwinkel der Steuergerechtigkeit, in: Der Betrieb, 48. Jg., 1995, S. 111-115.

Müller-Gatermann, Gert (1993): Die Reform des Umwandlungssteuerrechts, in: Die Wirtschaftsprüfung, 46. Jg., 1993, S. 723-728.

Ott, Hans (1995): Das neue Umwandlungs- und Umwandlungssteuerrecht, in: Informa-tion über Steuer und Wirtschaft, 49. Jg., 1995, S. 143-150.

Ott, Hans (1996): Das neue Umwandlungs- und Umwandlungssteuerrecht: Leitfaden für die Beratungspraxis, Freiburg i.Br. 1996.

Otto, Lieselotte, Busch, Stephan (1997): Formwechselnde Umwandlungen und Grunderwerbsteuerpflicht nach dem Jahressteuergesetz 1997, in: Betriebs-Berater, 52. Jg., 1997, S. 1024-1025.

Rödder, Thomas (1995): DStR-Fachliteratur-Auswertung: Umwandlungssteuergesetz, in: Deutsches Steuerrecht, 33. Jg., 1995, S. 1988-1992.

Rose, Gerd (1992): Betriebwirtschaftliche Steuerlehre, 3., vollständig überarbeitete und aktualisierte Auflage, Wiesbaden 1992.

Rose, Gerd, Glorius-Rose, Cornelia (1995): Unternehmungsformen und -verbindungen: Rechtsformen, Beteiligungsformen, Konzerne, Kooperationen, Umwandlungen (Formwechsel, Verschmelzungen und Spaltungen) in betriebswirtschaftlicher, rechtlicher und steuerlicher Sicht, 2., überarbeitete Auflage, Köln 1995.

Schaum, Wolfgang (1994): Steuerpolitik durch Aufdeckung stiller Reserven: betriebs-wirtschaftliche Vorteilhaftigkeitsanalyse steuerlich orientierter Gestaltungsmaßnah-men, Düsseldorf 1994.

Schaumburg, Harald, Rödder, Thomas (1995): UmwG - UmwStG, strukturierte Text-ausgabe des Umwandlungsgesetzes und Umwandlungssteuergesetzes mit Materiali-en und ergänzenden Hinweisen, Köln 1995.

Schneeloch, Dieter (1994): Besteuerung und Betriebliche Steuerpolitik, Band 2, Mün-chen 1994.

Schneeloch, Dieter (1997): Rechtsformwahl und Rechtsformwechsel mittelständischer Unternehmen, Herne, Berlin 1997.

Schneider, Dieter (1993): Betriebswirtschaftslehre, Band 1, Grundfragen, München 1993.

Schneider, Dieter (1997): Betriebswirtschaftslehre, Band 3, Theorie der Unternehmung, München 1997.

Schreiber, Ulrich (1987): Rechtsformabhängige Unternehmensbesteuerung?, Köln 1987.

Schulze zur Wiesche, Dieter (1991): GmbH & Co. KG, 2. Auflage, Wiesbaden 1991.

Schulze zur Wiesche, Dieter (1995): Die Verschmelzung nach dem neuen Umwandlungssteuergesetz, in: Die Wirtschaftsprüfung, 48. Jg., 1995, S. 656-667.

Schulze zur Wiesche, Dieter (1997a): GmbH & Still. Eine alternative Gesellschaftsform, 3., neubearbeitete Auflage, Heidelberg 1997.

Schulze zur Wiesche, Dieter (1997b): Die mitunternehmerische Betriebsaufspaltung, in: Betriebs-Berater, 52. Jg., 1997, S. 1229-1238.

Schwarz, Bernhard (1994): Nichtsteuerbare Umsätze im Rahmen von Geschäftsveräußerungen - ein Fortschritt? in: Umsatzsteuer-Rundschau, 43. Jg., 1994, S. 185-187.

Schwarz, Hansjürgen (1995): Umwandlung mittelständischer Unternehmen im Handels- und Steuerrecht: Erläuterungen zum neuen UmwG und UmwStG mit Hinweisen zur Wahl der optimalen Rechtsform, Bielefeld 1995.

Schwedhelm, Rolf (1996): Die Unternehmensumwandlung, 2., neubearbeitete und erweiterte Auflage, Köln 1996.

Seibert, Ulrich (1995): Die Partnerschaftsgesellschaft als neue Rechtsformalternative für Freie Berufe - Ein Überblick, in: Betriebswirtschaftliche Forschung und Praxis, 47. Jg., 1995, S. 473-480.

Sinn, Hans-Werner (1987): Capital Income Taxation and Resource Allocation, Amsterdam et al. 1987.

Söffing, Andreas (1995): Übertragung einer wesentlichen Beteiligung auf eine Personengesellschaft, in: Deutsches Steuerrecht, 33. Jg., 1995, S. 37-40.

Söffing, Günter (1994): Besteuerung der Mitunternehmer, 4. Auflage, Herne, Berlin 1994.

Söffing, Günter (1997): Mitunternehmerische Betriebsaufspaltung. Änderung der Rechtsprechung - BFH-Urteil vom 23.4.1996 - VIII R 13/95, BB 1996, 2074, in: Betriebs-Berater, 52. Jg., 1997, S. 337-340.

Tipke, Klaus, Lang, Joachim (1994): Steuerrecht, 14., völlig überarbeitete Auflage, Köln 1994.

Wacker, Roland (1997): Zurückbehaltenes Sonderbetriebsvermögen und Einbringungen nach § 20 UmwStG, in: Neue Wirtschafts-Briefe, o.Jg., 1997, S. 105-110.

Wagner, Franz W., Dirrigl, Hans (1980): Die Steuerplanung der Unternehmung, Stuttgart 1980.

Weber-Grellet, Heinrich (1997): Die Unmaßgeblichkeit der Maßgeblichkeit im Umwandlungsrecht, in: Betriebs-Berater, 52. Jg., 1997, S. 653-658.

Wegener, Wolfgang (1997): Die Spaltung der Kapitalgesellschaften im Umwandlungs(steuer)recht, Stuttgart 1997.

Widmann, Siegfried, Mayer, Robert (1997), Umwandlungsrecht: Umwandlungsgesetz - Umwandlungssteuergesetz, Loseblatt-Ausg., 3. Auflage, Bonn, Stand: September 1997.

Wiesch, Norbert (1996): Umwandlungsrecht/Umwandlungssteuerrecht - Schnellübersicht zum Umwandlungsgesetz und Umwandlungssteuergesetz mit einem anschließenden Kurzbeispiel, in: Steuer und Studium, 17. Jg., 1996, S: 418-426.

Wochinger, Peter, Dötsch, Ewald (1994): Das neue Umwandlungssteuergesetz und seine Folgeänderungen bzw. Auswirkungen bei der Einkommen-, Körperschaft- und Gewerbesteuer, in: Der Betrieb, 47. Jg., 1994, Beilage Nr.14, S. 1-35.

Wöhe, Günter (1990): Betriebswirtschaftliche Steuerlehre, 5., neubearbeitete Auflage, Band 2, 1. Halbband, Berlin 1990.

Wöhe, Günter, Bieg, Hartmut (1995): Grundzüge der betriebswirtschaftlichen Steuerlehre, 4., neubearbeitete Auflage, München 1995.

Zimmermann, Reimar, Reyher, Ulrich, Hottmann, Jürgen (1995): Die Personengesellschaft im Steuerrecht, 5. Auflage, Achim 1995.

Rechtsquellenverzeichnis

Urteile, Beschlüsse und Entscheidungen:

	Aktenzeichen	Fundstelle
BFH, 03.12.1957	I 231/56 S	BStBl. 1958 III, S. 27
BFH, 16.12.1958	I D 1/57 S	BStBl. 1959 III, S. 30
BFH, 03.11.1959	I 217/58 U	BStBl. 1960 III, S. 50
BFH, 16.02.1967	IV R 62/66	BStBl 1967 III, S. 222
BFH, 08.11.1971	GrS 2/71	BStBl. 1972, S. 63
BFH, 22.01.1970	IV R 47/68	BStBl. 1970 II, S. 415
BFH, 05.12.1979	I R 184/76	BStBl. 1980 II, S. 119
BFH, 18.07.1979	I R 199/75	BStBl. 1979 II, S. 750
BFH, 24.02.1981	VIII R 159/78	BStBl. 1981 II, S. 379
BFH, 11.11.1982	IV R 117/80	BStBl. 1983 II, S. 299
BFH, 06.11.1985	I R 242/81	BStBl. 1986 II, S. 333
BFH, 12.11.1985	VIII R 240/81	BStBl. 1986 II, S. 296
BFH, 17.04.1986	IV R 100/84	BStBl. 1986 II, S. 527
BFH, 12.11.1987	V B 52/86	BStBl. 1988 II, S. 156
BFH, 14.04.1988	IV R 271/84	BStBl.. 1988 II, S. 667
BFH, 08.03.1989	X R 9/86	BStBl. 1989 II, S. 714
BFH, 13.06.1989	VIII R 47/85	BStBl. 1989 II, S. 720
BFH, 07.08.1990	VIII R 110/87	BFH/NV 1991, S. 93
BFH, 11.12.1990	VIII R 122/86	BB 1991, S. 684
BFH, 29.10.1991	VIII R 77/87	BStBl. 1992 II, S. 334
BFH, 26.06.1992	III R 91/88	BFH/NV 1993, S. 167

BFH, 18.02.1993	IV R 132/91	BFH/NV 1993, S. 647
BFH, 26.05.1993	X R 78/91	BStBl. 1993 II, S. 718
BFH, 27.05.1993	IV R 1/92	BStBl. 1994 II, S. 700
BFH, 26.01.1994	III R 39/91	BStBl. 1994 II, S. 458
BFH, 22.11.1994	VIII R 44/92	BStBl. 1995 II, S. 900
BFH, 08.11.1995	XI R 63/94	BStBl. 1996 II, S. 114
BFH, 16.02.1996	I R 183/94	BStBl. 1996 II, S. 342
BFH, 04.12.1996	II B 116/96	BStBl. 1997 II, S. 661
BFH, 29.01.1997	XI R 23/96	BStBl. 1997 II, S. 437
BFH, 02.04.1997	X R 21/93	BStBl. 1997 II, S. 565
BFH, 17.06.1997	IV B 83/96	BFH/NV 1997, S. 840
BVerFG, 14.01.1969	1 BvR 136/62	BStBl. 1969 II, S. 389
BVerfG, 22.06.1995	2 Bvl 37/91	BStBl. 1995 II, S. 655
BVerfG, 22.06.1995	2 BvR 552/91	BStBl. 1995 II, S. 671
FG Baden-Württemberg, 14.11.1996	6 K 7/94	NWB 1997, S. 159
FG Münster, 23.07.1997	8 K 3583/96 GrE	BB 1997, S. 2150
Niedersächsisches FG, 28.11.1996	XII 537/92	NWB 1997, S. 159
Niedersächsisches FG, 27.2.1996	I 90/91	NWB 1996, S. 2536

Verwaltungsanweisungen u.ä.:

BMF-Schreiben vom 20.12.1977		BStBl. 1978 I, S. 8
BMF-Schreiben vom 16.06.1978		BStBl. 1978 I, S. 235
BMF-Schreiben vom 15.02.1995		BStBl. 1995 I, S. 149

FinMin. Baden-Württemberg, Erlaß vom 18.09.1997	S 4520/2	BB 1997, S. 2152
FinMin. Nordrhein-Westfalen, Erlaß vom 28.12.1964	S 2151 - 10- VB 1	BStBl. 1965 II, S. 5

OFD Frankfurt am Main, Verfügung vom 26.06.1996	S 2241 A - 37 - St II 21	BB 1996, S. 1701

Gesetze:

Körperschaftsteuerreformgesetz, 31.08.1976	BStBl. 1976 I, S. 445
Gesetz zur Fortsetzung der Unternehmenssteuerreform, 29.10.1997	BStBl. 1997 I, S. 928
Gesetz zur Senkung des Solidaritätszuschlags, 21.11.1997	BStBl. 1997 I, S. 967

Stichwortverzeichnis

A

Abschreibungen 153, 170, 179f.
Abspaltung 146, 193, 197
AfA 154, 184
Aktiengesellschaft (AG) 26, 35
Angemessenheit 49, 53, 63, 72, 78
Anrechnungsverfahren 50
Anteile, einbringungsgeborene 156,
    172, 182, 184
Anteilstausch 183
Anwachsung 199
Aufsichtsrat 35, 37, 38
Aufspaltung 146, 193, 197
Ausgliederung 147, 193, 199
Ausschüttung 50, 73

B

Bargründung 135
Barzuzahlung 165f., 172f.
Bemessungsgrundlage 47
Besitzpersonengesellschaft 39
Beteiligungskorrekturgewinn 169
Beteiligung,
-unwesentliche 156, 162
-wesentliche 137, 155, 161, 172
Betriebsaufgabe 69
Betriebsaufspaltung 39, 68f., 78, 85,
    105, 139, 141
Betriebskapitalgesellschaft 39
Bewertungswahlrecht 150, 157, 164,
    168f., 176ff., 183, 197, 199, 201
Bezugsrecht 35f.
Buchwertverknüpfung 153

D

Darlehen 74, 76
-partiarisches 77f.

Definitiv-Körperschaftsteuer 58
Doppelgesellschaft 39, 57

E

Eigenkapital, verwendbares 156, 162,
    171, 197f.
Einbringung 135, 138f., 145, 175, 188
Einbringungsgewinn 182f.
Einkommensgrenzsteuersatz 52, 73, 78
Einkommensteuerprogression 143, 158
Einkünfte
-aus Gewerbebetrieb 48, 59f., 63ff., 71,
    73, 79
-aus Kapitalvermögen 49, 73, 156, 174
-aus nichtselbständiger Arbeit 49,
    62ff., 73
Einlagefiktion 156, 161
Einzelrechtsnachfolge 148, 176,
    180, 188
Einzelunternehmung 26f.
Entlastungsbetrag 90
Entscheidungsneutralität 40
Erbschaftsteuer 54
Ergänzungsbilanz 137, 190, 192
Ersatzbeschaffungsabsprachen 73
Ertrag, steuerfreier 50
Ertragsbesteuerung 48

F

Familienangehörige 48
Feststellungsprinzip 48
Finanzierungsmöglichkeiten 25
Formwechsel 145, 147

G

Gebäude, AfA 154, 170
Gegenleistung 164, 166, 171f.,
   177, 195
Generalversammlung 38
Genossenschaft 26
-eingetragene 37
Geprägetheorie 60
Gesamthandsvermögen 59
Gesamtrechtsnachfolge 145, 148f.,
   163, 176, 180, 188
Geschäftsführergehalt 59, 61, 63f., 67,
   70, 74f.,
Geschäftsführungsbefugnis 23
Gesellschaft des bürgerlichen Rechts
   (GbR) 26, 29,
Gesellschaft mit beschränkter Haftung
   (GmbH) 26, 33
Gesellschaft-Gesellschafter-
   Beziehungen 49
Gesellschafter-Geschäftsführer 52
Gesellschafter, stiller 28
Gestaltungsmißbrauch 162
Gewerbeertrag 52,
Gewerbekapitalsteuer 54
Gewerbesteuer 61, 63, 73, 80,87, 151,
   157, 169, 200
Gewinnrücklagen, andere 36f.
Gewinn und Verlustbeteiligung 24
GmbH 85, 92
-Anteile 80
GmbH & Co. KG 38, 58f., 72, 80,
   85, 99
-Gestaltungsvarianten der 58
-im engeren Sinne 59
GmbH & Still 77f., 115
-atypische 78f., 115
-typische 78f., 115
Grunderwerbsteuer 139, 141, 149,
   176, 189, 194, 199f.
Grundkapital 35f.
Grundstücksunternehmungen 74
Gründung 135

H

Haftung 23
Haftungsbeschränkung 57, 70f., 80
Handlungsvollmacht 28
Hauptversammlung 35, 37

I

Instandhaltungsabsprachen 73
Interessenidentität 158

K

Kalkulationszinsfuß 158
Kapital, genehmigtes 36
Kapitalerhöhung,
-bedingte 36
-ordentliche 36
Kinderfreibetrag 91
Kindergeld 91
Kommanditaktionäre 37
Kommanditgesellschaft (KG) 26, 31f.
-auf Aktien (KGaA) 26, 37
Kommanditist 31, 38
Komplementär 37f.
Komplementär-GmbH, Verlustanteile
   der 67
Körperschaftsteuer 93

L

Leistungsbeziehungen 55

M

Maßgeblichkeit 150, 164, 179
Minderkaufmann 32
Mitbestimmung 24
Mitunternehmerinitiative 77
Mitunternehmerrisiko 77
Mußkaufmann 27

O

Offene Handelsgesellschaft (OHG) 26,
    30f., 85, 87
Organschaft 74

P

Pachtzins 72, 105
Pensionsrückstellungen 61, 66f., 74,
    76, 154
Planungshorizont 51, 158
Praxis 57
Prokura 27
Publizitätspflicht 24

R

Rechtsformneutralität 40
Reserven, stille 69, 75, 77, 136f., 138f.,
    143, 150, 154, 156f., 159, 162, 168,
    172, 178, 182, 191
Rücklage, 152, 170
-gesetzliche 36
-6b 138, 154

S

Sachgründung 135
Sachwertdarlehen 72
Schütt-aus-hol-zurück-Verfahren 50,
    78
Solidaritätszuschlag 90
Sollkaufmann 27
Sonderausgaben 85
Sonderbetriebseinnahmen 48
Sonderbetriebsvermögen 59f., 72f., 74,
    77, 79f., 141, 177
Sonderrechtsnachfolge 146, 192
Spaltung 145f., 192
Sperrbetrag 163
Staffeltarif 53, 76, 79
Stammeinlage 33
Stammkapital 33ff.

Steuerart 47
Steuerbarwertdifferenz 174f., 186, 191
Steuerbelastung 25
Steuerbelastungsrechnung 85
Steuerbelastungsvergleich 55, 75,
    82, 85
Steuerpflicht 136
Steuerzahllasten 85
Stille Gesellschaft (StG) 26, 32
Substanzbesteuerung 54
Substanzerhaltungsverpflichtung 105

T

Tarifgestaltung 47
Tarifkappung 49, 62, 89, 151f., 160
Tauschgutachten 139, 183
Teilbetrieb 175, 177, 195
-fiktiver 195, 199
Teilübertragung 147
Teilwertabschreibung 54, 169, 180,
    184
Thesaurierung 50, 67, 73, 76

U

Übernahmefolgegewinn 152, 170
Übernahmegewinn 151, 156, 159,
    161f., 198
Übernahmeverlust 151, 153, 161, 169
Übertragungsgewinn 150, 162, 171
Umsatz, tauschähnlicher 140
Umsatzsteuer 139, 148, 176, 189,
    194, 200
Umwandlung 20, 143
Umwandlungsrecht 144
Unternehmensgründung 135
Unternehmensverfassung 19

V

Veräußerungsgewinn 182, 184f., 190
Veräußerungspreis 182
Verflechtung
-personelle 69, 74
-sachliche 66
Verlust 53
Verlustabzug 53, 159, 170, 179, 187, 190, 197f.
Verlustausgleich
-horizontaler 53, 79
-vertikaler 53, 79
Verluste 71, 75f., 77, 79
Verlustvortrag 151, 154, 160, 170, 177,
Vermögensteuer 54
Vermögensübertragung 145, 147
Vermögensverwaltung 71
-private 75
Verrechnungspreis 70
Verschmelzung 145, 148, 163

W

Wahlrecht 137f.
Wiesbadener Modell 74f., 82
Wirtschaftsgüter, bewegliche und abnutzbare 154

Versicherungsvereine auf Gegenseitigkeit 26
Vorgang, tauschähnlicher 137ff.
Vorstand 35, 38
Vorsteuer 148
Vorsteuerabzug 140, 194

Z

Zinseffekte 159f.
Zuflußprinzip 50
Zuzahlung, bare 195